法官手记

张世琦◎著

北京大学出版社
PEKING UNIVERSITY PRESS

图书在版编目（CIP）数据

法官手记/张世琦著.—北京：北京大学出版社，2014.4
ISBN 978－7－301－23727－4

Ⅰ.①法… Ⅱ.①张… Ⅲ.①刑事诉讼－审判－案例－中国 Ⅳ.①D925.2

中国版本图书馆 CIP 数据核字（2014）第 009452 号

书　　　名：法官手记
著作责任者：张世琦　著
责 任 编 辑：李　铎
标 准 书 号：ISBN 978－7－301－23727－4/D·3507
出 版 发 行：北京大学出版社
地　　　址：北京市海淀区成府路 205 号　100871
网　　　址：http://www.pup.cn
新 浪 微 博：@北京大学出版社
电 子 信 箱：law@pup.pku.edu.cn
电　　　话：邮购部 62752015　发行部 62750672　编辑部 62752027
　　　　　　出版部 62754962
印 刷 者：北京大学印刷厂
经 销 者：新华书店
　　　　　　965 毫米×1300 毫米　16 开本　18.5 印张　231 千字
　　　　　　2014 年 4 月第 1 版　2015 年 4 月第 3 次印刷
定　　　价：39.00 元

未经许可，不得以任何方式复制或抄袭本书之部分或全部内容。
版权所有，侵权必究
举报电话：010－62752024　电子信箱：fd@pup.pku.edu.cn

自　序

1979年，在改革开放的春风洗礼下，全国都在倡导一个口号："要做革命砖，哪里需要哪里搬"。我在这个大潮中，很荣幸地被辽宁省委从辽宁省海洋水产厅"搬到"了辽宁省高级人民法院，自此开始了我29年的法官生涯。刑事审判案件几乎都是鲜血淋漓、惊心动魄的。坑蒙拐骗在这儿都是小儿科，动辄刀光剑影、倾家荡产，而往往悲惨案件的起因都让人啼笑皆非。无非是"酒、色、财、气"，"人为财死，鸟为食亡"、"因奸伤命"等。这些案情在历史上一次又一次地重演，听到当事人失去生命、终身残疾、家破人亡；看到犯罪者被判死刑、终身监禁……一幕幕悲剧降临，一个个家庭破碎，我所接触的尽是人生悲剧、人间惨案，血淋淋，凄惨惨，使我夜不能眠，内心深受震撼。

　　这29年的法官生涯中，我亲自主审的、参加评议的和耳闻目睹的案件成千上万。每一个案件，我都用心记录了主要案情，以期能对后来人起到警示作用。这些笔记装满了几个纸箱子。我曾经几次搬家，每搬一次都扔掉许多书籍、资料、物品，但这些案例资料却一直舍不得扔，因为它是我29年的沉淀，是我的宝贵资产。

　　我将这些案例故事集结成册，往事犹如电影胶片般一幕幕重现。全书使用通俗、流畅的语言，去掉法律文书的枯燥，不虚构情节，不增加悬念，保留了案件的真实与严肃，从案件的起因至审判执行，一桩桩、一件件，犹如亲临其境，警醒世人。

书中各篇案例皆极具代表性，警示意义极为深刻，它们用无可挽回的悲剧为世人敲响警钟：人生万里路，走好每一步。

本书能在我古稀之年问世，我甚为欣慰。但愿它能为您的人生擦亮路标。

张世琦

2014年1月20日于沈阳

目录
Contents

001　枯井冤魂 / 1

002　天降巨款 / 7

003　赌生万祸 / 12

004　听天由命 / 18

005　输打赢要 / 25

006　购房定金 / 29

007　雨夜捉贼 / 33

008　狗案三则 / 39

009　老贼自述 / 44

010　判断错误 / 48

011　偷驴致富 / 54

012　法庭翻案 / 62

013　女人强奸 / 66

014　教子无方 / 70

015　强力劝酒 / 77

016 引路认人 / 81

017 罪上加罪 / 86

018 为鬼娶妻 / 91

019 心起邪念 / 96

020 结拜兄弟 / 100

021 没偷没抢 / 105

022 开玩笑 / 108

023 妻离子散 / 112

024 回家过年 / 118

025 留人过夜 / 122

026 教训姐夫 / 127

027 闯红灯 / 133

028 无罪辩解 / 139

029 戏弄法律 / 143

030 车祸之后 / 147

- 031 第三者 / 151
- 032 荒唐婚姻 / 156
- 033 解除婚约 / 161
- 034 金银首饰 / 165
- 035 前隙难和 / 169
- 036 姐弟离婚 / 173
- 037 捉奸惹祸 / 177
- 038 抢劫赌场 / 180
- 039 规律暴露 / 184
- 040 引起误会 / 188
- 041 没签合同 / 192
- 042 歪门邪道 / 197
- 043 口头协议 / 199
- 044 孩子传言 / 203
- 045 为妹报仇 / 207

- 046 我要离婚 / 210
- 047 蓄水池 / 214
- 048 报警电话 / 218
- 049 雇个佣人 / 222
- 050 王吉放火 / 226
- 051 色情陷阱 / 233
- 052 失恋之后 / 238
- 053 拐卖妇女 / 245
- 054 多疑丈夫 / 249
- 055 一次嫖娼 / 254
- 056 带刺婚姻 / 259
- 057 婚姻自由 / 263
- 058 路边买货 / 267
- 059 望风捕影 / 272
- 060 缺少鉴定 / 276

我的第一堂课（后记）/ 280

001　枯井冤魂

孙金生是大连造船厂的工人，被大连市中级人民法院判处死刑，经复核后交付刑场枪决时才 27 岁。案情是这样的：

有一天孙金生在大连天津街闲逛，偶遇初中同学张宝成，两人好多年没见面，这次相遇就闲唠了一会儿。

孙金生爱吹嘘，说：他的亲戚有的在省里当局长，他是不愿当官，要愿当，让他亲戚给调到省里，当个科长、处长没问题。

张宝成心眼儿特实，说："我正筹备结婚，想买点服装、家具、炊具什么的，你在哪方面能帮帮忙使我少花点钱？"

孙金生没加思索马上就说："我这个人比较实在，能办成的就告诉你我能办成，不用你再去找别人；办不到的我也不瞎吹，别耽误你的事。服装、炊具，我都不行。要说买家具这可以。我姐夫是木材公司经理，你象征性地花几个钱，可以拉一汽车木材回家，要什么样的家具就随便做，这能省不少钱。"

张宝成说："今天我该着办事顺利，遇上你了，这使我省不少钱。我兜里才带 1000 来元，买木材我得拿多少钱？"

"现在木材涨价了，1000 元什么也买不了，至少得有 2000 元。你要到家具店，2000 元只能买一张质量一般的床。这样吧，你这 1000 元我先拿着，然后我再给你垫上 1000 元，朝 2000 元花，我垫的钱，你取木材的时候再还给我，我暂时不用。"

"行。太感谢您了!"

"别说感谢,一说客套话就把关系说远了。说不定以后我还有求你帮助的时候呢!"

就这样,孙金生把张宝成的1000元拿到手。孙金生根本就没有姐姐,更没有姐夫可言,哪来的当木材公司经理的姐夫呢?

人熊有人欺,马熊有人骑。孙金生了解张宝成,就他那个窝囊样,别说骗他1000元,就是骗他1万元,他还敢打我吗?你要去告我,我死不承认,公安、法院也没办法。张宝成自从把这1000元交给孙金生就等他的电话,准备去取木材。等了一个月这个电话也没等到,打电话又找不到,那个时候还没有手机,就只好到大连造船厂去找孙金生。

孙金生说:"买木材的票开好了,共花2200元,我给垫了1200元,全是硬杂木、水曲柳。收据和取货单都在家了,我没带,过几天我给你送去。"

贪图便宜易吃亏,轻信人言会上当。张宝成信以为真,回家等孙金生给他送取货单。

这时的孙金生在想两个问题:一个是,大连每年都发生不少车祸,死于车祸的最好能有张宝成;另一个是当初不该向张宝成说出自己的工作单位,既然他知道了,最好能有一次大的"优化组合",人员流动,把自己"流"走,让张宝成找不到。然而他想的这两项,一项也没实现。过了些日子,张宝成又来找他,说:"你给我垫上的那1200元我带来了,我来取买木材收据和提货单,你带来了吗?"

孙金生一边伸手接过这1200元,一边说:"我没想到你今天会来呀!我怕带在身上万一丢了就完了。木材公司认票不认人,谁都可以拿这张提货单把木材提走。这样吧，以后你什么时候来，先给我来个电话。"张宝成又被糊弄回去了。

次数多了，张宝成对孙金生产生了怀疑，就越发加紧催要。有一天，他又去要，孙金生说："今天是星期二，隔两天，到星期五，我领你去木材公司找我姐夫，把木材拉出来。木材公司每周只有一次付货，定在星期五。这天，你一定来找我，要不就得推到下周了。"孙金生说得很认真，很诚恳。张宝成听了很高兴，总算有了准信儿。

张宝成度日如年，盼到了星期五，吃了早饭，就告诉父亲，把家里腾出一些地方，他去大连造船厂找他的同学孙金生取木材，准备运回来。

到了大连造船厂，孙金生又说：他刚才给木材公司挂电话，他姐夫去医院看望一个同志，下午能回来。取木材时最好是他姐夫在场，这样多拉一些没人敢管。另外还可以挑一挑，选一选，拉些好的出来。孙金生还告诉他说："下午，你就不用到厂里来了，咱俩两点钟到站前广场汇合，不见不散。"张宝成同意了。

孙金生把张宝成骗走后，跟厂领导请了假，就到一家药房买一瓶利眠宁，下午准时到站前广场找到张宝成，对他说："我姐夫给他们公司去电话了，说他有事，下午就不到公司去了。看来咱只好等下星期五来取货。他要在场咱装一汽车往外拉也没人敢管。"说着，就又骗张宝成说："上午，我姐夫去看的那个病人，已经住院一个月也没见好。其实，我也会治病，我会气功，用气功治病。我还学过武术，练武术可以健身。"他一边说，一边伸胳膊踢腿，并告诉张宝成："你要想学，我用一星期就可以把你教会。"说着，就拉张宝成说："反正今天也不能拉木材了，下午有点儿时间，咱找个僻静地方，我教你学武术，练气功。"他连哄带拽把张宝成骗走了。

偶尔的疏忽，往往导致终生的痛苦；丝毫的麻痹，常常引来巨大灾难。孙金生一而再、再而三地拿不出买木材的提货单，在这种情况下，又突然要找个僻静地方教他学武术，张宝成应该有所警惕。然而他总往好的方面想，一点儿也没想到悲剧会降临到自己头上。

想不到悲剧会出现，悲剧往往偏要出现。孙金生把张宝成骗离站前广场，又离开繁华的市区，来到白云山的山脚下。他们在白云山北坡找块空地停下了。孙金生拉开架式，教张宝成练武。地上有段草绳，孙金生捡起来往脖子上缠了两道，然后用力一勒，草绳断了，脖子上没留下任何痕迹。孙金生说："人都是肉长的，我能把绳子勒断而不出危险，是因为我会气功。你没学过气功就不行，但学气功得先服药，今天我把药带来了。"说着，掏出一瓶药。这瓶药是他把许多利眠宁片弄成粉末儿后，用水化开，是瓶利眠宁溶液。他让张宝成喝了。

过了一段时间，药力发作，张宝成头重脚轻，眼皮也搭拉下来了。孙金生一看到时候了，认为可以下手。他窥视四周，漫山遍野空无一人。他就把张宝成领到这块空地的东北角，然后拿根草绳，折成双股，乘张宝成不备往他脖子上猛勒。用力过猛，双股的绳子也断了，张宝成没被勒死。此时张宝成明白了几分，警觉起来，质问他："你想干什么？"

孙金生嘻嘻一笑，说："不是教你练功吗，刚才我自己也勒了呀！"他边说，边弯腰捡起一块石头，接着就张牙舞爪地向张宝成扑来。张宝成拔腿就跑，东摇西晃，没跑几步就被追上。孙金生用手中的石头，像摇鼓一样往他头顶和后背狠砸。张宝成喝了一瓶药，眼睛睁不开，根本招架不住，被打得步步后退。孙金生把他逼到一眼枯井旁，用力一脚就把他踢到井里了。

这是一眼枯井。以前，人们用这井水浇灌山上的果树和喷洒农药。后来，井水枯竭，这口井就没用了。孙金生知道这里有眼很深的枯井，就故意把张宝成骗来。他把张宝成踢到井里后，站在井边，弯腰往里看了看，下边光线很暗，只是模模糊糊地能看到张宝成一点儿身影。孙金生怕他没被摔死，又在井边蹲下来，静听下边的声响，听了一会儿没有声音。孙金生还是不死心，又从远方搬来几块百余斤的大石头，一块块砸下去。他又向四周看了看，四周空无一人，这时他拍拍手上的泥，离开这里。

再说张宝成父母，盼儿子把木材拉回来，可是，一直等到深夜也不见回来。第二天，他们就四处打听，还到大连造船厂找到孙金生。孙金生说："张宝成求我，让我帮他拉木材，我还等他呢，他怎么不来找我？"最后，家里人只好向公安机关报告了情况。公安机关发出了寻人启事。

时间大约过去三个月，一天下午，有两个中年男子来到白云山这口枯井旁。他们姓王，是亲哥俩，都住在大连市内。他们来干什么？是下井取宝的。

原来，王氏兄弟的父亲在旧中国是个有钱人，个人攒下一些金银珠宝，一直留在身边以备养老。"文化大革命"时，红卫兵"破四旧"、大抄家，把他吓坏了。为了不使这些金银珠宝成为"四旧"，成为他在旧社会剥削人民的罪证，他把这些东西用塑料布包了好几层，捆结实了，在一个黑夜，把这个包塞进这口枯井的井壁石缝里。事后，他把这事儿只告诉给老伴儿。前几年，老伴儿去世了，而目前，他又年老体弱，生活不富裕，这才把这事儿告诉给两个儿子，让他们把这包金银珠宝取回来。

兄弟俩来到井边，用一根木杠横在井口，拿出一条绳子，一端系在老二儿的腰上，另一端系在横在井口的木杠上。老大蹲在井边，把住横木，防止它滚动。老二儿踩着井壁的石缝，一步一步往井底下。他带着个手电筒，刚下时井口不黑，手电用不上，就揣在裤兜里。随着身子的晃动和腿的不断弯曲，手电掉到井底了。他只好先一直下到井底，想捡起手电再从下边往上一点一点搜寻。

当时是12月份，尽管是隆冬，天气寒冷，但井底却温暖如春，张宝成的尸体已经开始腐烂。王老二儿下到井底，一群群蚊蝇往他身上、脸上乱飞、乱撞，使他睁不开眼。但为了找到手电，不得不用手驱赶扑到眼前的蚊蝇，随后四处寻找。

井底，落满了不少枯草败叶，踩到上面软绵绵的。突然，他在井底的几块石头和落叶中发现一只人脚。井底只有他一人，跑没地方跑，躲没地方躲，吓得他心怦怦直跳。过了一会儿心神略有安定，他又发现这具尸体的头颅。他站的位置正好是尸体的腹部。他捡起手电，赶紧去完成他的任务。上到井岸后，他把这个情况告诉给哥哥。他俩判定，尸体上既然有几块大石头，死者一定是他杀。哥俩怕被怀疑成杀人犯，就主动向公安机关报案。

尸体经过张宝成父母辨认，确认死者是张宝成。公安机关经过现场勘查，断定是他杀。孙金生被列为重点怀疑对象，并很快找到了证据。孙金生被逮捕了。在确凿的证据面前，他不得不交代全部犯罪事实。

为了留下张宝成的买木材钱，他杀害了张宝成。张宝成死后不到一年，孙金生就被大连市中级人民法院执行了死刑。

　　骗子窃贼四处走，防范意识必须有。

002　天降巨款

人无外财不富，马无夜草不肥。外财，劳动收入之外之财，有多少人为它朝思暮想！然而有谁能想到，外财，往往是天灾。女青年刘媛英就意外得到了一笔天降横财。

刘媛英是列车员。1996年12月17日上午10点半，他们这列火车抵达沈阳站，旅客上下车完毕，列车准备启动。刘媛英正低头关门，站台上跑来一个二十多岁的小伙子，急匆匆地顺着要关闭的车厢门，扔进一个黑色人造革小提兜，砸到刘媛英腿上。刘媛英瞅瞅这个人，小伙子忙说："我下车时拿错了，请你还给那个旅客……"

车门关上了，车速不断加快。这个小伙子站在站台上又说些什么，刘媛英再就没听清。

刘媛英心想，车厢里这么多人，让我给哪个旅客？再说，这人造革提兜也不大，值不了几个钱。她用脚踢，觉得不像空的，就弯腰捡起来拿到乘务员室，她毫不在意地把这提兜往地上一扔，就坐下休息。

列车在奔跑，窗外的田野、树木，急速地向车后闪去。列车开出沈阳站好长一段时间，刘媛英这才漫不经心地把那个提兜拎起来，拉开拉锁，看看里面装的什么。里边有件旧衣服，她用手中开车厢门的钥匙扒拉一下，这衣服裹着一个报纸包就露了出来。这纸包里有12捆人民币，票面都是100元的，看来是12万元。刘媛英一惊，就这么个破兜，怎能装这么多钱！

原来，这笔钱是沈阳人陈巨川的，他出门做生意，从沈阳北站上车时，被一个名叫郭建德的年轻人盯上了。陈巨川没发觉，他怕这个兜丢了，没敢往行李架上放，就挂在头上的衣帽钩上，紧贴他脑瓜顶儿，陈巨川以为这很安全。郭建德盯住那个兜，在沈阳站停车时，趁陈巨川没注意摘下来就下了车。

郭建德盗窃得手，拎着这个"猎物"挤进了涌向站台出口的人海。他抑制不住内心的喜悦，一边走，一边拉开提兜的拉锁，想看看里面有多少钱。他先是看到了衣服、纸包，后来看到了那12捆钞票。

郭建德先是惊喜，随后又惊慌，他估计这些钱差不多有十多万。偷这么多钱，万一犯事儿了，说不定会被判死刑。再说，丢兜人发现兜没了，会不会追来？自己的车票不对，到出站口时会不会有问题？他害怕了，走走停停，总觉得容易出事。为了避免被枪毙的可能，他又转回身，想把这个提兜送回去，因为兜里的钱太多，实在不敢留。他精神恍惚，不知不觉来到了他下车的那个车门口。他开始犹豫，怎么处理呢？这时，站台上的铃声、哨声都响了，列车要开了，他来不及细想，就把这个提兜朝列车员刘媛英扔去。

车开了，兜也甩出去了，他如释重负，觉得浑身轻松多了。然而，他万万没想到，往车上扔东西的反常现象引起站台上不少人注意。为了确保列车安全，他被抓起来询问。做贼心虚，他越是惊慌，公安人员越要寻根问底，最后不得不讲了实话。

再说列车上的刘媛英，看到提兜里装这么多钱，说不清是惊是喜，是忧是愁。怎么办？交给那个旅客？上哪儿找啊！也许失主把提兜遗忘在车上，早就下车了呢！不交呢，把它留下，万一被领导发现，这算什么性质的问题？她思前想后，把方方面面的利弊都想到了。她知道遇事三思而后行的道理，但由于脑瓜太臭，怎么想也想不出好主意，最后，贪婪之心占了上风，刘媛英认为自己一没偷，二没抢，三没骗，什么问题也不算，最重属于捡东西不还，道德不好，不会受处分。

列车开出沈阳约一小时，一直没人找这个提兜，但刘媛英却一直心慌意乱，心绪难平。一不做，二不休，她决心沿着自己选好的路走到底。她把钱从那个提兜里取出来，装进自己的背包，随后打开车窗，把那个提兜连同兜内的衣服一齐扔到车窗外。

列车继续前进，车厢内平静如常，刘媛英的心绪略有平静。这时，有个四十多岁的男子慌慌张张地跑来敲她的乘务员门，语无伦次地说，他有个提兜，里面有不少钱，并说，有人看见被乘务员捡到了。这个人就是丢包人陈巨川。

刘媛英吓坏了，张口结舌地说："谁！谁说我捡到了？"

"不少人都说，在沈阳站有个人把提兜给你了。"

对这种情况的出现刘媛英没想到。露了马脚，怎么办？这个提兜早被扔窗外了，钱也装进了自己背包，没法承认。她急中生智，马上说："在沈阳站开车时，有人扔到车上一个兜，不知是谁的。我把它放到洗面池地上了。"说完就领陈巨川到那地方去找，当然没找到。

陈巨川不甘心，就去找列车长。好人总是有的，有正义感的人不会哑口无言。一个六十多岁的老者趁刘媛英不注意告诉陈巨川：在沈阳站开车时，这个列车员把提兜拎进乘务室了，根本没往洗面池那放！陈巨川坚定了找包的决心，他把这一情况详细告诉给列车长，列车长马上来询问刘媛英。

事已至此，刘媛英不想再改口，她一口咬定：把那个提兜放在洗面池地上了。乘务室很小，列车长在室内仔细察看了一下，也确实没发现室内有黑色人造革提兜,就又到车厢里找陈巨川。陈巨川急得像热锅上的蚂蚁,但说出的话很坚定,有人亲眼看见这个列车员把提兜拎到乘务室了。列车长再一次到乘务员室查看,仍然不见提兜的踪影,就又回来跟陈巨川要证人。没等陈巨川说话,那个面容充满正义感的老者主动对列车长说:"没错!咱们好几个人都看见了。你们到她那屋去翻,肯定能翻出来。"

列车长第三次找到刘媛英谈话,然而不管列车长跟她怎么说,她死也不承认拿了这个兜。她鼻尖上布满了密密麻麻的小汗点儿,眼睛不敢正视列车长,嘴里也说不出别的,翻来覆去就是那么一句:"反正我把那个提兜放在洗面池地上了,谁拿去了我不知道。"

眼睛是心灵之窗。列车长耳听刘媛英的辩解,眼睛却从刘媛英的眼神上看出了问题。刘媛英不敢正视她,她也不再追问,只是说:"快到终点了,下车后解决吧。"随后,列车长让乘警找了那个见证的老者和其他见证人,记下了证实笔录。

刘媛英知道列车长不是白痴,很不好对付,但如果一承认,事儿就弄大了。如不承认,也很难过关。这些钱扔了可惜,不扔又怕出事。心地志忑的刘媛英下车后,来到乘务员公寓,抽空将钱款从背包里转移到身上,以防有人翻她的背包。

列车长没让她回去,她只好在那等列车长再次找她。然而,这一回,列车长没来,而是来了3个戴大盖帽的公安人员,其中还有一个女的。刘媛英明白:那个女性,分明是准备对她翻包搜身的,形势严峻。刘媛英知道,既有人证,赃物又没甩掉,看来是赖不掉了,真是倒霉。她最后走投无路,交出了身上的这些钱。公安人员当场把钱全部返还给失主。陈巨川一数,12万元分文不少,随后接连向公安人员弯腰行了两个90度大礼。

刘媛英被戴上手铐,再就没能回家。先是拘留,随后逮捕,接着被起诉。法院经过审理认为,对旅客遗失的物品,在列车员保管尚未返还失主期间,刘媛英利用职务之便隐匿不交,占为己有,因数额巨大,其行为构成犯罪。又因赃款已经全部返还,刘媛英被从轻处罚。

法院作出判决后,刘媛英被送监狱,离开了丈夫和两岁的孩子,离开温暖的家,开始了狱中的铁窗生涯。

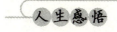

没外财,想外财,外财常伴灾祸来。

003 赌生万祸

汪聪是辽宁省鞍山市红旗拖拉机制造厂工人，他犯罪那年31岁。汪聪长得英俊漂亮，他儿子长得虎头虎脑，逗人喜爱。跟许多家庭一样，孩子是"上帝"，是"宝贝疙瘩"。夫妻俩闲着没事儿时，总爱逗这孩子玩儿。可以说，小家庭温暖、幸福。后来这个小家庭怎么毁了呢，就怪汪聪，是他在人生道路的关键处，迈错了步。

说汪聪爱耍钱确实有点委屈他，因为他玩起来输赢最多也就是三五百元。开始时，他跟别人玩扑克，觉得不赢点儿什么空磨手爪子没意思，先是谁输了谁拿钱买瓜子、水果，买回来输者、赢者一起享用。再后来就是买香烟，接着就是10元、20元甚至是100元地赌上了。

厂里对职工管理很严。保卫科知道了，科长亲自找汪聪谈，批评教育他。科长说：当工人的，工资来得不易，输了怎么回家见老婆孩子；如果把别人的钱赢来，给别人造成困难，自己花起来就那么心安理得吗？我们中华民族，把勤劳节俭当做美德，有史以来人们就把"吃"、"喝"、"嫖"、"赌"四个字连在一起，认为这些事不光彩。一个好人，凭什么往这几个字上沾？没事儿了咱不要求你非得去学雷锋，做好事，在家做家务、看电视、逗逗孩子玩不行吗？怎么非得几个人凑到一起，赌呀赌呀，多没劲！

科长的话汪聪觉得句句在理。他被批评了，下不来台，把科长桌子上一张8开的大白纸拿过来，猛地咬破右手中指，当着科长的面写下一份血书，保证今后永远不赌博了。科长说："这倒不必，只要你有决心改正，何必把手指咬成那样呢！"

汪聪写了血书之后，确实好了一阵儿，赌场上见不到他的踪影。

有一年初冬，他那六岁的儿子突然患了大脑炎，汪聪愁坏了。小儿子住进了医院，爱人整天在那儿护理，汪聪下班就得往医院跑。

同车间有个工友告诉他，乌龟肉能治大脑炎，偏方治大病，可灵了！江苏那边产得多，乘火车到徐州，下车一打听准能买到。病急乱投医，他信了，跟别人借了几个钱直奔江苏徐州。很顺利地在那附近买了9只乌龟，接着就赶紧返回鞍山急忙往医院送，想交给他爱人。

他提着这兜乌龟，在鞍山一个汽车站等车准备去医院时，身后有人问他："唉！伙计！上哪儿去呀？"

他回头一看，是原先跟他在一起赌钱的王大勇，就说："上医院，我儿子住院了。"

王大勇拍拍他的肩膀，说："这趟车刚过去，下一趟得等半个点儿呢，走！先上咱家玩两把。"

以前，他们常在一起赌博，对"玩两把"是什么意思，不需多说，汪聪立刻表示不去。王大勇劝他："走吧！只玩一会儿，车过来你就走。"汪聪还是不去。

王大勇没趣，又说："你在这儿站个啥劲？连个坐的地方都没有，到我家坐一会儿不行吗？下趟车一来，坐在我家沙发上就能看到，你从屋里往外跑都来得及。"为了买这几只乌龟，汪聪有好几天吃不像吃，睡不像睡，确实累，也想找个地方坐一坐。听王大勇这么一说，再加上王大勇拽他，他去了。这一步走错了，毁了他一生。

王大勇一进屋就拿出扑克牌，要跟他玩两把。汪聪无奈，只好声明：不管输赢，只要汽车一来，他扔下牌就走。王大勇说"可以，可以，你要不玩了，我还能绑你啊！"

在人生道路上，决定命运的往往是关键几步，一脚不慎，就会滚进万丈深渊。汪聪又离开了做人的正确轨道，再次开始赌博。

这一次他偏偏不顺气，一连输了好几把。跟所有赌徒一样，输了就想往回捞，汽车是否过来他也不看了。一定能捞回来吗？当然不一定。结果他把身上所有的钱都输了，共输1100元。输完傻眼了，心慌、冒汗、手足无措。他两眼发直，不甘心离开这里。他确信假如兜里还有钱，再赌几把一定能捞回来。然而他身无分文。

王大勇看得明白，说："你把那兜乌龟卖给我吧！"

汪聪一听这话，心里立刻凉半截。真是天下乌鸦毛都黑，各地赌徒眼都红。他瞪王大勇一眼。王大勇说："你花多少钱买的？我连路费一起给你，卖不卖？只要你有了钱，再玩两把，还能总输啊？赢了，我再卖给你。"

汪聪犹豫一下，说："卖就卖。"赌钱的人输了不服气，都确信自己会赢，汪聪没例外。他用卖乌龟的钱继续跟王大勇赌。他不想赢王大勇的，只要能把输的钱挽回来就行。然而事与愿违，他又输了那兜乌龟。他想大哭一场，但忍住了。这时他心一横，脚一跺，下了决心：男子汉大丈夫，一不做，二不休，干到底了！他跟王大勇借钱，要再赌下去。王大勇微笑不语，他就苦苦哀求。王大勇说："你跟别人借，借回来咱俩继续玩儿，我等你。"

王大勇不借，他不能往回捞了，就考虑回到医院怎么向妻子交代。后来，他撸下手表向王大勇哀求说："你把手表留下，把乌龟还给我吧，这是给儿子治病用的，你要它也没什么大用。"

王大勇发了善心,把手表接过来端详一下,戴在左手腕上,说:"行,把这兜乌龟还给你,但我得拿出两只留着玩儿。"汪聪只好同意。

汪聪拎着7只乌龟灰溜溜地来到医院,进了病房,见儿子昏睡在床,吊瓶里的药液,正一滴滴流进孩子的静脉。妻子坐在一旁,蔫得抬不起头。他对妻子一句话也没说,转过身就面对墙壁哭起来。

是悔恨、是委屈,还是难过、是对不起妻子和孩子……他说不清。妻子来劝他:"大夫说了,咱儿子还不至于有危险……"

过了两天,汪聪的心情还是平静不下来。输了那么多钱,他在想:难道就不会有赢的时候?不知怎的,他有一种预感,认为现在去找王大勇再赌几把,一定能赢回来。他趁爱人不在屋,拿了爱人衣兜里仅有的470元就去找王大勇,不料又输了。他不甘心,以给孩子治病为由,从邻居家借来300元也输了。这一回,他输得山穷水尽,连借的地方也没有了。他无精打采,坐在王大勇家像个傻子。

王大勇说:"出去再借点儿,打扑克没有总输的。"汪聪说不出话,起身要走。这时他突然发现王大勇左腿下有两张牌露出一角。他一下子给拽出来,气极了,冲着王大勇吼起来:"你说!这是怎回事!"

"刚才掉的。"

"不对!它怎会掉到你腿底下?"

"我腿刚压上。"

他俩你一句、我一句吵起来。在争吵中汪聪这才看清赌徒的眼睛是红的,心是黑的,手段是恶劣的。他们把别人流血流汗挣的钱用卑鄙的伎俩,毫不留情地占为己有,这就是变相的偷,不用暴力的抢。

赌徒的笑声，是用别人的痛苦和泪水换来的。

晚上汪聪睡不着，在心里跟王大勇打架：不管是输多少，就是卖房子我也给，可是你不应该捣鬼骗钱。怪不得我总输，原来是这么回事。要是这样，再赌几把，有座金山也能输进去。你骗去这些钱我不能白给你，咱俩得说清楚。我不是那么好欺负的，你要不给，我就给你点厉害瞧瞧，要不，你总认为我好欺负……整整一个晚上，他没睡着，天刚亮就穿上衣服，顺手拿起一把羊角锤去找王大勇要钱。

这是初冬的早晨，漫天飘起细碎的小雪，地上薄薄地盖了一层。王大勇家是平房，家里没人时，总是在门外用明锁把门锁上，也许王大勇该着要送命，这天早晨他妻子上早班，临走时，见王大勇睡得正香，也没喊他起来插门，更没从外边把门锁上，汪聪很顺利地拽开门进了屋，直接站到了王大勇床头。

"喂！起来！咱俩谈谈。"

王大勇睁眼一看是汪聪，知道是来要钱的，就说："谈什么？"

"我的那些钱不是你赢去的，是骗去的，你得还我。"

"你可拉倒吧！像个小孩儿似的，回家让你老婆骂啦？"

"你给不给？！"

"我睡觉，不想搭理你，你愿上哪儿告就上哪儿告！"

此时汪聪右手握着羊角锤的锤头，锤把藏在衣袖里，王大勇没看到，也没提防，说完就转身闭眼要睡觉。

汪聪气坏了，知道再怎么说也没用，就慢慢把羊角锤拉出来，照王大勇的太阳穴狠狠砸去，接着就像敲鼓捣蒜一样，一下接一下急促地向他头上砸，一直把他打得一动不动了才住手。

汪聪放下锤子就满屋翻钱,费了好大劲儿才翻到720元。他不知王大勇妻子上哪儿去了,怕她回来遇上,就拿着钱匆忙离开这里。临走时用房门拉手上挂的一把黑锁,把房门从外边锁上。

王大勇死于颅脑损伤,出了人命案,公安机关很快就把汪聪抓去了。鞍山市中级人民法院根据本案的具体情况,以抢劫罪判处汪聪死刑,缓期二年执行,剥夺政治权利终身。

汪聪被送进监狱劳动改造;他的儿子没死,也没留下后遗症;他妻子不想改嫁,决心一个人把孩子抚养大,等汪聪有朝一日能够出狱回来。

　　赌博会丢掉两样东西,一是钱财,二是时间,而这两样,是人生最宝贵的。

004　听天由命

我们在辽宁省黑山县公安局看守所复核关世安抢劫案件。我们交了提票,坐在提审室里等候看守员提押被告人关世安。

不一会儿,脚镣撞击水泥地的"哐当、哐当"声在监舍内由远而近地传来。我知道,这是关世安被看守员押来了。

关世安被推进提审室,我和书记员小田已在那里等候。关世安的两腿使劲儿叉开向前走,尽可能减小脚镣撞击水泥地的声音,但脚镣太重,这声音仍然很大。他进屋打量着我们,我们也在注视着他。我问:"你叫什么名?"

"关世安。"他答完也问我们:"你们是哪儿的?"

我说:"是辽宁省高级人民法院的。"

他站在那儿不动了,很认真地说:"是省高法的呀!什么时候送我走?"

"你往哪儿走?"

他惊讶了,问:"你们不是来复核的吗?"

别看他是法盲,可是在看守所里关押时间长了,也懂些法律。按照刑事诉讼法的规定,中级人民法院判处死刑的案件,尽管被告人不上诉,也必须经过上级法院复核无误才能执行死刑。我让他坐到提审室内的囚笼里,然后告诉他:"你先把事情讲清楚,是不是执行死刑,以后再说。"

"咳,这都是命里注定。我犯到这儿了,有人命,活不成了。"

"你上诉了吗?"

"上什么诉,听天由命吧!"说到这儿,他的声音变小,眼里开始流泪。这个话题就算告一段落。过了一段沉寂,他说:"有烟吗?给我一支。"

我不吸烟,就让书记员小田给他一支。因为我知道,在看守所囚室里是不准吸烟的,但提审时除外。

他吸着烟,就从头至尾向我们讲述他犯罪经过和犯罪原因。

他是辽宁省铁岭地区开原市(县级市)农民。他有两个姐姐都已经出嫁,住在邻村。他和妻子、六岁的儿子与年过花甲的父母,五个人一起生活。父母年纪大了,儿子又小,家里的一切农活儿全由他和妻子俩人干。妻子体瘦力薄,他就是家里的顶梁柱。

那是初秋的一天傍晚,关世安在地里收获完苞米回到家,站在猪圈前喂猪,邻居宋华祥过来跟他说:"你上哪儿去了,我找你一天没找到。"

"在地里掰苞米。找我有啥事?"

"海城有个小子欠我五千元,怎么要也要不回来,我心思光靠打电话跟他要是不行了,咱今晚儿多去几个人,帮我把钱要回来。"

"你自己去不行吗?"

"我自己去肯定要不回来。咱多去几个人,他就不敢欺负我了。"

关世安犹豫了。觉得这样的事儿不好轻易帮忙,但又找不到什么理由拒绝,就说,"我干了一天活儿,累完了,明天再说!"

宋华祥说:"别等明天,我已经找好三个人了,他们一会儿就来。

咱乘火车去,上车就坐着呗,也用不着你干什么活儿,下车走不了几步就到他家,要完咱就回来。你要睡觉,在火车上也可以睡,晚间车上人不多。来往路费和晚饭费,一分钱不用你掏。你去吧,就这样定啦!"

关世安想拒绝,但不好意思。与许多人一样,因为"不好意思",最后毁了一生。当然,他除了因为"不好意思"拒绝,还认为去这么一帮人要钱,虽然容易出事儿,此行凶多吉少,但人生福祸,全由天定,一切听天由命吧!他的这种处理问题方法,也是最终断送他一生的重要原因。

不一会儿,宋华祥找来的人到齐了,关世安就在"听天由命"的思想支配下跟他们去了。

宋华祥买了火车票,领关世安等四个人下火车,直奔欠他钱的于凤全家。

这是晚上 8 点钟左右,于凤全在家。宋华祥依仗人多势众,进屋就来硬的,对于凤全说:"你欠我的五千元得给我,手头没有,就出去借一借。"这口气没有商量余地。

于凤全说:"咱把账算一算,算清再说。"

原来,宋华祥曾经领一支装修工程队,帮于凤全家装修,讲好的工钱是一万八千元。装修完,于凤全给了一万三千元,剩五千元没给。于凤全的理由是:一是装修质量有问题,二是一时没有那么多钱。事后,宋华祥多次打来电话要钱,于凤全先是说暂时没有钱,后来又说,由于装修质量不好,不少地方开胶、裂缝,不得不找人重新装修,这样一来,工钱、料钱花费很大,到底谁欠谁的钱,双方得坐下来算账。在这种情况下,宋华祥才领人来要钱。宋华祥说:"我们原先讲好的工钱是一万八千元,你还欠我五千元。你先把这五千元还我,如果质量真的有问题,咱给你修,或者另外打官司。"

于凤全说:"不把账算清,怎能稀里糊涂先给五千元呢?"

宋华祥不讲方法策略,只靠人多势众,说:"反正我们今天来了不能白来。"说完就"牛不饮水强摁头",自己去翻于凤全家的抽屉、衣柜,想翻出钱拿走。

于凤全上前阻止,说:"怎么,想抢啊!"宋华祥不理他,仍然要继续翻钱,于凤全不让,两人就厮打起来。

面对这种情况怎么办?人群中确实有智力低下、头脑简单的,见宋华祥跟于凤全厮打起来,就上前帮助宋华祥,摁住于凤全的手。于凤全不服,奋力挣脱。这时不知是谁从于凤全家拿出条绳,大家一齐动手,把于凤全双手反绑上。

当时于凤全家里只有他和八岁的女儿、五十多岁的母亲,他妻子没在家。女儿吓得连哭带嚎,母亲吓得浑身发抖。宋华祥他们五个人,一没打人,二没砸东西,只顾满屋四处翻钱。关世安也觉得这样来硬的不好,但又觉得他欠工钱不给,来要钱也不是什么了不起的大问题,他把问题想得很简单,没想到问题的严重性,也跟着大伙儿一起翻钱。其中一人从衣柜里的衣兜里翻出了钱,能有一万多元。宋华祥说:"只拿八千。其中五千元是他应该给的工钱,另三千是我们来要钱的路费、饭费、工钱。"宋华祥点了八千元揣兜里,然后对大伙说:"撤!"这五个人便扬长而去。

事后,于凤全的老母亲因为受惊吓抽搐,被送进医院,虽然两天后出院了,但于凤全忍受不了这口窝囊气,到公安机关报案,声称他家遭到一伙歹徒抢劫。

公安机关立案侦查,确认构成抢劫犯罪,很快就把宋华祥、关世安等五人全部抓获，查明事实后，关世安是从犯，被法院从轻判处有期徒刑四年，随后被投入锦州市高山子监狱劳动改造去了。从来没离开家门的关世安，在秋季农忙季节，扔下地里大片待收割的庄稼，被送进了监狱，而且一押就得押四年，真是受不了。白天劳动时，他把愁事、琐事忘到脑后，一到晚上躺下来要睡觉，思念家乡，挂念妻儿父母的心绪怎么也平静不下来。家里的农田谁来种？父母身体怎么样？他们会怎样挂念自己？关世安实在待不住，决定寻机脱逃。

第二年7月16日上午，他在监区内甜菜地里干活儿，趁看守的管教没注意，钻进附近苞米地，迅速逃跑。

逃脱成功了。但跑出来之后怎么办？身无分文，吃什么？到哪儿安身？这些他都没想。当时正是夏季，他脱下身上带"犯"字的衬衣，光着膀子，光着脚，顺着壕岗、河边，像耗子一样偷偷地鼠窜。见前面人多了，就钻进庄稼地。跑出的第三天，他来到辽宁省黑山县一村庄附近，见四周无人，就溜进村边的王素琴家。他没吃的、没穿的，也没钱，就想进屋弄点儿吃的、穿的，再弄点钱。王素琴是个七十来岁的老太太，一人在家。她见一个陌生人闯进来，立刻警觉起来。

关世安说："给我点饭吃，给我件衣服穿，给我找双鞋。"

王素琴打量着眼前站着这个疯子一般的陌生人，问："你从哪儿来？你的衣服、鞋哪去了？"

"我在河边洗澡，被人偷走了。"

锦州地区方言特性比较重，老太太一听，他不是当地人，怎会单身一人到这边的河里洗澡。对来路不明的人不能相助。老太太就进一步盘问。关世安是个逃犯，经不起盘查，被问得张口结舌。老太太一看那吞吞吐吐的样子，就让他走，并要喊人。关世安见大事不妙，再加上要吃的、穿的心切,就硬性抢劫。他拽起老太太家的一根木方,照老太太头上一连砸了三四下。老太太倒地身亡。关世安翻出了衬衣、胶鞋,找到一盆饭,来不及穿和吃,把这些东西全拿到旁边的庄稼地里,慢慢处理。

再说锦州高山子监狱,发现跑了犯人关世安,便立即张开搜捕大网,火车站、汽车站、重要交通道口,全都严防把守。关世安家里和他的主要亲属家,也都派员去搜查。

关世安几经跋涉,先来到姐姐家。姐姐一看到他,惊慌地哭述:"监狱里已经派人到咱家来过了,让告诉你赶紧回监狱,争取从轻处罚。"

关世安见到久别的姐姐流泪,自己的泪水也止不住,说:"真没想到,我从来都没跟别人打过仗,今天却成了罪犯。在我回监狱之前,得先回家看看。我太想家了。"

姐姐陪他回到家,守候在那里的狱警,一下子就把他摁住,给他戴上手铐。他见到了离开一年的家,家里人和他都在哭,双方还没说上几句话,关世安就被带走了。这样一来,他犯了两种罪,一个是脱逃罪,另一个是抢劫罪,而且抢劫罪是在狱中服刑期间脱逃时犯下的,在抢劫中又致一人死亡,情节特别严重。

锦州市中级人民法院依照《刑法》规定,以抢劫罪判处他死刑。宣判后,关世安服判,没上诉。我们复核提审时他说:"事儿都是我干的,我听天由命。命里注定让我活到今天,我不争取等到明天再死。家里的妻子、孩子、父母、庄稼、家务,我都顾不得了。人到这份儿上,只有一个想法——早点儿一死,解除痛苦。"

我问他:"你怎会一点儿一点儿地走到这种地步?"

"这都是命里注定,听天由命吧。当初不帮助宋华祥要账就好了。一步走错,全完!"

我说:"你要知道当初不该帮助要账,不去不就行了吗,办事儿怎能靠听天由命呢?"

"现在说什么都没用了,事已铸成,听天由命吧。"

最后,我们的提审在他的"听天由命吧"一句之后结束。

他吸完了第二支烟,我让看守人员把他送回监室。随着他那远去的背影和脚镣声,我在想:人们在生活中遇到麻烦事,如果不是听天由命,而是多加考虑,相信自己的努力,主动避开险祸,可能会避免许多人生悲剧。

福祸无门,都是自寻。

005　输打赢要

在赌场上，输打赢要并不罕见。为什么会出现这种现象？这是因为赌债与其他债务不同。为了买房子、买汽车或者是为了治病一时缺钱，跟他人借钱不还的现象虽然有，但极为少见。而赌场上欠的赌债，不完全都是因为自己没抓好牌，输了，往往还会因为对方捣鬼而被骗去了钱财。因此，在赌场上输了钱一般都不服气，有相当一部分人怀疑对方捣鬼而不肯往外掏钱。赢了呢？对方不给不行。这样一来，"赌生灾"便成了千古恒言，由"输打赢要"引发出形形色色的案件不计其数。这里讲的便是其中一例。

辽宁省沈阳市苏家屯区陆义民和常家新都是六十多岁的老人，他们退休前在同一个工厂上班，退休后，经常到一起打麻将消磨时间。陆义民的子女都在外地工作，老伴儿又去世了，他一人生活，他家就成了这些老年人在这里玩麻将赌钱的场所。

他们打麻将主要是消磨时间，虽有输赢，但数额不大。可是，这一阵子常家新不走运，先后输给陆义民七百多元，常家新有点儿还不起了，就想让陆义民一笔勾销，但这话又不好说，他就迟迟不给钱。

一天吃过早饭，常家新骑自行车到陆义民家去玩麻将，企图把输的钱捞回来。由于这天阴天，很快就要下雨了，其他麻友都没来，只有陆义民一人在家。常家新来了，俩人坐一会儿外面就下起了小雨。常家新说："外边下雨了，今天这帮老家伙不能来了，我到外边买点吃的，咱俩改善一下生活。"

常家新是个出名的吝啬鬼,今天突然大方了,主动要买好吃的,陆义民不是傻子,立刻明白常家新的意图,因此没有吱声。过了一会儿,常家新买来一大包猪蹄、烤鸡、香肠、花生米等许多熟食和啤酒,就在饭桌上摆开,跟陆义民开始又吃又喝,唠了起来。

吃着、喝着、唠着,酒过三巡,菜过五味,常家新就把话题往正题上拉。他说:"咱俩没退休的时候在厂里关系就不错,现在退休了就像亲哥们一样。我以后要闷了,就买点儿酒和菜到这里咱俩喝两盅。"

陆义民没言语,他已经料到常家新下一句将说什么,便倾耳静听。没出所料,常家新说:"咱们在一起打麻将就是消磨时间,不是为了赌博赢钱,但动点真格的也就是小打小闹,增加一下玩的兴趣。可是我这一阵子点儿背、不走运,输给你不少,你一笔勾销吧,友情为重。"

陆义民没说话,只顾低头吃菜。常家新又说:"咱关系这么好,以后我给你买酒喝。我买酒、买菜,咱俩吃,我也不能跟你要钱。"

陆义民憋不住了,开始说话。他说话不是看着常家新,而是低头瞅着桌子上的菜说:"咱中国有句俗话,叫做'烟酒不分家'。吸烟,哪有自己只顾低头吸自己的而不顾别人?喝酒,也没有只顾自己喝而不劝别人。递烟、敬酒这很正常。但凡叫一个人,递给人家一支烟没有跟人家要烟钱的;敬人一杯酒也没有跟人要酒钱的。中国还有一句俗话叫做'赌场上面无父子'。在赌博这个问题上,不要说是好朋友,就是父子爷们也不能让步,输了就是输了,输了就得给钱,要不还赌个什么意思!"

常家新说:"你看看今天我买的这些菜和酒,花了不少钱,你也吃了不少,喝了不少,我也不可能跟你要钱。"

陆义民说："这些酒和菜是你让我吃的、让我喝的，你也不是到我家来卖给我的。你要是来卖，我还不买呢！"在常家新欠的这笔赌债问题上，两个人不让步。常家新就算起了自己的小算盘：不但欠的这笔赌债要如数偿还，今天还搭进去不少酒肉钱，真是赔了夫人又折兵。

陆义民认为，天下没有平白无故请人吃饭喝酒的。有所舍，必定有所求。你常家新花几十块钱买酒买肉不怀好意，就想赖掉七百多元不还，这是万万不行的。哪个多，哪个少，连小孩子都糊弄不了。常家新认为陆义民见钱眼红，为富不仁。俩人都很不高兴，但酒没喝完，菜没吃净，也不可能就此扔下筷子各自分手，他们仍然在默不做声地吃和喝。真是"话不投机半句多"，他俩不再说什么，但心里都在咒骂对方。

喝了一会儿闷酒，陆义民说"我上趟厕所"，然后离席而去，过了一会儿回来了。常家新也说，"我也去一趟"。常家新撒完尿，看见外边雨下得越来越大，料到在这样的雨天一定不会有人来，他便升起了杀人念头。

他来到厨房，想拿菜刀砍死陆义民，又怕溅一身血，没什么可拿的，就拎了一个铁大勺走进屋里。陆义民仍然低头夹菜，没理他。常家新拎起大勺，照他后脑勺狠狠砸一下，只一下，就把他砸得趴到菜桌上，脸贴到猪蹄和烤鸡上。常家新紧接着又给他几下，把他打昏。怕他不死，常家新看见地上有个电炉子，上面有电线，就把这个电炉子拿过来，用上面的电线往陆义民脖子上缠了两道，然后使劲勒，勒了好一会儿确认他已经死亡，这才松手。

把债权人打死了，这笔赌债不用还了，但却欠下了一笔需要用生命来偿还的血债。常家新也知道把事情弄大了，怎么办呢，他在屋内到处翻了一遍，把翻到的一千多元钱塞进兜里，然后拽开床上的被子将尸体蒙上，锁上了门离开这里。

　　常家新先杀人后抢钱。人民法院经过开庭审理，查明了案件事实，认定他犯故意杀人罪和抢劫罪，数罪并罚，决定执行死刑。经过核准后，他被执行死刑。他欠下的几百元赌债虽然不用还了，但他用生命偿还了欠陆义民的血债。

　　古人造字很有哲理：贝者合为"赌"，今贝合为"贪"，分贝合为"贫"，贝戎合为"贼"。这四个字形象地指出赌——贪——贫——贼，是赌徒们的必然之路。赌博不戒，坠入法网是或迟或早的事。

006　购房定金

路边有一棵大树,离大树不远的地方,有一只大黄狗正用两只前爪从新挖的土坑里往外扒东西。青年学生小刘看到了,感到好奇,就凑到跟前,想看一看这狗在扒什么。

这只狗看见有人靠近,龇牙咧嘴,瞪眼吼叫,不让靠近,也不肯离开它扒的那个坑。这时,小刘已经看到两只狗爪子下面有个蓝色塑料包,这个塑料包已经被狗抓破,露出一只人手,而且清清楚楚,五根手指历历可数。面对这种情况,小刘立刻向公安机关报告。

公安人员赶到现场,起出了这个塑料包,打开一看,里边包着一块没有头颅、没有下肢的女性躯干部尸块。从当时的季节和这块尸块腐烂的程度看,可以推算,被害人死亡的时间应该在七八天以前。

说也凑巧,就在这个时候,有位60岁左右的老太太到公安机关报告,说她女儿在10天前失踪了,至今未归。公安机关没让她看这尸块,而是详细询问了她女儿失踪前后的有关情况。

这位老太太说,她女儿离婚后就跟她在一起生活,由于离婚时房子给男方了,男方给了一笔钱,她就想用这些钱再添一部分买一个门市房,自己开一个食杂店来维持生活。从这位老太太反映的情况了解到,她女儿叫夏荣,在10天前,有个叫张文康的曾经跟夏荣联系过,要把房子卖给夏荣。

那么,死者是不是夏荣呢,张文康与这起案件有联系吗?根据这位老太太提供的线索,公安人员来到了张文康家,向他询问了有关情况。在询问时，公安人员发现墙角有几滴血迹，便秘密提取。回来后对这血迹进行了鉴定，随后又对尸块进行了血迹鉴定，结果血型相同，公安机关将张文康抓获归案。在确凿的证据面前，张文康不得不供出他的犯罪事实。原来事情是这样的：

夏荣听说张文康有一处一楼的楼房要卖，这房子沿街，可以开门当门市房用。经人介绍，夏荣找到了张文康，向他提出要买房子的事。张文康以前确实提出要卖房子，但由于房价在涨，特别是可作为门市房的一楼，涨幅更大，认为这房子的价钱还会涨，就不想卖了。但他看见夏荣一个人来，从言谈中知道她离婚了，只有一人，由于"女人无夫身无主"，便对她起了邪念，说："现在市场上的房子卖得可快了，前天还有一个人来要买我这房子，他回去准备钱去了。你如果想买，可以，但必须先交五万元定金。不管是谁，先交了定金，这房子就不能再卖给别人了。"

夏荣买房心切，屋里屋外详细看了一下，跟张文康讲好房价，然后说："五万元我有，其余部分我也很快就会凑齐，这房子我买定了，你不能再卖给别人。"

张文康说："讲别的都没有用，你要真心想买，先交五万元定金，然后我给你腾出房子。房子腾出来了，你就得赶紧把其余的购房款交齐，然后我们办理房屋过户手续，最后我把房门的钥匙交给你，房子就成你的了。"

夏荣怕他把房子再卖给别人，就说："明天晚饭后我把五万元购房定金给你送家里来。"就这样，他们约定了送定金的时间和地点。夏荣走了，张文康看着她扭捏的身影，心里想入非非。

夏荣走后，张文康想了许多，都是些鬼点子。他认为，夏荣既然离婚了，一个人生活，很可能一人来送购房定金；我们没有讲可以用银行卡,她来交定金,很可能用现金……一切都在他的预料之中。

悲剧往往降落在麻痹大意者身上。夏荣太麻痹了。前来交五万元定金,数目不小,怎能一个人来呢?怎能不找一个证人呢?如果她稍有一点警惕绝不会遇上杀身之祸。

第二天晚饭后,夏荣拎一个紫色的尼龙绸布兜,里面是用一张报纸包了五捆百元大票,孤身一人来到张文康家。她一进屋,张文康就问:"钱带来了吗?""带来了,全在这里呢!"张文康怕上当受骗,把这个尼龙绸布兜打开,把一个报纸包拿出来,一看,里面是五万元定金,随后就对夏荣说:"我这个人最讲信用。今天上午来了个买房子的人,来交五万元定金。我知道你今天晚上能来交定金,就说已经有人先交了,这房子已经卖出去了。来人说,'我既然想买房子,就不差一千两千的,我再多给你两千元'。这时我动心了,想收他这两千元,把房子卖给他,后来我一想,你晚上一定会送定金来,我就决定把房子卖给你,我把这个人辞退了。我这样做,使我少收入两千元,损失不小!"说完眯缝着一双色眼,色眯眯地看着夏荣笑。夏荣说:"我谢谢你。"张文康问:"你怎样谢我?就用两个谢字就行了吗?你可要知道,我少收入两千元啊。"

他这一问,夏荣不知怎样回答。这时张文康就提出要跟她发生一次性行为作为补偿。夏荣十分惊讶,想问他"你怎能提出这样的问题呢?"但又觉得人家张文康宁可少收入两千元,也把房子卖给自己,就没再说什么。张文康见夏荣不言语,认为时候到了,机不可失,马上动起手脚,把她摁到床上奸污了。夏荣的软弱、退让和丧失应有的警惕,滋长了张文康得寸进尺的罪恶心理。张文康把她奸污后,又伸出两只像钳子一样的大手,掐住夏荣的脖子,让她无法叫喊,无法喘气,直至把她活活掐死。

夏荣死了，张文康把这笔购房定金收归己有，贪得无厌的他又摘下夏荣身上的项链、耳环等贵重物品。为了销尸匿迹，他把夏荣的尸体分解成两块，包成两包。一包是头颅和下肢，另一包是躯干部。他用自行车把这两包尸包分别驮出，一包埋在大树下，另一包埋在一条河沟旁的草丛里。公安人员在他的带领下，把埋在河边草丛里的那一包也挖出来，把这两包尸块拼在一起，整个尸体没有缺损。经过验证，两块尸块都是夏荣尸体的组成部分。

夏荣因为警惕性太差，防范意识太弱，致使遭受遇害身亡的悲剧。

　　一分警惕，十分安全；一分麻痹，十分危险。

007　雨夜捉贼

辽宁省营口市辖区内，有座蟠龙山。山北坡有片果园，是李殿增和他儿子李直经营的。

园内有些李子树，棵棵挂满了果。李子成熟早，到夏季就可以吃了。为了使李子不丢失，能够多卖钱，临采摘那几天，李家父子几乎住在园内，白天晚上看守着。

一天傍晚乌云密布。李殿增和儿子正坐在园内的小房前闲唠。他对儿子说："这叫乌云接驾，不阴就下。"

他儿子知道这条俗语，却故意闲着没事跟父亲磨牙，硬跟父亲犟嘴，说："一点儿科学道理都没有，啥叫'不阴就下'？下雨得先阴天，然后才下雨，怎能不阴就下？"

"这个玩意，你怎能不信呢！这是千年俗语，没错！这句话不是说不阴天就下雨，是说即使不下雨，也一定阴天。你看西边乌云那么多，晚上一定有雨。别犟嘴了，快回家吃饭，吃完回来换我。"

他儿子还是不走，就愿跟他磨嘴皮子，逗他玩，硬是让他撵回去了。

儿子李直走后不一会儿，雷声、风声、雨声就连成一片。李直吃完饭，披件雨衣，拎着饭盒跑回来，钻进小房，对父亲说："外面的雨下得挺大，你别回去了，我把饭给你带来，快吃吧。下雨天，容易有人偷李子，我先到那边瞅瞅。"

"你太笨。刚下雨,没事儿!再等一会儿就得注意了。下雨天要是有人来,就是大贼。他不会空手来,不会摘几个就走。要来,就是拿麻袋。今晚咱俩得轮流睡。"他儿子李直没反驳。

再说这蟠龙山下,有户姓刘的人家。男的叫刘芳一,四十多岁。吃完晚饭,本村的史佑兴到他家闲坐。坐一会儿,外边下雨了,没法走,就跟刘芳一摆上象棋,玩上了。外面的雨一直不停,两人就一盘接一盘地直玩到深夜。快到12点了,两人又饥又渴。刘芳一说:"外边雨大,到果园偷果保证没事儿。"

"这么大的雨,就是白给我也不去拿。"史佑兴答道。

"蟠龙山北坡有片果园,那里有不少李子树,咱俩一人拿条麻袋,去了就摘,摘满往回一背。你回你家,我回我家。要不,你这么晚才回去,不带点儿东西,你媳妇能让你上炕嘛!还不得让你跪搓衣板啊!"

"你有两条袋子吗?"

"有。是编织袋,挺大。你拿一条,我拿一条。"

史佑兴经不住劝,犹豫了一下,觉得确实回家晚了,不带点儿东西回家不好交代。两人把象棋收拾起来,也没披雨衣,一人顶条编织袋就出去了。当时正值盛夏,虽说是深夜,雨水也不算太凉。

这两人来到果园边,蹲在壕埂上听听声,四周一片哗哗的雨注声;又往园内看了看,一片漆黑,不见人影,不见灯光。

刘芳一说:"进!"说完就先窜进果园。史佑兴紧跟其后,到了园内,一人选好一棵树,在树下把袋子口打开,就往里摘。

白天看,棵棵都结了不少李子,但这是晚上,枝叶茂密,树上一片漆黑。他俩不得不摸着摘。每人大约摘了十多斤,也够吃了,但谁也没提出要走,都认为多摘一个,就多得一个。

再说小房内,李直睡了,父亲李殿增坐着吸烟。吸了一会儿,就披着雨衣,拿着手电,到李子树这边查看。手电没打亮,因为他明白,手电一亮,等于告诉对方自己的位置。当时风不算大,但雨点大,打在树叶上,噼里啪啦。他的走路声,淹没在雨声里,刘芳一和史佑兴都没听到;而这两个人摘李子的哗啦声,也和雨声溶在一起,李殿增也没听到。李殿增走一段就蹲下来,往远处看一看。远处一片黑,但仍能模模糊糊看出排列整齐的树干。在黑夜里,树干就像一根根黑柱,特别是眼前这几棵,十分清楚。

在察看中,他突然发现,前面树干旁有人。李殿增没马上把手电筒打开,想回去叫儿子。又一想不对,等把儿子叫来,这两个贼就跑了。他就一人蹑手蹑脚地向这两个黑影靠近。

刘芳一和史佑兴毫不提防,正一个劲儿地快速摘李子,突然,一道手电光在刘芳一身旁亮起,随后是一声巨吼:"看你们往哪儿跑!"手电的亮光照在刘芳一脸上,他顾不得拣地上的袋子,拔腿就跑。史佑兴离手电光稍远一点儿,拎起袋子,往身后一背,一下子在夜幕中消失。

李殿增自知孤身一人难捉两贼,况且这俩人身上是否带凶器也不清楚,就站着喊,没敢向前追。他站在那儿,虚张声势:"把那个人堵住,别让他跑啦!"喊了一阵,见那两个人跑远了,这才用手电照照树,晃晃地,仔细察看。看见地上有个编织袋,拎起来,向小房那边走去。

他儿子李直在小房听见了喊声,一翻身爬起来,披上雨衣,拎起门后的大棒子就向传来喊声的方向跑去,半路上遇见了父亲。李殿增把袋子放在地上,用手电照,说:"你看,摘这么多了,再晚出来一会儿，就让他们拿走了。"

"人呢？"

"来两个呢！都跑了。"

李直拎着编织袋，往小房这边走。李殿增拿着手电跟在后面，手电照在编织袋上，他发现上面有字。

"你放下，袋子上有字。"

李直把袋子放在地上，抖开，李殿增用手电一照，上边有三个用红油写的大字"刘芳一"。

李直说："跑了和尚跑不了庙。有这个编织袋，明天就能把这两个人找到。"

到了小房，李殿增说："他们来偷李子，让我发现了，没来得及把袋子拿走，说不定一会儿会回来找袋子。"

李直说："肯定会。因为这袋子上有名。我拿棒子到那边等他们。要来，我就打折他腿。"

李殿增只是认为有可能来，并不认为一定能来，所以也没阻拦。

李直把衣服脱下来，把湿地方拧一拧，然后又穿上，披件雨衣，一手拿手电，一手拿棒子，又出去了。李殿增说："我抽支烟。他们若来，喊我一声。吓唬吓唬得了，别给打坏了。"

刘芳一跑到半路，雨停了。他放慢脚步，忽然想起编织袋上有自己的名字，觉得跑得了今天，跑不了明天。损失个编织袋不算什么，人家会根据这条袋子，通过公安派出所找上门来，这就把问题弄大了。不行，得回去把袋子找回来。

他停下脚步，四处看看，想找到史佑兴，打算让他和自己一起回去。但天很黑，一时不见人影。如果找下去，就会耽误时间，为回去找袋子带来困难。他认为，看果人赶跑了偷果人，很可能到那棵李子树附近察看，要是让他们把袋子拿去，往回要就麻烦了，应当争取在他们还没发现袋子的时候，偷偷地把袋子找回来。他又往果园跑，来到那棵李子树下，急急忙忙地用脚趟，用手摸，想马上找到袋子。

这时李直从树后窜出，一棒子砸到他脑袋上。他趔趔趄趄刚想跑，右肩又挨一棒子，他被打倒，还没等站起来，李直就站在他跟前，一顿乱棒打得他直叫妈。天黑，也看不清头脚，李直左一棒，右一棒，直打得他不再出声了，这才住手。李直用手电照，见这个人昏过去了，头还在流血，害怕了，跑去找父亲。

李殿增正朝这边走，在半路上他俩相遇。李直说："偷李子的人回来找袋子，让我打倒，现在昏过去了。"

李殿增随儿子来到刘芳一身旁，见他昏迷不醒，就和儿子一人抬肩膀，一人抬双腿，把刘芳一抬到小房前。李直拿来两件雨衣，给刘芳一铺一件，盖一件，然后对父亲说："怎么办？"

"你都打哪儿了？"

"就往身上打了。"

"打他脑袋没有？"

"可能打一下。"

"只要不死，就啥事没有。我让你吓唬吓唬就行了，怎么打这么重。我在这里看着，你赶快去公安派出所。"

公安派出所的人来不大工夫，刘芳一就停止了呼吸。经法医鉴定，刘芳一浑身大面积软组织受挫伤，死亡是因为头顶右颞部出现横行线状骨裂，颅脑损伤。

刘芳一黑夜到果园偷李子固然不对，但不能因为人家有过错，就可以把人活活打死。有过错的人，其人身安全仍然受法律保护。法院经过开庭审理，以故意伤害罪判处李直有期徒刑12年。

依法维权会得到法律保护，违法维权会受到法律惩处。

张世琦在阅卷

008　狗案三则

养狗的多了，因狗发生的纠纷也多了，随便讲几个让读者开开眼界。

其一：

沈阳郊区35岁的居民白忠信，养一只大黄狗。养了好多年，后来因为买了楼房，到楼里居住养狗不方便，就决定把狗处理掉。

他的连襟王勇是个警察。一天，王勇后腰别把手枪来到白忠信家闲坐。白忠信说："住楼房就没法养狗了，咱养的这只怎么处理呢？"

王勇说："养狗也没什么用，打死吃肉吧！"

"养了好多年，怎忍心活活把它打死！把它卖给冷面店吧。"

"卖给冷面店不也是打死吃肉吗？"

"别人怎么打我不管，反正我下不了手。"

"我给你打。前些日子我们练习打靶，我这还剩几颗子弹，一枪就解决问题。"

白忠信当时住的是平房，石头砌的底座，上边是红砖墙。那只狗正趴在屋檐下墙根睡觉。王勇把枪压上两颗子弹，就来到屋外打狗。别看白忠信自己不忍心打，但王勇要用枪打，他还跟出来看热闹。在他身后，他的妻子和八岁的小女儿也跟出来，站在王勇身旁围观。

王勇用枪瞄准狗头，"砰！砰！"连射两枪。狗呼啦一下站起来，夹着尾巴跑了。可是，白忠信八岁的小女孩却随着枪声在王勇身旁倒下了。原来，这两枪没打中，打在墙根石头上，子弹被弹回来，其中一发正好击中小女孩心脏，血流不止，不一会儿就汪成一片。小女孩叫喊了两声，再就没力气了，随后，脸色发黄、发白，接着就停止了呼吸。

白忠信与王勇是连襟关系，再加上王勇不是故意的，白忠信把王勇好一顿埋怨，但没到司法机关报案，只好窝窝囊囊地把小女孩儿火化了。

王勇自动赔偿了白忠信的经济损失。后来司法机关知道了，法院以过失致人死亡罪，判处其有期徒刑2年，缓刑2年。

其二：

农民张作元，51岁。一天晚上10点钟左右，他妻子因用手摸鸡蛋孵小鸡，没有及时入睡。忽然，她听见院子里有响动，就下地把房门打开一点儿缝，往院子里瞅。只见自家养的那条大黑狗躺在院子里，四条腿在抽搐、乱蹬。她来到院子里又仔细看了看，这条狗不一会儿就死了。他进屋把这情况告诉给丈夫张作元。张作元认定：一定是他人偷狗，先用毒药把狗毒死的。"打狗欺主"，何况把狗给毒死了！张作元忍不了这口气，从院内找根大棒子，蹲在门后，等候毒狗人来取狗，想给他点儿厉害，以示自己不是好欺负的。

不一会儿，果然有个男人从这儿路过。张作元二话不说，抡起大棒子就往这个人的头上砸。被打人来不及反抗，就被张作元一连几下子打倒。张作元不放过，又朝其胸部、背部打了一顿乱棒，直到把棒子打断这才住手，被打人当场就没气了。

张作元一看出了人命，知道把事儿闹大了，收不了场，就让儿子和女儿去找村长和治保主任，并让儿子驾驶一辆四轮拖拉机，载着村长和治保主任，代替他向公安派出所投案自首。

张作元打死了人，其妻害怕了，恐慌之际告诉张作元，一定得说打人用的大棒子是被害人拿来的，是从被害人手中夺过来打他的，因为这样说，会减轻罪行。

被打死的人是谁呢？原来是张作元邻居，名叫段全胜，才47岁。经法医鉴定，段全胜因被打造成颅脑损伤和肝部破裂大失血而死亡。公安人员对那条黑狗也作了检验。在狗胃里，没发现任何农药和毒物。

尽管狗是怎么死的弄不清，被害人段全胜是路过张家门口还是前来取狗的也弄不清，但人是张作元打死的，这一基本事实清楚。张作元由于无视国法，公然把一个连自己也说不清是不是偷狗的人打死，国法不容。大连市中级人民法院以故意杀人罪判处了他应得的刑罚。其妻因为编造事实，说是被害人拿来的大棒子，并出伪证，因此也被追究了相应的刑事责任。

其三：

农民李卫权养了一只黄毛小狗，取名叫"狒狒"。"狒狒"聪明伶俐，不仅会做许多令人可笑的小动作，还能听懂人的语言，会作数学题。许多人不信。

夏日的中午许多人在树下乘凉，李卫权为了显示自己养的这只小"狒狒"聪明伶俐，当场就让小"狒狒"表演了许多小动作，逗得在场人个个捧腹大笑，有的竟笑出了眼泪。小"狒狒"做完各种可笑的动作后，李卫权给它出了一道数学题，问它："一星期有几天？"小"狒狒"连叫七声。李卫权又问："除了休息两天以外，还有几天工作日？"小"狒狒"连叫五声。人们笑声不止。

有个五十多岁的老农从人群里站出来，挥着胳臂说："我就不信！小狗连人话都听不懂，它怎能算出七减二等于五！这纯粹是骗人，就像李洪志一样，竟搞歪理邪说！"

说话的人叫韩忠民。看着韩忠民那气势，不但没笑，反而好像很气愤。人们的笑声停止了，所有人的目光都集中到养狗人李卫权身上，看他有何反应。

李卫权被当众斥责，很尴尬，下不来台，就对韩忠民说："我说狗能听懂人话，能算数学题，你可以不信，但你不能说我像李洪志，不能说我是搞歪理邪说！"

韩忠民不服，越吵声越大，说："我说狗听不懂人话就是听不懂！"说完，他面向小"狒狒"吼道："你说，一加一等于几？"小"狒狒"愣着两眼没发出任何声音。

李卫权说："我的狗有涵养，它不会大喊大叫。"

韩忠民气得暴跳如雷，说："你是说我没有涵养呗，不如你的狗呗！"

没想到就这样他俩吵起来。韩仲民说李卫权侮辱了他，说他不如狗；李卫权说韩忠民侮辱了他，说他像李洪志。人们把他俩拽开，尽管争吵停止了，但各自余怒未消。

俩人在众人面前吵起来，都觉得自己被对方侮辱了。特别是李卫权，说他"像李洪志一样，在搞歪理邪说"，他接受不了，因为当时全国、正在批李洪志。他认为，自己与李洪志毫不沾边。他越想越来气，第二天，就把韩忠民告上了法庭。他说自己与李洪志不是一回事，自己也没搞歪理邪说，请求法院判令韩忠民给他赔礼道歉。

法院在审理这起案件时进行了调解。李卫权说："我说我的狗能听懂人话，能算数学题，任何人都可以不信，但不允许说我像李洪志，我和李洪志不是一回事。"韩忠民也觉得自己说的话确实有毛病。说了错话被人抓住了，只好认错，向人家赔礼道歉，这场争吵才平息。

  狗咬人，不是新闻；人咬狗，是新闻。狗听话，不是新闻；因养狗而发生纠纷，是常见新闻，很令人痛心。

009　老贼自述

丁宝贵是沈阳市机械修配厂二分厂的老工人，54岁了。由于年纪大，厂里的青年人都很尊重他。可是，就在他快要退休的时候，突然被警察抓进了看守所，这是许多人连想都没想到的事。在看守所里，他对自己的犯罪行为是这样供述的：

厂里搞普法活动，别人在普法活动中，了解了法律常识，遵纪守法了，可是，我这个人不知怎么回事，没学法律常识之前，还能遵纪守法，学了之后，了解了法律的有关规定，就想钻法律空子，想违法而不受法律制裁，便以身试法。

通过学习我知道，小偷小摸一般不构成犯罪，只有盗窃的数额达到一定标准，盗窃数额较大的才能被认定是犯罪；对于一般的打架斗殴，属于不遵守厂纪厂规问题，在一般情况下，警察也不会来到厂里进行处理。把对方打成轻微伤，赔偿了医药费就算了事，只有把人家打成轻伤、重伤，经过司法鉴定确实达到了这个程度，这才能构成故意伤害罪，被判处刑罚。

通过普法学习，我知道了一般的违法行为不是犯罪，犯罪必须达到一定的数额和情节的要求。像我们这么大年纪的人，一般不会参与打架斗殴，但我这个人有个坏毛病，就是愿喝酒，为这事儿，老伴儿总是跟我吵嘴。说我挣得不多，花得不少。为了解决点儿零花钱，我就开始小偷小摸。但我注意掌握好盗窃数额，别达到"盗窃数额较大"，也就是别达到犯罪的界限，别被判刑。就是"小偷小摸不断，大额盗窃不干,公安不抓,法院不能判"。

中国人都尊老爱幼,我年过半百,头发白了许多,是厂里的老工人。我小偷小摸,一是不少人不会发现,即使被人发现了,也不至于把我怎么样。我就想弄几个零花钱买酒喝,我万万没想到,就在我快要临近退休时,竟然犯罪,被判处了刑罚,为了弄几个零花钱,竟把"劳保"弄没了,真是太不合算。

我们厂比较大,管理也比较差,螺丝杆、螺丝帽、钢管、铁棍,厂内遍地都是。为了偷点儿碎铁拿去卖钱买酒喝,我就用一个大帆布兜装饭盒,因为我每天需要带中午饭,下班回家时,就把偷的这块废铁放到装饭盒的帆布兜里,把它挂到自行车前把上,把这块废铁带出厂外。只要这块废铁的长度不超过30厘米,我这个大帆布兜就能把它装下。我虽然不是天天往厂外带废铁,反正隔三差五要想买酒喝,就用这个方法弄酒钱。现在外边收购废铁比较贵,弄点儿废铁一卖,就可以买一瓶酒喝。直到被捕前,我买酒的花销主要是通过这种方法来解决。

我家住在一楼,楼后有块不大的小院,我在院里种了一点蔬菜和两垄苞米。那天我在家休息,上午10点多钟开始下小雨,我就想到我家的后院去,由于苞米地缺苗,我就想在下大雨之前,把过密的苞米稀一稀,把稀出来的苞米栽到缺苗的地方。我来到我家小院儿门口,看见一辆自行车停放在小院门口,把门挡上了,我无法进去。我就把这个自行车给挪一下,由于外边开始下雨,我怕把自行车给淋了,又由于这台车子挡了我家小院的门,我有点儿生气,也想把这台自行车给藏起来,就把它搬到我家楼洞里。搬的时候我想,如果车主人制止,我就说你的车子挡了我家的院门,必须挪一挪,我给搬到楼洞里,也是为了防止雨浇,是好意。我估计他也不能把我怎么样。过了两三天也没人来推这台自行车。我分析，可能是车主人认为自行车丢了，也不再来找。我就把这台自行车的锁给撬开，骑到旧物市场，卖了80元。那一次我尝到了卖旧自行车的甜头，以后在我闲暇无事时，手头缺钱了，就找那些随便乱停乱放的自行车，先把它挪个地方，如果车主发现，我就用"这个地方不能停放自行车"为理由来抵挡。在挪了地方之后，过一段时间没人找，我就把它撬开，骑到旧物市场卖掉，用这笔钱买酒喝。我就用这种方法又偷了两台。但我掌握了底线，就是偷旧自行车，别让盗窃的数额达到犯罪的程度。

还有一次我感冒，嗓子疼，到医院去打点滴。打完天下雨了，虽然下得不大，但我没带雨具，往回走也不行，我又急着回家，就到医院旁边的教育局去，因为我女儿在那里上班，想让她给我借把伞。我非常顺利地进了教育局大楼，走廊里空空洞洞，有好几个房间门大开，屋里没人，我本来想去找我女儿让她给借把伞，当我看见有个房间不仅开的门，屋里还没人，房间里立式衣服挂上还挂把折叠伞，我见附近无人，进去就把它摘下来，拿走了。我感到，大机关里防范措施比我们厂里还差，别说偷一把伞，就是拿个大口袋，进屋把电脑偷走，我估计也不会有人管。

我的贼胆就是这么一点一点练出来的，我的小偷小摸的习惯也就是这么一点一点养成的。后来我竟没把小偷小摸当回事，成了习惯，凡是到一个地方，只要可以偷走的东西，我就顺手牵羊，把它拿走，有的自己可以用，有的自己不用就把它卖了，换钱买酒喝。那时我还没有认识到不断地小偷小摸早晚会出事。

最后这次，那天我在集贸市场上买菜，看见我前面有个中年妇女推个自行车，车把上挂个破旧的尼龙绸布兜，这个兜又破又薄，里边装个像钱包一样的东西，虽然看不清是不是钱包，但我根据其形状和大小，断定那里一定装个钱包。由于这个兜太破旧，里边也就是能放个几十元，不会超过百元。这个妇女推车走到一堆芸豆旁，放下车子去买芸豆，我乘机就把这个布兜摘下来拿走。刚往前走了几步，就被这个妇女发现了，她大喊："快抓小偷！他偷我钱包啦！"我往前跑，由于市场上的人多，熙熙攘攘，再加上我年纪大，腿脚不灵便，跑不起来，很快就被身旁的几个年轻人拽住了，他们当场把我打了几拳，踹了几脚，随后把我扭送到市场附近的公安派出所。在那里，警察把这个破布兜打开，里面竟有15000元，这一下可完了，我知道偷这么多钱构成犯罪了。我无话可说，只好等候处理。

后来我才知道，这位妇女为了买房子，刚从她父母那拿来这么多钱，路过市场买菜的时候被我遇上了。

在派出所里我才知道，小偷小摸次数多了，盗窃即使没达到"数额较大"，也可以定盗窃罪判刑。我在普法中仅仅一知半解，就想钻法律空子，没想到这一钻，不仅没占到便宜，还把我的"劳保"弄没了。我被判刑成了劳改犯，没有了"劳保"，这一下子可完了。我被放出来时，既没工作，又没"劳保"，年龄又大了，没钱可怎么活啊！对可怕的前景，我真是不敢想象。

做贼要能得富贵，世上难有勤劳人。

010 判断错误

宋山屯有家姓姚的，父亲叫姚文明，母亲叫姜芳，儿子姚树林，女儿姚小华，一家4口，生活平安幸福。后来，一个意外灾祸降到这家头上。

那是夏季的一天晚上，父亲姚文明在邻村干完瓦工活回家，在路上被汽车撞死，肇事司机驾车逃之夭夭，虽经公安部门多方追查，却一直没有找到。当时姚树林才12岁，姚小华只有8岁，生活的重担全压到母亲姜芳上。责任田里的农活儿，经常干不完，前院吴玉宪一家常来帮助。

俗话说，"福无双至，祸不单行"，这是有根据的。你想想，姜芳死了丈夫，不光是精神上承受不了这么大的打击，繁重的家务也担当不起来。她丈夫死后4年，姜芳也因积劳成疾，扔下两个孩子离开人世。这时，姚树林16岁，姚小华12岁。兄妹俩都不能上学，由哥哥姚树林担起了全部家务。

许多人是这样：看见别人升官发财就嫉妒，遇到他人不幸就可怜。姚树林前院的吴家会不会嫉妒人，无法查考，但对姚家的不幸，确实很同情，并且常常善意资助。

吴家五口人。有丈夫、妻子、两个儿子，还有一个小女儿，她叫吴艳。吴艳比姚树林小两岁。

两家平时相处不错，姚家接连有不幸，吴家更加关心。吴家人多，劳力足，常常在春秋农忙时，帮助姚树林兄妹种地、收割，平时也多有来往。过年、过节,吴家常常派年龄最小的吴艳给送些米、菜之类的东西。

姚树林19岁那年,吴艳17岁。吴艳初中毕业后没升上高中,只能在家做些家务,干点儿活儿。由于不上学,在家的时间多,与姚树林兄妹接触的机会也多。有时下雨阴天,不能到田地里干活儿,竟整天在姚家闲坐。

吴艳常到姚家,一是两家关系好,二是姚小华与她年龄相仿,常在一起玩儿。而姚树林呢,随着年龄的增长,心里想的也就多了。他认为,吴艳常到他家,除了相处很好的原因以外,说不定还有愿意嫁给他当媳妇的因素在内呢!

为了准确探明到底有没有这个因素,他做了几次试探,进而证明,吴艳对他是有意的。例如:他和吴艳说话时,双眼紧盯吴艳的脸、眼,目光相遇,总是姚树林不好意思地先避开,吴艳绝不先转移目光。看电视遇到有趣的内容,吴艳拍手大笑时,总要把笑脸转向姚树林。他若不笑,吴艳的笑声立即停止;他若跟着笑,吴艳就会狂笑不止。相视而笑的瞬间,他感到,他与吴艳不是一般的邻居关系。有时他借故和吴艳说话,拍拍吴艳的肩,拉拉她的胳膊,吴艳不仅不反对,还更加与他亲近。姚树林也怕判断错了,弄出误会,经过多次试探,他得出的结论是:吴艳有意与自己恋爱。其实呢,吴艳往这方面连想都没想,姚树林判断错了。

判断错了,出现误解,姚树林有过错吗?也许有,但已处在青春妙龄的吴艳,也有过错。她若无意与姚树林恋爱,应该与他的关系保持一定距离,应该避免产生误解,可是,她没有这样做。这不是提倡"男女授受不亲",而是说确实应当男女有别。

错误的判断,必然产生错误言行。朴实的姚树林听别人说,处对象，都是男方主动。可是，主动可以，话怎么说呢？他难坏了。让他干活儿，出大力、流大汗，他行；让他处理这事儿，他不知应当怎样开口。

这时一个机会来了：他姨生病住院，让妹妹姚小华帮助护理一夜，晚上不回来。他打算把吴艳叫来，和她谈谈。

晚饭后，他先在吴家房前屋后转悠几圈，不见吴艳出屋，眼看天黑了，就急不可待地往吴艳家闯。一进门，正赶上吴艳出屋，就问："上哪儿？"

"到石河寨看电影。你家小华不去吗？"

"她，她，她不去。她有事让我找你呢！"

"啥事？"

"不知道。你去一趟吧。"

"我和别人已经约好了，他们在等我呢！看完电影回来再说吧。"

吴艳走了，姚树林回家坐不稳，站不牢，一直等到10点半，这才有人敲门。他断定是吴艳。门一开，真的是她。吴艳进了屋，见姚小华不在，就说："你家小华呢？"

"你先坐下，我跟你说。"

"有啥事？"

姚树林心慌意乱，结结巴巴，有什么可说呢？又怎么说呢？吴艳见他说话吞吞吐吐，说了半天，也说不出个子丑酉卯，就猜出了几分，再加上夜深了，她要走。姚树林拽她："你坐一会儿。你，你太好了，给我当媳妇吧。"说着，就把灯闭了。吴艳先是推推挡挡，见实在推不过，她想喊人，又考虑到以往关系不错，深更半夜地喊起来，怕影响关系的和睦，日后无法走动。就这样，姚树林得逞了，他把"生米做成了熟饭"。吴艳走了，他一直送到吴家后门口。吴艳没理他，直接进屋了。

一连好几天，吴艳再没来。姚树林害怕了，心想：她不像愿意和我搞对象。如果不愿意，她生气了咋办？会不会去公安派出所告我？姚树林像得了一场大病，心里实在没底，就到吴家闲坐，想探探吴家对这事儿知道不知道。

去了以后，吴家对他热情如常，他放心了。但吴艳对他躲躲闪闪，明显不像以前那样热情，这使他仍然心有余悸。因为吴艳对他如果憎恨，随时都可能告诉父母或者报告给公安机关。一星期后，吴家割下不少韭菜，吴艳受父亲指派，给姚树林家送去两捆。姚树林从吴艳的笑脸上得到了安慰，心里的大石头终于落了地。吴艳接着又开始频繁地到他家。"吃惯嘴"的姚树林，又把吴艳奸污了几次。

几个月过去了，吴艳的肚子一天天大起来，不知该怎么办，只好把这事儿告诉给妈妈，想让妈妈给想个办法。当然，为了推卸责任，洗清自己，她始终都说是被姚树林强奸的。

她妈一听，气不打一处来，马上就告诉吴艳的爸爸。随后，吴艳的两个哥哥也知道了。全家人对姚树林恨得咬牙切齿。他们认为，多年来的热心帮助，没想到会养虎伤人。这个忘恩负义的东西，竟然欺负到恩人吴家头上。怎么出这口气呢？报案，让法院判刑，这太慢；跟他要钱，他是个穷光蛋，上哪儿弄钱呢？每逢吃饭时，全家人围坐在一张饭桌上，像开会一样。吴艳父亲说："等他再来，砸断他的腿！"全家没人反对，这就算决定了。

姚树林对此毫不知晓，和往常一样，闲着没事，就到吴家闲坐。一天晚饭后，他来了。吴艳的父亲一见他就红了眼，为了稳住他，先跟他寒暄，随后说："树林，你过来，我有点事。"姚树林不知啥事，就来到吴艳父亲身边，没等他站稳，吴艳的父亲一把薅住他头发，把他按倒在地，千仇万恨一起涌上心头，抡拳就打，同时向全家人喊："快打啊！"

听到喊声，一家人就像得到了命令，一拥而上，一顿乱棒向姚树林的头上、身上、腿上，噼噼啪啪地打下去。姚树林挨打之际，自己也明白了其中的缘由，连声告饶。

吴家打得兴起，哪里听得进。吴艳为了在父母和哥哥面前表明她的怀孕自己没有过错，从灶坑拿来个掏灰耙，往姚树林捂着头的双手上猛砸。直到姚树林被打得不能动了，也没声了，全家人这才住手。

吴玉宪让大儿子去找村党支部书记。不一会儿，村里领导来了好几个。吴玉宪把这事从头至尾说了一遍。几个领导没顾得上细听，见姚树林气息奄奄，就安排人员和车辆，立即送县医院抢救。第5天，姚树林死了，在他妹妹惊天动地的呼唤声中，姚树林的尸体从抢救室被推了出来。

人无千日好，花无百日红。两家好邻居成了冤家对头。姚树林死于吴家的乱棒之下，家里只剩孤单单的一个未成年小姑娘——姚小华。村里人出于对姚家的同情，不少人分头到县公安局催案，要求对吴家法办。

众口同言：说人家姚树林强奸吴艳，既然是强奸，为什么不及时报案？既然被强奸，为什么还屡屡往姚家钻？人家姚树林犯法，由国家制裁，怎能私下把人打死！

主持正义的人总是有的。公、检、法三机关加快了办案速度，吴家5口全被逮捕。县法院根据《刑法》规定，以故意伤害罪，根据不同的情节,判处他们不同的刑罚。

 人生感悟

不与异性太亲密,亲密过度绯闻起。

社会交往守规律,误解才能远离去。

监狱里的黑板报

011　偷驴致富

秦太住在辽宁省鞍山市郊区,是个青年农民。小伙子身体棒,个儿也高,力气大,既俭朴又肯干,是个过日子好手。就凭这一点,同村姑娘孟兰嫁给了他。孟兰认为,别看他现在穷,但他知道往家挣钱,将来准是个大富翁。果不其然,她和秦太结婚时,只住公爹的一间半旧房。6年后,秦太凭自己的力气,盖起4间雕檐新房,红砖墙,大院套,这还不说,屋里还摆上了高档的现代化家具。秦太现在是个响当当的富翁。

人大概都是这样:"穷得光腚想衣衫,有了衣衫想有钱,有了钱财想当官,当了长官想成仙,成仙之后想上天。"孟兰就是这种人。她想在平静的富裕生活中掀点波澜,一下子蹦到十万富翁、百万富翁的队伍中。她看到,村里有的人比自己还富裕,他们不仅盖起了小楼,还买了汽车。有人当上了官、成了委员、代表、先进,而秦太只知道苦干,靠流汗挣钱,跟他起早贪黑,一身泥,一身水。种了菜,还得卖。卖菜也不是个轻闲活儿。一大早就得驾着四轮车进城,卖完回来,累得筋疲力尽,还弄得一身灰土。脸和手晒得黑里透红;衣服脏得一般人没法穿。一天到晚像牲畜一样,拼命地干。这钱来得可真不容易。

一天晚上,秦太躺在炕上,妻子跟他说:"一年到头,我们像驴似地这么干,从结婚到现在,6年了,才盖上房子,买了家具,除了这些,手里一点儿积蓄都没有。咱村有的人盖了新房,买了家电,人家还有存款,他们的钱都是怎么来的?我怎没看见他们像咱这样干?"

秦太问:"那咱该怎么办?"

孟兰说:"咱这叫傻干,人家是巧干。咱是靠力气挣钱,只够穿衣吃饭;人家是凭智慧挣钱,钱财如山。不是有那句话嘛,叫做'人不得外财不富',像咱这样凭汗水挣钱,到什么时候也跟不上趟儿。"

啥智慧?去偷、去抢、去骗……秦太觉得这都不行,太危险。怎样才能有个既把钱弄到手又不危险的方法呢?。孟兰说:"要想富,有两个法儿,一是凭力气,慢慢来,再干六七年,就能挣十来万;二是豁出去干,在违法犯罪的边缘上转,命运好,抓不着,一下子就腰缠万贯,抓进去了,那就是你命不好,算你倒霉。"

秦太说:"别冒那个险,凭力气,稳稳当当的,慢慢来吧。"

"你这个窝囊废!嫁给你,就得挨死累,什么时候能跟你不受累,享点儿清福呢?"

夫妻二人在富起来之后,总在想能有个富得更快的方法。人不得外财不富。外财之道在哪儿?夫妻二人冥思苦想;何时才能成为百万富翁,他俩梦寐以求。

心有邪念易走偏。一天晚上11点钟左右,秦太从哥哥家往回走,在街上看见一头驴,不知是谁家没拴住跑出来了。秦太回家把这事儿告诉给孟兰。孟兰半开玩笑跟他说:"你啊,脑瓜儿就是慢!外财撞到你头上了你也看不见。你把它牵来,杀了卖肉,失主认识他家驴的肉吗?"秦太恍然大悟,说:"我回去牵。"

别看孟兰面貌不算丑陋,但心灵奇丑,是个不守本分的人,与这种人在一起,很容易被引到邪路上去。

对他人的话不分对错的秦太,发财心切,腿也快,说牵就牵,不一会儿,把驴牵来了,交给妻子说:"驴在院子里,怎么处理?"

孟兰说:"今晚就得杀了,把驴变成驴肉,要不,失主明天找来就麻烦了。"

"对!"秦太觉得孟兰说的在理,说干就干。他家西屋是间空房。他挡上窗帘,把驴牵进西屋,用孟兰的围裙蒙上驴眼,抡起大锤,一下子把驴砸晕,然后动手宰割、剥皮、剔肉。剔下的骨头、驴头、驴皮、蹄子、肠子等,统统扔到院内空菜窖里,再加上一层土。驴肉放到大锅里蒸煮。天亮了,驴肉熟了,秦太和孟兰拿到鞍山市内去叫卖。很快,一把一把的钱,装进了腰包。

孟兰笑着对秦太说:"怎样,比种菜来得快吧!"

"不过这太危险,让人抓着就坏了。"

"怎么抓?你胆子怎么小?那些挣大钱的,不都是在违法犯罪的边缘上挣的吗!"

"别瞎说,谁是这么挣的!"

其实,谁是这么挣的,孟兰也说不清。说不清她也说,反正她坚信:人不得外财不富,富的,都是得了外财。

在孟兰怂恿下,秦太一连杀了三头驴,腰包迅速鼓起来。驴,一般都是拴在院子里,偷它,不用撬门压锁,也不用背扛,去了解开缰绳,牵着就走。秦太一次顺溜,还想伸手;次次顺溜,不肯回头。秦太不知"驴道儿"危险,一步步离开了做人的正道。当他偷来第四头驴时,犯事儿了。

把第四头驴偷到家,杀了,剥皮,活儿没干完,天亮了。秦太对孟兰说:"昨天剩的驴肉不多,今天你自己去卖,我在西屋把昨晚弄来的这头处理完。你临走时,把门从外边锁上,防止来人。"孟兰走了,秦太蹲在地上,继续剔驴肉。

村子里一连丢了4头驴，顿时轰动起来。几个失主凑到一块儿，决心彻底找一找。再加上有些看热闹的，足有十多人，可以称作浩浩荡荡了。这伙人路过秦太家大门口时，发现了驴蹄印，随后找到院子里。院子里有说话声，秦太听得清楚。一个人说："驴蹄印进秦太家了！"另一个说："进去看看！"

秦太直起腰，微微掀起窗帘的一角，往外一看，吓呆了。院子里一群人！他扔下刀，没处躲，只好钻进大立柜里。这时，说话的声音就在西窗下："看！驴在屋里，被剥皮了！"听到这儿，秦太后悔窗帘只挡了下半截，这一下可糟了。窗外人声杂乱，清晰地听见有人叫骂："这个损贼，他跑不了！"又一个说："门锁着，家里没人。咱先别吵吵，别惊动了四邻，等晚上咱把派出所的人找来，把他抓走！"不一会儿，这群人的脚步声由近而远，院子里恢复了平静。

秦太躲在大立柜里，听得明明白白。为了得外财，一切全完。走到这一步，没别的办法，跑吧。被派出所抓去蹲监狱不说，怎么见人？这些丢驴的，还不揍我！

他找张纸条，写上这么几个字："孟兰，驴事失主知道了。晚上，他们领派出所的人来抓我，我跑了。钱，我带了一些，家就交给你了。"这张纸放在炕上，他怕孟兰看不见，还把箱盖上的一个花瓶拿来，放在纸旁，以便引起孟兰注意。

晚上，失主和民警还有村里的有关领导真的来了。孟兰交出纸条，说："事儿都是他干的，他跑了，留下这张纸条。"既然秦太跑了，孟兰就把所有罪责推到他一人身上。说杀驴、卖肉，都是秦太一人所为，她怎么劝也不起作用。派出所的民警对孟兰说："他跑了，这事儿没完。他要回来，你得动员他去自首，或者向我们及时报告。如果窝藏或者支持他继续潜逃，那你就犯法了，犯窝藏罪是要被判刑的。"

第七天深夜11点钟左右，孟兰一人躺在炕上，翻来覆去睡不着。这时听见院子里有脚步声，她害怕，坐起来，没敢开灯，掀起窗帘向院子里看，果然有个人，站在那儿。不一会儿，这个人又转身蹲到院子里的柴草垛后边去了。从走路姿势看，孟兰认出是秦太。他回来了。孟兰明白，秦太怕屋里有人，不敢进屋，是在听动静呢。孟兰仍没开灯，假装出去上厕所。门一开，秦太站起来想跑。孟兰咳嗽一声，秦太听是孟兰，这才又蹲到草垛后去了。

"上厕所"的孟兰走近柴草垛，小声告诉他："屋里没人。"秦太这才像耗子似地钻进屋里。孟兰上厕所回来，慢慢走，细细听，四下看，见无异常反应，就进屋插上了门。

夫妻大难临头，"久别"重逢，一见面，都想知道对方的近况。孟兰问："这几天你跑哪儿去了？"

秦太顾不得回答，小声小气地问："事儿怎样了？"

孟兰把那天晚上，派出所的人和村里的几位领导到他家来，以及民警对她说的话，都对秦太说了，说完就劝他自首。

秦太问："我去自首，公安局会怎么处理我？"

"从轻呗！你自首，证明是我劝的，对我也好。"

"从轻能判几年？"

"那谁知道，你要自首了，我想不会判得太重。最多三五年吧！"

"这三五年，你自己在家，日子也不好过呀！这些菜地谁种？"

"看看吧，要是判五年以下，我等你；超过五年，你出来就另找一个吧。你若要房子，那时咱俩再折价分掉。"

秦太听了，心里好不是滋味，自我安慰说："我这个人，农村住过，城里呆过，就是没进过监狱，进去蹲几年，开开眼界，也没什么。"

孟兰说："你若判五年以上，你就别挂念我。我和别人结婚，这房子我先住着。你出来后，咱俩当亲戚走。夫妻一回，我一生不会忘记你。你出来生活有困难，我帮你。"

夫妻之间最伤感情的就是抛弃对方，自己另找他人。孟兰这么一说，就像用刀刺了秦太的心窝。

人们分析，孟兰不是傻子，她这么说，肯定有她的道理。她这么直说，也许是好意，意在安慰秦太别牵挂这个家。但秦太越听越窝火。心想：偷驴，是你出的主意；卖肉，是你去卖的；出了事儿，让我去自首、蹲监狱，然后你再找一个男人来，房子、家当，我六年的汗水，转眼之间就成别人的了。

两人静坐了好一会儿，相对无语。过了一会儿，孟兰说："夜里不会有人来，先上炕睡一会儿，说不定今晚是咱俩最后一夜夫妻。"

在黑暗中，秦太站起来，没上炕，而是从被垛底下抽出一根约一尺多长的枪刺，这是他以前收藏的。孟兰见他没上炕，反而拿个东西向自己刺来，边躲边问："你干什么？你要干什么！"

秦太说："偷驴、卖肉、赚钱，事儿是咱俩干的，祸是咱俩闯的。出事儿了，谁也别想好。我去蹲监狱，你在家找汉子，没那好事儿！今天咱俩一块死，我让你死个明白。"说着，就向孟兰猛刺。孟兰跳上炕，秦太追上炕；孟兰跳到地下开门，想跑，急忙中门没打开，秦太又追到她身后，孟兰慌忙闪到炉子后边。当时，屋内有个铁炉子，两人就围绕着炉子转起来。秦太往左刺，孟兰就往右躲；秦太往右刺，孟兰就往左躲。往日的恩爱夫妻，现在成了你死我活的冤家对头。孟兰躲来躲去，忽然想起喊"救命"。刚一喊，秦太"哗啦"一声把炉子蹬倒，刺了过去，在孟兰身上连刺17刀才停手。

秦太杀了孟兰，想自杀，下不了手。又一想，还得跑，好死不如赖活着，活一天算一天，什么时候被抓着了，判死刑，挨颗枪子儿，死也痛快。他换了新衣服，找出家里所有的钱和一些可以带的贵重物品，锁上门，连夜潜逃。

想外财，盼外财，原来外财伴随灾祸来。潜逃中的秦太这时才明白，要是不想外财，老老实实种地、卖菜，靠双手劳动该多好。一切都晚了，世上没有卖后悔药的。

秦太在黑夜中漫无目的地走着。往哪儿逃呢？上亲戚家？不行，公安人员很快就会找去。他决定到鞍山市的王延有家。1968年，王延有下乡时曾在秦太家住过。两人相处较好。王延有回城后，他们曾有走动。对！就上他家。公安机关不会找到那儿。

他和王延有多年不见，一见面，应该是亲热、话多，可是，秦太却神态反常。王延有见他又是无事突然闯来，就问："你怎么啦？"

"没怎么，在家跟媳妇打起来了，在你这儿住几天，消消气。"

王延有说："住多少日子都行，但咱弟妹自己在家怎么行？过一两天，我领你回去，给调解调解，日子过得好好的，打什么架！"

过了两天，王延有要去给调解，秦太就不让。大约过了一星期，王延有妻子从街上贴的通缉令上得知，原来秦太杀人了，是潜逃到这里的。她把这个情况告诉给王延有，说："你得撵他走，要不，咱就要受牵连。"

秦太无奈，也觉得不能长久住在这儿，决定要走。王延有怕伤了和气，临行前，做顿丰盛的饭菜，还给他1000元和一件黄色棉大衣，说:"你把这件大衣带上,晚上可以当被褥。"后来法院审理秦太的案件时,把王延有作为同案犯一起审理,就是因为他拿钱资助秦太潜逃,犯了窝藏罪。

潜逃中的秦太,实在无路可走,最后自首。法院开庭那天,在法庭上,秦太竟没把杀人犯罪当回事,却对偷驴很后悔。他说:"我偷驴犯罪后,再就不是好人了。我心想反正是个罪犯,杀了孟兰,也还是个罪犯。我后悔的是有一步没走对,就是不该去偷驴,老老实实种菜,靠力气致富。一想外财,就走邪道儿了。一步踩下去,再也不能自拔。"

　　人生万里路,走好每一步;一步离正道,极易毁前途。

012　法庭翻案

刘玉荣否认自己被强奸,她因此被法院定罪判刑了。为什么?光是断章取义地看这一句话不行,必须了解事情的来龙去脉。是事都有因,是草都有根。这事儿是这样的:

那是8月20日晚上八点多钟,青年农民林兴业和赵军等人在刘明江家玩扑克。玩之前有言在先,玩到九点半定输赢。谁输了,拿10元钱买水果大家吃。这一决定都同意,于是就玩上了。

到九点半,林兴业输了,这没什么可说的,掏钱买水果吧。可是他舍不得钱,又不好意思当众失言耍赖,就说:"我买水果,这毫不含糊,但我今天没带钱,你们要想吃就来个人,跟我回家去取。"他家离这挺远,他以为来这一招就能躲过10元钱的破费。他说完,起身就往外走。

"哎哎,别走啊!"刘明江喊他,林兴业回回头,嘻嘻一笑,没停下脚步,继续往前走。

刘明江对身边的妹妹刘玉荣说:"荣子,跟他去,把钱取来,到小卖店随便买点什么都行。"

刘玉荣17岁,个儿不高,虽然不痴不傻,但不能说精灵。这种差事一般人不会干,可她没拒绝,抬腿就跟林兴业去了。

说也凑巧,当时林兴业的妻子抱孩子不知上哪儿串门去了,不在家。林兴业进屋后,刘玉荣随后就到,也进了屋。家里没人,林兴业见刘玉荣一人跟来就起了歹意,说:"你先坐一会儿,我给你拿钱。"

然后就去插门。刘玉荣觉得深夜插门不是事儿,说:"你快拿钱,插门干啥?"说着就去开门。

一个要开门,另一个就不让,俩人就厮巴到一起了。林兴业乘势把她拽过来,摁到炕上就强奸。刘玉荣跟他厮打,并呼喊,林兴业说:"你喊什么!要不我凭什么给你钱,我玩扑克输了也没输给你。"

再说刘明江,他把妹妹打发去了以后,和赵军坐了一会儿觉得不放心,就对赵军说:"走,咱去看看。"

刘明江在前,赵军在后,两人直奔林兴业家。走到院子里就听妹妹刘玉荣的哭骂声从屋里传出来。刘明江紧跑几步,到房门前推门,没推开,知道是从里面插上了,就拿起门旁的铁锹,把门上玻璃捅碎,伸手把插销打开,进了屋。林兴业从他妹妹身上爬起来,站在地上提裤子。刘玉荣躺在炕上,骂林兴业是个臭流氓。

刘明江知道是怎么回事,气得怒目圆睁,暴跳如雷,伸开巴掌就往林兴业脸上煽,打了两三下。林兴业自知理亏,没敢言语,也没敢还手,挨了几下之后说:"我错了。"刘明江就像没听着,又打几下。

这时林兴业猛然醒悟过来,觉得对这事儿看来认错是不行了,好汉不吃眼前亏,赶紧跑吧,就夺路而逃,不知去向了。

刘玉荣此时哭声不止,刘明江更是怒气难消,拎起地上一个方凳,说:"你跑了和尚跑不了庙,今天,把你家给砸了。"说着,就举起方凳,朝电视机上砸。站在一旁的赵军给拽住了,说:"你砸人家东西就输理了,咱不能有理不讲理。你要是真想出这口气,咱去报案,让这小子蹲几年监狱。"

刘明江觉得有道理,扔了方凳,他们三人就来到乡公安派出所报案。刘玉荣亲口证实她被林兴业强奸了;刘明江和赵军又证实,林兴业强奸刘玉荣时，被他俩当场抓住。三人证实的时间、地点、情节完全一致。派出所立了案，并且报告给县公安局，公安机关立刻派员抓捕林兴业。

林兴业没想到刘明江他们会报案，出去躲了一阵子之后，刚回家就被公安民警抓获。到了派出所，刘明江和刘玉荣还没走，林兴业一见他们便知这事儿闹大了。他对自己所犯罪行不得不完全供认。他供认的时间、地点、情节，与刘玉荣、刘明江等三人的证实相吻合。这样，林兴业被起诉到法院，就在法院开庭审理时，刘玉荣变卦了。

在法庭上，刘玉荣说她没被强奸。那天晚上，她到林兴业家取钱，林兴业手里有钱不给，她就抢，他俩为抢钱厮打在一起，并没发生强奸和被强奸的事。被告人林兴业也翻供了，他说：他没强奸刘玉荣，只是因为争夺钱，俩人撕扯到一起的，他以前供述的强奸，是公安人员逼的。

这一来事情复杂了。被告人林兴业一直被关在看守所，他在法庭上为什么会与刘玉荣的说法一致？强奸这种案件，如果认定，主要是靠被害人的证言和被告人的供述。在这起案件中，证人不证了，被告人又不供了，这给法院的认定带来了难度。而另外两个证人刘明江和赵军，也推翻了原来的证词。根据这种情况，县检察院请求撤回起诉，要求补充侦查。

在补充侦查中查清了事实真相。原来，林兴业被抓走后，他的哥哥林兴国听别人说，遇上这种事，就得破财免灾，花几个钱活动活动。如果林兴业不被判刑，花出去的钱很快就会再挣回来。

林兴国算了一笔账，觉得这个买卖可做，就从林兴业妻子手里拿出一万元，来到刘玉荣家，跟她母亲说："咱都住在一个村子里，低头不见抬头见，发生这点事儿，何必闹这么大。我带几个钱，给小荣子补补身子。这事儿就别再声张了。小荣子已经是个大姑娘,喧嚷出去对她也不好,甚至对她将来处理婚姻问题也会有影响……"

林兴国拿着那捆令人垂涎的钞票,又凭他那三寸不烂之舌,说服了刘玉荣的母亲,这位母亲又先后说服了刘玉荣、刘明江和赵军。在案件起诉到法院之前,县里召开了一次公判大会,为了扩大声势,林兴业也被押到会场。林兴业的哥哥就是利用这个机会,给林兴业传来一张纸条,让他改变口供,并告诉应当怎样翻案。同时说,他已经做好了刘家的工作,只要他不再承认案子就定不了。

事情已经查清了,按理说,刘玉荣赶紧讲实话吧。她不,她还执迷不悟,一口咬定林兴业没强奸她。你说,公、检、法三机关能老老实实地跟随刘玉荣的指挥棒转吗!能轻易地承认自己把案件办错了而将林兴业无罪释放吗!不能!

县法院继续开庭,不但没释放林兴业,仍然认定他犯强奸罪,判处了刑罚。刘玉荣和她的母亲,还有刘兴国,因为妨碍了司法机关的工作,其行为构成犯罪,他们也被法院判处了刑罚。林兴国给刘玉荣母亲的那一万元,也被依法没收。

花钱买罪,世上无此理,人间有其事。

013　女人强奸

郑敏秋和她丈夫都被抓起来，关进看守所。法院以强奸罪判处了郑敏秋；她丈夫除了犯强奸罪以外，还犯故意伤害罪，判的刑罚比她重多了。宣判后，郑敏秋上诉，理由是："我根本没犯强奸罪，也没强奸妇女，应该宣告我无罪。"

二审开庭时，她详细供述了事情的经过。她说：

春节过后，我丈夫进城打工，为的是挣几个钱好供孩子上学。他走后，把家里的庄稼活儿都推给我。有些活儿我一个人没法干，就得跟别人几家联合干。比如种地，几家联合起来，种完这家的，再去种另一家的。高志刚家养牲口，又是跟咱住一条街，我就跟他家联合，我们一起种地。这样一来，我和他接触就多了。有些重体力活儿，凡是我干不了的，我就去找他来帮助。干完活儿，有时他在我家坐一会儿，喝点儿水，抽支烟。孩子上学不在家，他就提出要跟我干那种事儿。我用他帮我干活儿了，不好意思拒绝，另外我也认为，我是个三十多岁的老婆子了，跟他有这种事儿，也不损失什么。就这样，高志刚常常在我孩子上学的白天到我家来。有时来帮助干活儿，有时候没有那些活儿他也来。跟他发生两性关系有多少次，我也说不清了，但都没被任何人发现过。

到了年底，我丈夫从城里打工回来。头几天还好，没什么反应，过了些日子，可能是村里有人跟他说什么了，他就问我："你和高志刚怎么回事儿！"

我不知他问这话是什么意思,也就没立刻回答。我一犹豫,他就瞪我,又问:"怎么回事儿!"

我说:"没什么事!"我觉得我脸红了,不敢看他,就低着头。

"不对!"他暴跳如雷,两眼溜圆,我挺怕他的,误以为"坦白从宽"的政策在家庭里也适用,我就如实说了。谁知,家庭是个不讲理的地方,没法讲理。本来他没看见,别人也没看见,高志刚更不会告诉他这事儿,我要硬是挺住,坚决不讲,这事儿也可能就过去了。我一讲实话,他当时就打我一个脸蛋子,又踹我一脚,吼起来说:"我在外面拼死拼活地干,为你挣钱,你在家竟干这种事!你能对得起我嘛!"说完,他又像发疯似的,气呼呼地往外跑,直奔高志刚家。

他的脾气我是知道的,在气头上能杀人。我怕出事儿,随后就追去了。当时是吃过午饭下午一点多钟,我走进高志刚家的院子,就看见我丈夫跟高志刚站在院子里,我丈夫指着他鼻尖骂他,高志刚连一句话都不敢回。我丈夫对他吼:"你给我滚!我叫你也戴上绿帽子!"高志刚没跟他吵,但没动地方,仍然站在屋门口,只是两眼眨巴眨巴不说话。我丈夫拽起他家院子里的一把铁锹,举起来要砍他,他这才跑了。他跑了,我丈夫就往屋里走。我看他进屋了,我也随后跟进去。

屋里只有高志刚媳妇贾红一人在家洗碗。看来他们是刚吃过午饭。我丈夫拽着贾红,让她进屋。贾红被拽进屋里,我丈夫把她摁在炕上,对她说:"我在外边打工,你丈夫把我媳妇搞了,今天,我也跟你扯一把。"贾红就说:"你胡扯什么!你疯了!"

我丈夫不再跟她说什么,只是动手拽她的裤带,扒她的裤子。因为我做了对不起丈夫的事,也就帮助我丈夫劝贾红,我说:"他要扯,你就跟他扯一回呗!这屋也没别人,反正你也不损失什么!"

"你个破货！你少跟我说话！"她骂我。我仍然劝她，她还是不听，一个劲儿地跟我丈夫厮巴。我丈夫已经把她压在身底下了，扒她的裤子。因为平时我们关系不错，虽然不疯闹，也不开玩笑，但彼此都很熟悉。这时，我就像跟她开玩笑似的，也帮助我丈夫扒她裤子。她就不让，骂我，还吐我一脸唾沫。厮巴了一阵子之后，我就死死地摁住她的两只手，并且用她家炕上的一条毛巾把她的两手缠住。我摁住她的手，又摁她的上身，我丈夫就把她的裤子扒了下来，把她搞了。由于她一个劲儿地挣扎，我丈夫在她身上也没待多长时间，就被她蹬下来。我丈夫骂她，我就劝她，她一边提裤子一边说："你家娘们惹的臊，该我什么事！"然后她就委屈地嚎起来，往门外推我和我丈夫，并说："我这就告你们去！还没人管你们啦！"

我丈夫的气还是没消，从她家菜板上拿起一把菜刀就往外跑。我对贾红说："你就老老实实让他好好扯一把得了！你看，他出不了这口气，准得闹出大事儿！"

贾红骂我、打我，并说："国家没有王法了！我叫你们两口子等着瞧！"

我看我丈夫拿菜刀跑出去了，我料到，他准是去找高志刚。我怕出事儿，也没工夫跟贾红再说什么，就赶紧跑出院子追我丈夫。街上没有，他跑哪儿去了也不知道。我只好回家。

过了半小时，我丈夫气呼呼地回来了，说："高志刚让我砍了，咱这日子不能过了，咱俩离婚！"

我说："事儿过去就行了呗！你也把人砍了，我再也不和他扯这事儿了，你怎么还没完了！"

他打了我几下，我只好忍着。我不理解男人：男人在外边可以胡扯，妻子在这方面一有问题，日子怎么就不能过呢！

不知是贾红报案了,还是因为我丈夫把高志刚砍了,不一会儿,公安局的人就来了,先把我丈夫抓走,第二天才来抓我。事儿就这些。我有的地方做得不对,但中级法院说我犯了强奸罪不对,我也没强奸贾红,贾红是我丈夫强奸的。我还没听说哪个女人犯了强奸罪。

二审法院经过开庭审理,裁定维持原判,在宣判时告诉郑敏秋:女人,不能单独一个人成为强奸罪的主体,也就是说,单独一个女人不能犯强奸罪。但你丈夫在贾红不同意的情况下,使用暴力,强行跟她发生性行为,这是强奸犯罪行为。对这种情况,你不但不制止、不报告,还帮助你丈夫实施强奸行为,你把贾红的两手用毛巾给缠住,削弱了贾红的反抗能力,你又给摁住贾红的手和上身,帮助你丈夫强奸得逞。你丈夫是主犯,你是从犯。你的行为随着主犯的性质来确认。你丈夫犯了强奸罪,你是强奸共犯,也应当按强奸罪惩处。

郑敏秋听了,喃喃地说:"就为这点事儿,这个家就算完了。我儿子一人在家,他怎么活啊!他爷爷奶奶能照料好他吗!"说完就用手背擦眼泪。

人生感悟

不懂法,傻呆呆;犯罪进监狱,还不知道自己为什么受制裁。

014　教子无方

母爱最神圣、最纯洁。许多文人墨客、才子佳人以此为题写了许多催人泪下的好文章,使人倍觉"最亲不如母子"这句格言的永恒。然而,在这里我却要讲一个当母亲的是怎样坑害孩子的事。

大约我在五六岁的时候,听父亲讲过这样的故事:说是有个孩子,从小做坏事妈妈不管他,后来长大了,做了更大的坏事,被判处死刑,在刑场被执行死刑时,他要在最后吃一口母亲的奶水。母亲把乳头伸给他,他一口咬下来吐到地上,痛斥母亲:"你为什么不好好教育我!我有今日,就是你害的!"他母亲以泪洗面,无言以对。

故事动人。从那时起我一直在想:当妈的看见孩子做坏事,能不管吗?看见亲骨肉在泥潭里陷下去能不拉一把吗?

这样的当妈人是有的。在审判工作中我终于看见了。她住在辽宁省庄河市农村。他儿子隋来福16岁时犯了抢劫罪,仅仅因为不满18周岁大连市中级人民法院才没判处他死刑,而是判处了无期徒刑,剥夺政治权利终身。二审时我是主审法官,对隋来福一步步走向杀人犯罪的经过是清楚的。

隋来福小时候和一般孩子一样,看不出怎么好,也看不出怎么坏。上学前,光着屁股满街跑,只要不淘气,不惹出乱子,大人们根本不管孩子的事。

据隋来福讲,他第一次偷东西是念小学三年级的时候。那年他12

岁。夏天放暑假,他拎条麻袋到果园里割青草。草窠里,有从树上掉下来的苹果,他捡起来啃一口,虽然是落地果,也还是有点儿酸甜的味道。他把这苹果吃了,看见树上的苹果又大又水灵,馋坏了,但没敢摘,怕人看见骂他、打他,他仍在割草。麻袋装满了,他不肯离去,蹲在树下的草地上,静静听,细细看,判定周围确实没人,就大着胆子从树上摘下五六个,塞到麻袋里。他没敢在那儿吃,心怦怦直跳,害怕极了,一溜小跑地回到家。

他拿出一个递给妈妈,让妈妈尝尝这样的好苹果,希望得到夸奖。

他妈接过苹果马上问:"哪来的?"母亲严厉的表情使他感到意外。他不敢正视母亲,低着头,说:"我割草从草窠里捡的。"声音小极了。小孩子说假话,不懂得在面部表情上应当掩饰。口是那么说,但眼神上明确告诉他妈:他在说谎。

妈妈看看苹果把柄,是新摘下来的。面对这个既偷东西又说谎的孩子,想打他,但一看小儿子低头站在面前,可怜巴巴的,下不了手;想骂他,又一想,儿子把苹果拿回来"孝敬"当妈的,怎好让他"好心不得好报"?她没批评、没责怪。12岁的隋来福用摇尾乞怜的方法,得到了母亲的宽容。妈妈连一句批评的话也没有,这使他产生了一连串的误解。

就在这年冬天,他和一帮孩子捉迷藏,躲到别人家菜窖里。由于藏得隐秘,孩子们找不到就不找了,他也不出来,见人家菜窖里有苹果,就蹲在里边吃了一个又一个,把吃剩的果核用白菜压上。吃完,临离开菜窖时,兜里还揣上好几个。据隋来福讲,这是他第二次偷东西。这一次,他没让妈妈知道。

第二年夏天,他又去苹果园割草。这次是到他三叔家果园去割。

三叔家的儿子三十多岁，傻乎乎的，人称"隋傻子"，由他看果园。隋来福在园内割了大半天，没见到隋傻子，就好奇地到果园窝棚门口窥视，想知道隋傻子是不是在里面睡觉。到了门口一看，门是敞开的，里边没人。炕上有行李，还铺着一条粉红色的线毯。炕梢有一堆苹果，可能是刚摘完还没及时运走。隋来福见周围没人，就钻进去，用炕上的线毯包了一大包苹果，连线毯带苹果，一起装入麻袋背回家。他毫不掩饰地告诉妈妈："你说隋傻子傻不傻，看苹果没看住，让我连苹果带毯子，一块儿给拿来了！"说完嘻嘻一笑。

隋傻子是他们本家的。他妈认为，偷本家的不算偷，何况只是一点儿苹果，毯子又是旧的，不过是闹着玩儿而已，没批评儿子。隋来福误以为得到母亲的赞许，贼胆儿越来越大。隋来福的贼胆就是这么练出来的。

又过了一年，有一天他到水库边闲逛，看见本村于万林用网在捕鱼，他帮助从网上往下摘。活蹦乱跳的鱼逗人喜爱。隋来福也把网拿过来，撒了一网，撒完一收，还真的弄上来几条。捕鱼比吃鱼香，隋来福上瘾了。捕了一阵，于万林不捕了，拎网回家了。隋来福余兴未尽，也只好离开水库。夜里，他竟钻进于万林家院内的小房，把堆放在那里的几块渔网全部偷走，回家抖开一看，共有5片。案发后于万林讲，这些网价值三百多元。隋来福把网拿回家，母亲看见了，但妈妈出于疼爱，不想使儿子难堪，只说了句"可别往家拿别人的东西"之后，也就不再过问，更没让他把渔网给送回去。

隋来福心灵上的锈斑迅速扩大。他母亲发现了，因为怕儿子一时的疼痛而凭着原始的、本能的母爱不予洗刷，任凭这锈斑无情地腐蚀着儿子的心灵。

隋来福的父亲买个镰刀头，因一时没找到合适的木棒当镰刀把，就把它放在屋外窗台上。隋来福知道了，拿把小锯，上山锯倒一棵小槐树，把镰刀头按上了把。

为了封山育林，村里早就一再强调，不准任何人上山乱砍滥伐。可是，隋来福的父母没有对儿子进行这方面的教育，反而认为孩子长大了，能干活儿，真是好样的。有些事大人不好干，小孩子去做，出点儿格不算什么了不起的事。

隋来福不是傻子，父母对他的行为是赞成还是反对，他心里明白。在日常的闲唠中，他知道家里准备在院内盖一间小房，以便装些零碎东西，只因为缺少几根檩子，一直不能开工。他有办法，一个字，就是上山去"偷"。白天他上山割草、游玩，选好了"猎取"目标，晚上夜深人静就拿锯上山，然后一根一根扛回家，堆在院子里。父母没批评他，反而找来了木匠、泥瓦匠，开始大兴土木，用这些木材盖小房。

几个木匠边干活儿边聊天。隋来福从他们的聊天中得知：本村木匠老赵头没来，是因为他到城里承包木工活儿去了，家里只有赵老太太一人在家。老赵头这几年在外边干活儿，钱没少挣。隋来福决定晚上到他家偷钱。

凌晨两点多钟，在人们睡得正甜的时候，16岁的隋来福穿衣下地，蹑手蹑脚地推开屋门，直奔老赵头家。

老赵头家没有大门，也没养狗，隋来福对此早已知晓。他没费劲就长驱直入来到老赵头家院内。

赵家三间房。东屋是厨房，西屋是放粮食的仓库，中间是寝室，赵老太太一人睡在中间屋。隋来福轻轻地推了推门，推不开；又轻轻地逐扇推窗户。西屋上层有一扇窗没插，被他推开。他上了窗台，从窗户跨进屋里。凭借玻璃窗透进来的微弱星光,隋来福缓慢地向前一步步摸索。屋内很黑,看不到有什么可拿的。他决定去摸箱子,因为箱子是装衣服和钱的地方。箱盖上放着东西,他一样一样地给挪开。掀箱盖时,发出了"吱吱"声。

睡在炕上的赵老太太被声音惊醒,在黑暗中,她看见箱子前有个身材不高的人影。她家的电灯用拉线开关。为了开灯方便,老赵头把灯线引长,沿炕沿从炕头一直引到炕梢。人躺在炕上,不管是在炕头还是炕梢,都能伸手就把灯打开。

老赵太太拽了一下灯绳,灯亮了,隋来福立刻暴露在"光天化日"之下。他扔下箱盖儿迅速跑到西屋,想从来路逃走。这时躺在炕上的赵老太太说话了:"来福你干什么!看我明天不告诉你妈呢!"

此时隋来福已经上了窗台,一转念感到:现在虽然可以逃脱,但已经被赵老太太认出来了。明天她告诉妈妈问题倒不大,但她在村里乱讲,全村人都会知道。想到这儿,他又转回来,对赵老太太说:"我家盖小房,有木匠、泥瓦匠,没钱买菜,你借我几个。"

"你这是借吗?这是偷!你个孩蛋子,你家缺不缺钱该你啥事!"

赵老太太一边说,一边穿上衣服,随后下地穿鞋。隋来福趁她弯腰拿鞋时,一下子扑上去,双手像钳子一样掐住她脖子。赵老太鞋没穿上,光着脚在地上跟他搏斗。别看隋来福年纪小,但毕竟是个"男子汉",力气够大的,没用多长时间,就把赵老太太摁倒,骑在她身上,那双手又一次掐住了赵老太太的脖子,并且一点儿不肯放松。

隋来福一不打她,二不踢她,就是一个念头,怕丑事败漏,非掐死她不可。赵老太太先用手扒,后用脚蹬,接着又想翻身。挣扎了一会儿没力气了,只好让隋来福骑在身上随便掐,不一会儿就被掐死了。

隋来福干完这件"大事"没害怕,反而更加放心地第二次掀开箱盖,寻找放钱的地方。赵老太太死了,老赵头又不会半夜回来,隋来福很从容,翻翻这儿,找找那儿,终于在箱子旁边的一个瓷茶壶里,翻到一些钱,又在抽屉的一个本子里翻到了钱。他数了数,共计2400元。他把这些"战利品"揣进兜里,临离开这里时,怕赵老太太活过来,还站在她脖子上使劲儿踩了一会儿,又踩了几脚,然后闭了灯,从西屋窗户跳出来。

事儿弄大了,他回来把这一切告诉给妈妈。因为他知道,世上最亲近的人还是父母,妈妈是他最可靠的保护伞,他希望妈妈能为他想出办法。没想到,他妈一听吓得目瞪口呆,隔了好长时间才问两个字:"钱呢?"

隋来福把钱掏出来,递给她。她慌得上气不接下气,只说了一句:"你这不是找死吗!"妈妈仍然没批评他,也没责骂他,只是陷入了痴呆状态,一直默不作声,不知是惊恐还是悔恨。

这一次,妈妈没有能力保护他了,眼睁睁地看着公安人员把隋来福抓走。第二天,公安人员又来跟隋来福的母亲要赃款。他母亲明白:做贼没有赃,说话硬邦邦。他不承认儿子偷钱了,更不承认杀人与他儿子有关。公安人员要抓她,说她包庇犯罪,并告诉她:"隋来福已经供认,把抢来的2400元交给你了。"

这一来她没话可说,只好乖乖地从东屋墙角,把一包钱拿出来。公安人员当场一点,与隋来福交代的一样,与老赵头证实被抢去的数字也吻合。

这个16岁的孩子被戴上手铐,被从他母亲的"羽翼"下拉出来,

送进了监狱。

这个一向疼爱孩子、不肯批评和责怪孩子的妈妈,看见孩子去蹲监狱,不知她心里是个啥滋味。

种田不好荒一年,教子不好害一生。

1996年本书作者张世琦解答群众咨询

015　强力劝酒

端午节休息,康永玉、郑少军、谭生和李力这四个中年工人又凑到了一起,玩了一下午麻将,谭生赢了,大家就逼他请客,要到附近的兴顺酒店去饮酒。这几乎成了他们的定律,只要在一起玩儿,谁赢了谁请客。今天谭生赢了,他理所当然要请客。谭生无奈,领着这三个人就进了这家酒店。

一人不饮酒,二人不作案。几个人围坐在一起饮酒作乐,谈天说地,说玄话、吹大牛、讲荤段子,既解馋又热闹,比一个人在家喝酒强多了,所以他们常到这里来。

酒店里,年轻漂亮的女服务员张颖拿个小本子来到他们桌前,问:"点什么菜?"

在这桌人里,康永玉能张罗,也是个爱说爱笑的人。谭生说:"康永玉点菜!"

康永玉说:"吃什么都行,谁请客谁点菜!别人点贵了贱了说道太多。谭生你要大方一点儿就点大鱼大肉,你要抠抠气气就点几盘小毛菜、芹菜土豆丝、尖椒干对付。"

郑少军说:"别让谭生点了,康永玉你定。"

谭生也说:"康永玉定。"

坐在一旁的李力一直没说话,他先笑了,然后说:"来一盘康永玉的腚。"

谭生笑着说:"对!来一盘红烧康永玉的腚。"

大家一阵哄堂大笑,服务员张颖笑得捂鼻子挡嘴。大家在说说笑笑中点菜、唠嗑、打俏,好不热闹。

菜,一盘一盘往桌子上端。上完第二盘康永玉就独自举起了筷子,说:"上一盘唠嗑,上两盘开喝。"说完就动起了筷子夹菜,吃上了,根本没把旁人放在眼里。

谭生说:"怎么吃上了?你得说两句呀!"

康永玉说:"你请客,你不说谁说!你不说我们就光吃菜不喝酒。"

谭生端起酒杯,就开始祝酒、劝酒,接着大家就左一轮右一轮地喝开了。酒桌上流行的那些什么"感情深一口闷、感情浅舔一舔",什么"只要感情铁,不怕喝吐血"等等,大家用了一遍又一遍。喝得差不多了,康永玉这时也想不出什么新词,就端起酒杯站起来劝酒,他说:"都得喝!谁若不喝,我是他爹!"

大家大笑,开怀畅饮。郑少军喝完了,放下酒杯说:"劝酒没有这么劝的,得文明点儿。"康永玉说:"这么吧,咱再来一杯,谁若不喝,他是我爹!"说完冲着郑少军说:"这回文明了吧?"大家狂笑,又喝一杯。

郑少军被整得没词了,再加上酒量差,连连告饶。康永玉认为,多喝一杯也不至于发生什么意外,大家在一起喝酒,图的就是热闹。他又端杯站起来,一边开玩笑,一边举起第三杯,说:"喝了这一杯的,是不喝这一杯的爹!"大家笑得前俯后仰,拍手打掌。这边喝得热闹,酒店女服务员张颖也参与其中与康永玉斗酒。

时至深夜,郑少军饮酒过量醉倒了;康永玉喝得东摇西晃,独自离去；李力和谭生喝得也不少，个个自身难保，哪有能力去照顾郑少军。谭生付了钱，也与李力先后陆续离席而去。

酒店老板刘铁见郑少军趴在饭桌上睡着了，出于好心，把他搀扶到店内沙发上睡下。那天是端午节，天气不冷，刘铁还让服务员张颖给拿来一件衣服盖到他身上。

酒店里晚上关门晚，第二天上午开门也晚。到上午 10 点多钟，酒店老板刘铁见郑少军还睡，呕吐得满沙发、满地都是，就叫他、推他，让他走。可是怎么也弄不醒，看看情况挺严重，找昨晚喝酒的那几个人又找不到，别无选择，只好挂电话"120"，叫来急救车把他送入医院。经诊断，郑少军已经死亡。尸检报告认定，是因为"呕吐物进入气管导致窒息而亡"。

强力劝酒，害己害友。喝酒喝出了人命，事情闹大了，麻烦事也就跟着来了。郑少军的家属要求另外三个酒友赔偿经济损失 20 万元。别看他们平素都讲哥们义气，到了这个时候，连一点点同情心也没有。他们都说，酒，是他自己喝的，他有多大酒量，自己应该知道，自己没掌握好，喝多了喝出了事，让别人赔偿经济损失没有法律依据。这个损失应该由酒店来赔。

郑少军的家属也觉得这三个人说的有道理，就去找酒店老板，跟他论理，让他赔偿经济损失 20 万元。酒店老板刘铁说："我们正常开酒店，别人到这里来喝酒，我们不能不让喝，他喝醉了，我们没有置之不理，而是把他搀扶到沙发上，让他休息、睡觉，怕他冷了还给盖上了一件棉大衣。我们处处是出于一片好心，让我们来赔偿损失实在说不过去。"

郑少军的家属觉得他们说的都有道理，但是，如果就这样把尸体火化了，处理完就算了事，也太窝囊，就到律师事务所进行咨询，并且请律师写了诉状,把这三个酒友康永玉、李力、谭生和酒店老板刘铁以及服务员张颖一起告到法庭,让他们共同承担赔偿责任。其理由是:康永玉、李力、谭生作为死者郑少军的朋友,在明知其醉酒处于危险状态中,未尽关照、救助并妥善安置的责任和义务,自己悄然离开酒店,由于这样做不负责任,应当承担过错责任;酒店女服务员张颖与顾客斗酒,对郑少军酒醉致死应承担过错责任;酒店老板刘铁违规留宿,未及时将郑少军送医院救护或通知其家属,也应承担过错责任。因此,要求法院判令他们共同赔偿郑少军家属的经济损失20万元。

法院受理此案后,经过开庭审理,认真听取了原告和五名被告的意见,认为:原告起诉要求五名被告共同赔偿郑少军家属的损失有一定道理,但是,郑少军系成年人,具有完全的民事行为能力,应对自己饮酒过度造成死亡的后果负主要责任。最后,法院经过调解,这五个人根据各自的不同情况,共同赔偿了郑少军亲属的部分经济损失。

人生感悟

敬酒不劝酒,劝酒非朋友;强力劝酒出人命,害了朋友伤了情。

016　引路认人

贺岗村的农民贺成、秦广斌、赵川和于宝民等人结伙到城里打工，年末他们返回家乡。在城里打工尽管很累，挺辛苦，但挣得确实比在家挣得多。他们带回不少钱，家家都很高兴。可是，农民于宝民才高兴了几天，就听别人说，他在城里打工这一年，邻村丁屯有个青年农民叫"二炮"的经常到他家里来，图谋不轨，还在他家住过。

农村跟城里不一样。在农村，谁家来了陌生人，不要说在这里住，就是在屋里呆了多长时间左邻右舍都知道。况且中国人有个习惯，就是比较愿意关心他人的私生活，农村有的家庭妇女更是这样。谁家的丈夫没在家，妻子往家领人则格外引人关注。有人对于宝民说："你在外面挣了钱财，家里丢了媳妇，你是光挨累没占到便宜，不划算。"

于宝民听了这些风言风语，心中不悦，但他总觉得这不一定是真的。后来又听别人说过类似的话，说者多了，他半信半疑，就问妻子陈玉杰："有个叫二炮的到咱家来过吗？"做贼心虚的妻子既惊讶又惊慌，吞吞吐吐地说："没有哇！"

听话听声，锣鼓听音。于宝民见妻子说话结结巴巴，表情异常，不敢正视自己，就追问："你说，二炮到咱家来过没？"

心里有愧胆不壮，说话有声没有腔。他妻子低着头小声说："没来过。"

别看于宝民是个农民，他不傻，妻子虽然不承认，但是从妻子所说的话和面目表情已经判断出，她跟丁屯的二炮肯定有不正当关系，怎么办呢？

有不少人就是这么看问题，自己的妻子跟别人有性关系，自己就是被别人欺负了。遇到这种情况，有人离婚，有人盯梢，于宝民既不离婚，也不盯梢，而是在饭店预订了一桌酒席，把跟他一起到城里打工的本村农民赵川、秦广斌、贺成请来吃饭、饮酒。席间他把这个事儿对他们说了，并问这几个人："你们说，我是跟你嫂子陈玉杰离婚呢还是忍了这口气？"大家七言八语，最后统一了认识，贺成郑重地告诉他："离婚不行，离婚以后还得再结婚，如果再结婚，妻子再有这样的事怎么办，难道还离婚吗？唯一的办法就是教训教训妻子，然后再教训教训二炮，把他俩的关系给掰断、搅黄。"

于宝民说："妻子我已经教训过了，把她揍了一顿，她说再不跟二炮来往了。但我把她打得挺可怜，又觉得这事儿二炮也有责任，我想去教训二炮，但不认他，上哪儿找呢？"

贺成说："二炮住在丁屯，离这不远，我姨家在那住，我去一打听就知道，你要想教训二炮，我领你去，到我姨家打听一下，我姨和二炮住在同一个村，难道还能不认识吗？"

同桌吃饭的几个人都表示这样做对，遇到这种事，既不能忍气吞声，又不能只打自己老婆，必须教训第三者，要不，这个二炮就会吃惯嘴、跑惯腿，他还会来。可能是由于"吃了人家的嘴短"的缘故，这几人都说，你于宝民如果去教训二炮，我们都愿意前往帮助。朋友吗，有困难就上。省得你一个人去了吃亏，别"教训"不了人反而被人家"教训"了。

于宝民说："既然大家有这个意识，咱吃完饭就去，咱们几个人再聚到一起也不容易，大家都很忙。"他们吃完了饭，贺成把他们领到邻村丁屯他姨家。

事情的发生都有偶然性，由一些意想不到的巧合促成。贺成领这几个人来到他姨家，偏偏他姨和姨夫都不在家，你说，如果他姨或者他姨夫有一个在家，贺成讲明来意，难道他姨或者他姨夫能让这伙人去教训二炮吗。谁都知道，用这种方法解决问题是最简单、最愚笨的，没人支持。偏偏这天贺成的姨和姨夫都不在家，贺成的姨有个17岁的儿子张健生在家。张健生是贺成的两姨弟兄，他跟贺成叫表哥。

贺成问他："我姨呢？"张健生说，"没在家，家里只有我一个人，你们有什么事？"

贺成说："你们村有个叫二炮的，你认识吗？"

"认识。"

"你认识他家吗？"

"认识。找他干什么？"

"二炮有件事做得不讲究，咱想去教训教训他。"

"他做什么事了？"

贺成说："咱们几个到城里打工，一年没在家，二炮趁咱不在家，到咱大哥家把嫂子给欺负了。咱就想找二炮说说这件事。"

张健生说："二炮现在不能在家，我刚才还看见他在果园里给果树剪枝呢！"

贺成说："现在还能在果园里吗？你领我们去看看。"

张健生真的就把这几个人领到二炮家的果园，离老远就看见二炮正在剪枝。张健生对他们说："树底下正在剪枝的那个就是二炮，你们要打他，可别打太狠了，打狠了要出事的。"他说完就迅速离开了。

张健生精不精傻不傻的。你说他精灵吧，怎能干出这种傻事呢？你说他傻吧，还知道告诉这几个人别把二炮打得太狠了，知道打狠了要出事儿。

这几个人来到二炮跟前，贺成问他："你是二炮吗？"

"是啊，有什么事吗？"

于宝民说："我是陈玉杰的丈夫，我不在家的时候，你到咱家干了不少好事，我今天就是来感谢你的。"

二炮做了什么好事心里明白，他一看，来的这几个人个个怒气冲冲，人人横眉竖眼，觉得情形不对，二话不说，拔腿就跑。你说他能跑过这四个人吗，于宝民和贺成等几个人很快就把他追上了，不容分说，摁倒就打。

四个人都是赤手空拳，手无寸铁，对二炮只是拳打脚踢。可是你要知道，一个人踢他一脚，二炮就得挨四脚，四个人一齐打起来，很难掌握分寸。不一会儿二炮就被打得不能动了，这四个人出了气，扬长而去。

当人们发现二炮被打，把他送进医院，二炮已经死亡，没有抢救价值。法医经解剖得出的结论是：颅脑受外力作用而淤血，压迫脑神经，至其呼吸困难死亡。

于宝民、贺成他们四个人，本来没想打死二炮，只是想教训教训他，没想到，当时是冬季，四个人穿的都是皮棉鞋，二炮被打倒后，有人往他头上踢了几脚，可能是这几脚踢重了，致其颅脑损伤。

出了人命，惹了乱子，这几个人都被捕入狱，这就不用说了，虽然没判处死刑，但刑罚都在10年以上。他们一年辛辛苦苦挣的血汗钱，都用来赔偿二炮的经济损失也不够，他们是自作自受，怨不得别人。

张健生够倒霉的了。他在家本来没什么事，一切都与他无关，可是，竟"无事家中坐，祸从天上来"。他的表哥贺成领来了几个人，让他给领路认人，他明明知道是要去打人，要干违法的事，还是有求必应，不加拒绝，把他们领去了。这回出了人命，张健生有推脱不了的责任，他被抓去后，法院认定他犯了故意伤害罪，考虑到他未成年，按法律规定，从轻判处他有期徒刑5年。宣判后，他的父母经他同意，为他上诉。其上诉理由是：张健生没动手打人，对他定故意伤害罪不对；他未成年，应该从轻处罚。

二审人民法院经过审理认为：张健生虽然没动手打人，但他明知贺成他们去打人，还为其引路认人，并告诉这些人"别打太狠了"，这说明他在主观上有共同伤害的故意，对被害人死亡的后果，具有责任，一审法院认定他犯罪并判处其刑罚，符合法律规定。一审法院对他判处刑罚的时候，已经考虑了他是未成年人，已经对其从轻处罚，所以，驳回上诉，维持了原判。

正在读高中的张健生为了这件事，书不能念了，开始了长达5年的囚徒生活，至于考大学、念大学，几乎成了泡影。

帮助违法则违法，帮助犯罪则犯罪。

017 罪上加罪

康延年，男，34岁。他经过考试取得了《医师资格证书》，这就意味着有资格当医生，可以从事医疗活动。他知道，如果要开个体诊所，还必须领取《医疗机构执业许可证》和正式取得医生执业资格，但他认为，已经有了《医师资格证书》，其他的可以慢慢办理，那些都不成问题。

就在这时，他从房产中介所那里得知，离他家不远有一间门市房要出租，三十多平方米，有上下水相通，还有卫生间，条件不错，面积不大刚好够用，租金不高自己能够承担得起，于是就租下这间房子，准备在这里开个体诊所。

房子有了，他就开始领取《医疗机构执业许可证》和办理医生执业资格等有关手续。谁知道，办理这些不是一天两天就能完成的。这边得按月给房主拿房屋租金，那边由于手续不全还不能开办个体诊所。他着急了，就擅自挂上了"延年诊所"的牌匾，一边开诊，一边继续办理相关手续。

他知道这里的医疗设施简陋，自己的技术水平有限，但也认为，这个诊所不治疗疑难杂症，不进行大型手术，只是治疗头疼感冒、划伤破皮等常见小病，以此挣点儿零花钱维持生活，与此同时，也给周围的群众带来方便。他知道，有人头疼感冒到大医院里去诊治，需要站排、挂号、交钱、买药，十分复杂，有的还要进行各项检查。因此，有人患了小病，宁可忍着也不愿到大医院去折腾。他开的这个小诊所,就是专门治疗这些小病的。

在这个延年诊所附近,住着一位中学教师,叫孔彪。这天孔彪感冒了,嗓子疼,咳嗽,身体发烧,他爱人给买来两盒药。孔彪拿过来看了看,说:"这种药还写出一个疗程五天,不写还好,一个头疼感冒,不吃药五天也能好。"

妻子见他不吃药还总咳嗽,就对他说:"咱家房后不远新开一家'延年诊所',你可以到那里去滴点儿消炎的药,打点滴效果快。"孔彪还是不愿去,后来经他爱人再三动员,这才去。

孔彪家离"延年诊所"不远,他自己走去的。可能是由于这个诊所是新开的,这里除了康延年一人外,没有其他患者,到这里诊治确实方便,不用排队。孔彪讲明了病情,说:"就是感冒,嗓子发炎,滴一点消炎的药。"

康延年让孔彪坐下,给他看看嗓子,然后就给他扎吊瓶,往静脉里滴药。康延年给用3克头孢曲松纳注射液和5毫克地塞米松磷酸替代头孢拉定配制盐水进行治疗。孔彪开始出现过敏不良反应,他心律失常,出现了血压降低等危险症状。康延年没遇到过这种情况,心慌意乱,手足无措,他明知这里没有抢救条件,没有抢救资质,就仓促上阵,实施抢救。他给孔彪注射0.5毫克肾上腺注射液,见孔彪呼吸困难,又对其进行人工呼吸。他着急、心慌,忙得一身大汗,还是没抢救过来,孔彪死在他的诊所里了。

这一下可完了,没把病人治好,反而给治死了,出了命,事情就大了,即使不被法院判死刑,也得被送进监狱蹲几年。康延年害怕了,面对这种情况怎么办?他首先把诊所的门关上,别让别的患者进来发现。他开始琢磨:摆在前面只有两条路,一条是到公安机关自首，等候依法处理，如果这样，就等于自己把自己送进监狱。自首了虽然可以从轻处罚，但不是不处罚。另一条路就是销毁尸体，隐瞒事实，对任何人不承认此事，听天由命，如果能侥幸逃脱法网，这便逃过一劫，如果逃脱不了，把人治死了又抛尸灭迹，这是罪上加罪，必被从重处罚。这两条道儿走哪一条呢，他考虑了一会儿，最后选择了"罪上加罪"这条路。他认为，应该铤而走险，这条路如果能混过去，就会迎来柳暗花明；如果实在混不过去，那就是命里注定，没办法。主意已定，他就开始往"罪上加罪"这条道上走。

尸体怎么处理呢，由于孔彪身体瘦小，他挪动一下觉得不太费劲，就用他床上那个白色床单布把尸体包上，用塑料绳绑紧，随后取出铺在床板上边、草垫子下边的两个大精编袋，用一个袋子套头，另一个袋子套脚，用两个袋子从尸体的两头把尸体装好，捆紧，用自己的电动自行车驮到市郊安定桥下，扔到桥墩旁不显眼的草窠里，然后迅速返回。

他回到诊所，把室内仔仔细细打扫一下，不留痕迹。他认为，这件事将会成为永久的无头案，因为这既不是情杀，也不是仇杀、财杀，没有什么线索能与自己联系起来，此事无人看见，他心里很坦然。到了下班时间，他关了门，骑电动自行车回家了，就像没发生这事一样。

事情可不像康延年想的那么简单，就这起案件，在训练有素的公安人员手中，那是再简单不过的，当天就破案了。

夜里康延年刚睡着，就有人来敲门，原来是警察找到了他家，康延年被从被窝里拽起来带走了。康延年百思不得其解，就这样一起案件，公安机关是怎么侦破的呢？

很简单。孔彪到他的诊所里来打吊瓶,到了应该打完回家的时候,家人不见他回来,就往他手机上去电话,去了多遍,虽然拨通了但没人接。就在这时,有人从安定桥旁走过,听见桥下有手机响,可是周围又无人身影。行路人就走到桥下手机响的地方,想看个究竟。原来,这个手机的声音是从一个大精编口袋里传出,这个口袋里装的东西可疑。行路人立刻向公安机关报告。公安人员来到现场,打开这个大口袋,看见一具男尸。从尸体上拿下手机,往这个来电号码去个电话,接电话的人说,她是孔彪的妻子,孔彪到"延年诊所"打吊瓶,一直未归。公安人员把孔彪的妻子接到现场,认出这是孔彪的尸体。公安人员在孔彪的手背上发现了扎吊瓶的针眼,从包尸体用的白色床单布来分析,这床单布应该是延年诊所的,因为在一般的家庭里不用这样的白床单。根据现场附近留下的电动自行车轮胎的痕迹和其他线索,公安人员判断,延年诊所的大夫康延年有重大作案嫌疑。

康延年被带到公安机关,屋里有三位警察,他们让康延年坐在一把椅子上,然后面无表情,用最简单的语言对他说:"你今天干什么了,从头讲。"

康延年说:"我不是故意把人治死的。"

"移尸是故意不?"

"是。"

"从头讲。"

根本用不着刑讯逼供,不需严刑拷打,康延年不知道公安机关掌握了哪些线索,自己做了什么事自己清楚。他浑身冒汗,心里无底,只好把这件事从头讲一遍。

人民法院根据我国《刑法》的规定，认定他犯非法行医罪，由于他非法行医致人死亡后，又移尸灭迹，罪上加罪，具有从重处罚情节，法院依法对他从重处罚。

一步走错，赶紧悔悟；执迷不悟，走向死路。

018　为鬼娶妻

马淑芬 23 岁时跟邻村的王守业结婚，婚后不久，因为患病打针过敏，突然死亡。按当地的风俗习惯，既然嫁给了王家，就得埋到王家坟地里。因此，马淑芬被火化后，骨灰盒就埋到了王家坟地。

王守业当时才 28 岁，处理完丧事，很快就和同村的崔兰结婚。崔兰知道，他们这个地方自古以来有个"夫妻殡骨"的做法。就是夫妻两人活着，互相厮守，互为夫妻；死后要合葬在一起，骨灰盒要殡在一块儿。意思是说死了也是夫妻，不能分开。崔兰认为，自己既然嫁给了王守业，活着是王家的人，死了也是王家的鬼，死后当然要和王守业殡骨。而王守业呢，已经结过婚，有了前妻马淑芬，而且马淑芬的骨灰盒就埋在王家坟地，王守业死后得和前妻马淑芬殡骨，自己是"填房作后"的二房，没有资格跟王守业殡骨，死后得在王家坟地里单独另埋，即使将来能殡骨，也得和马淑芬、王守业三人殡在一起。这样一来，王守业到了阴间，就会有两个媳妇，马淑芬是正妻，自己则为小妾。崔兰对此感到不安，认为将来到了阴间对自己很不利，就想趁自己还活着，早早打破这种局面。怎么打破呢，只要找，办法总是有的。

他们附近有个贺家店村，村里刘志先的儿子刘磊，在做买卖中因为车祸未婚先亡。崔兰知道了，就去找刘志先，说："你儿子做买卖挣了那么多钱，眼看要结婚了，突然遇上车祸，一个人孤孤单单地到阴间去。在那里，还得'打光棍'。你们应当可怜可怜他，给他娶个媳妇，把王守业前妻马淑芬娶过来，把她的骨灰盒和你儿子刘磊的骨灰盒殡在一起，使他在阴间有个家，这样，你们当父母的也会心安，对得起儿子。"

刘志先不是傻子，他知道，宣传迷信的人，往往有个人目的，因此对崔兰的话一直充耳不闻。崔兰不甘心，三番五次地前去劝说。刘志先尽管不相信有阴曹地府，不相信人死之后能变成鬼，到阴间继续生活，但他由于思念儿子心切，被崔兰不断地劝说，心活了，终于表示要办这个"喜事儿"，为死去的儿子娶媳妇。

崔兰欢喜若狂，立刻回家把这事儿告诉给王守业。王守业对此事没有兴趣，崔兰没招，就说："你可以就此跟刘志先要几个钱花。"王守业一寻思，也对，就对崔兰说："你告诉刘志先，只要他肯拿出5000元，随时可以把马淑芬的骨灰盒扒走。"

刘志先不同意，崔兰就让王守业少要点，王守业也不干。真是好事多磨，崔兰仍然不死心，就穿梭于刘志先和王守业二人之间，不断作他们的工作。

有一天，王守业意外地遇到了刘志先，就对他说："给你死去的儿子娶媳妇，也是了却一桩心事，你若一毛不拔，一分钱不拿，你想想，这能行吗，谁能同意！最少你也得拿个骨灰盒钱。"

刘志先一琢磨，"最少得拿个骨灰盒钱"，这分明是要降价了，就说："给个千儿八的，意思意思就行了呗，凭什么要那么多！"

王守业说："不行！这是给你儿子娶媳妇，办喜事儿。马淑芬这是死了，要是活着，你得给5万。再说，我处理丧事也花了不少。最少不能低于3000元，要不，你就去娶别人吧，马淑芬的尸骨不能让你动。"

两个大男人讨价还价，王守业不肯再让步。刘志先无奈，只好让步，只同意拿出2000元。"买卖"仍然不能成交，这可急坏了崔兰。眼看就要办成的事情怎能让它告吹！背地里，崔兰偷偷地给刘志先送去1000元，说："不就是差这1000元吗，你们两个男子汉谁也不让步，我成全这件事，这笔钱我拿，你别告诉王守业。"说完，她掏出1000元。

刘志先没要，自己拿出2000元递给崔兰，说："你回去告诉王守业，五天后，我找个机会把马淑芬的骨灰盒扒出来，和我儿子的骨灰盒合葬在一起。"

崔兰别提有多高兴了，她终于胜利了，成功了。人逢喜事精神爽。崔兰一路小跑回到家，兴致勃勃地把这件事告诉给王守业。

王守业从崔兰手中拿了3000元。崔兰告诉他："刘志先同意了，过几天他准备把马淑芬的骨灰盒扒走。"王守业拿着钱，心里美滋滋的，认为自己什么也没损失，这是白得。

大约过了一星期，刘志先来到王守业家，由王守业领着，从王家坟地把马淑芬的骨灰盒扒出取走。

事情本来很简单，刘志先既然把马淑芬的骨灰盒扒出来，把它与儿子的骨灰盒合葬在一起，事情也就结束了，可是，事情偏偏节外生枝。

刘志先认为，既然是给儿子娶媳妇，马淑芬的骨灰盒也是花钱买的，不是偷的，不必偷偷摸摸。他买了一些鞭炮、纸张、祭品，大张旗鼓地为死去的儿子娶媳妇，办喜事。

刘志先没有大操大办，但是鞭炮买了不少。刘家坟地里鞭炮一响，烟火腾空，引起不少人的关注。不是逢年过节，也不是清明，刘志先这么一闹腾，不少人要问其故。后来人们才知道，刘志先是为死去的儿子娶媳妇。

不久,这事儿传到马淑芬娘家去了。马淑芬的父母和兄弟姐妹,如受奇耻大辱,找到王守业跟他论理。王守业先是不承认,假装不知,后来改口说:"反正人已经死了,人死如灯灭,尸骨埋在哪儿都一样。"马淑芬的母亲说:"你既然这么说,那么,你把尸骨扒出来,再埋到原来的地方。"

"是刘志先挪走的,要再挪回来,你找他,让他挪。"

马淑芬母亲又去找刘志先。刘志先说,这具尸骨是他花钱买的。一手交钱,一手交货,公平合理,买卖成交,不存在欺诈行为,因此也就不能退货还钱。

马淑芬的母亲一听,火冒三丈,就上访、上告。最后把刘志先和王守业两个人一同告到了法院。法院经过开庭审理作出判决,责令刘志先和王守业二人向马家赔礼道歉,并且把马淑芬的骨灰盒恢复原状,这起为鬼娶妻的闹剧平息了。

没过几天,又闹起了一场小风波。原来,王守业把3000元退给刘志先,崔兰就找到刘志先,想要回她背地里搭进去的1000元。刘志先说:"闹了一场,我费了不少事,买鞭炮还花了许多钱,这事是由你提起的,你得承担损失。"

崔兰虽然多次索要,刘志先就是不给,后来竟然根本不理她。崔兰一气之下竟把刘志先告到法院,让他退还1000元。法院在审理中,刘志先根本不承认拿了这笔钱。由于此问题证据不足,法院以本案事实不清为理由,不再受理。

崔兰实在无奈,白白搭进1000元,真是"赔了夫人又折兵"。从此,她彻底打消了这个念头,再也不张罗把马淑芬的骨灰盒挪出王家坟地这件事。

人生感悟

打官司靠证据,没有证据要输理。

以前沈阳大北监狱的高墙

019　心起邪念

毛斌家住辽宁省鞍山市铁东区，因无业，就开办一个建材商店，挣钱维持生活。商店效益不好，一天一天也不见顾客上门，毛斌闲着没事儿就爱跟杨宝良在商店里天南地北地瞎聊天。

杨宝良说："当官靠后台，发财靠胡来，办事靠人情，人情靠钱财。"

毛斌说："别瞎说，你看谁发财靠胡来？靠胡来的有，都进去了。"

杨宝良说："进去的有，没进去的也有，进去的那些都是傻瓜头。你现在开个破商店，一年挣不上一万元，那些走私的、造假的、贩毒的，都发了。"

毛斌说："走私，国外得有钱；造假，得有设备、有资金；贩毒，上哪儿弄毒品呢？弄到手卖给谁？"

"你敢不敢干？你要敢，上广州跑一趟，用不上一星期，保你挣一万元。"

"谈不上敢不敢，我问你，到广州上哪儿买？买回来卖给谁？"

"你要敢去，到广州找三凯，他住在粤北宾馆，去了就取货，如果取不来，往返路费我给你拿！你只拿本钱，回来把货卖给我，一手交钱一手拿货，你的本钱回来后，另外保你挣一万元得了呗！"

毛斌说："我干，广州我还没去过，就当去旅游了，挣不到钱也没白跑。"

"我给你拿路费。"杨宝良说完就要回家取钱。毛斌一看他来真的了,又沉思起来,说:"不行,万一出事了,毒品被没收,再罚几千元,我还活不活了!"

"怎会出事儿?毒品那玩意按克计算,不是按斤。不用你背,也不用你扛,放哪儿都能带回来,体积小,重量轻,弄个小提兜一拎就行。"

"不干。赔几万就完了。"

不干就不干呗。俩人又唠别的,反正都是围绕着发大财、快发财来唠。

虽然是随便一唠,但在毛斌心里留下了印记。过了半个月,毛斌的建材商店光有开支,没有收入,他想起了杨宝良让他贩毒的事儿,就起了邪念。他把杨宝良找来,说:"我干,广州那边肯定有货吗?"

"你去找三凯,他手里有。我先给他去个电话,让他准备好。"

"拿回来,你这边肯定有人要吗?"

"你卖给我,保证让你挣一万元,挣不上,我给你添到一万元,但你去一趟得拿300克以上,就是半斤多一点儿。"

一切谈好,毛斌开始筹集资金。据杨宝良讲,在广州买三四百克海洛因,得花六至八万元。毛斌家里的钱全由妻子掌管,他手里只有一万多元是商店临时的周转资金,要想把钱凑足,对妻子实话实说不行,没别的办法,只好骗。他对妻子说:"咱这个建材商店得多种经营,不能单打一。我有个朋友能从广州弄到优质瓷砖,买回来,去掉各种花消、运费,利润能翻一番。我随便再发点儿服装回来卖,咱不能老守着这个商店受穷。"

他妻子信以为真，再加上发家心切，觉得既然跑一趟广州，大老远的，也得多采购点儿回来，就把家里所有的积蓄全拿出来，又给借了两万元，凑到七万元给毛斌。毛斌共带八万元乘火车到沈阳，又从沈阳桃仙机场乘飞机飞到广州。三凯由于接到了杨宝良的电话，毛斌一到，买卖立刻成交。毛斌把兜里八万元全拿出来，留下一点儿做路费，其余的全买了海洛因，共买了380克。货到手，马上乘坐北去的列车，顺利到了北京，接着又马上乘坐从北京开往沈阳的11次列车。很顺利，列车出了北京站，向沈阳驶去。什么麻烦事儿也没遇上，一路顺风。一万元就要到手喽！当列车开过天津他就更加放心了。

连日来的紧张心情，使他劳累不堪，没想到，走了这么远的路没遇到有人来检查，原来如此，怪不得杨宝良说有人贩卖毒品发了大财，这钱也真的好挣。

长途列车除了卖食品的小车在过道上推来推去以外，其他人很少走动。列车在轰隆隆的响声中飞快地向沈阳奔去。窗外的青山、田园、绿野，向车后闪去。毛斌依着车窗，开始迷迷糊糊地入睡了。

两个乘警走过来，其中一个指着货架上的密码箱问："谁的？"周围旅客只是随着乘警的指向，把目光不约而同地落到了那个密码箱上，但没有回声。另一个乘警把它从货架上取下来，又问一遍，仍没有反映。当乘警问第三遍的时候，毛斌这才从朦胧中醒来，说："我的。"

"打开！"

毛斌没有理由拒绝，只好把箱子打开。乘警开始翻箱检查，从一件衣服下面翻出两个纸包，问："什么？"毛斌结巴了一阵子说："大烟。"

"走。"

一个乘警把密码箱拎走,另一个把毛斌从坐席上拽起来,让他跟着前面的那个乘警走。毛斌被两个乘警一前一后夹在中间向车厢的一端走去。

毛斌心想:够倒霉的了,煮熟的鸭子竟然飞了。列车货架上,那么多大包、小包,大箱、小箱,乘警并没个个都翻,偏偏把我这个箱子检查了。真是屋漏偏逢连夜雨,破船又遇顶头风。这下子,一万元挣不到,说不定八万元本钱都搭进去了。如果再罚个万八千的,让我倾家荡产,日子就没法过了。直到这时,他还没有想到会对他判刑。

过了3个月,沈阳铁路运输中级法院对他作出判决,认定他犯运输毒品罪,判处死刑,剥夺政治权利终身;对扣押的毒品海洛因,依法没收,予以销毁。

这一宣判,无如天雷击顶。毛斌万万没想到,就为了带这点儿东西,不到一斤重,还能判死刑!

原来,根据《全国人民代表大会常务委员会关于禁毒的决定》第2条的规定,运输海洛因50克以上的就可以判死刑,毛斌带了380克,可以判他好几个死刑了。

财路诱惑多,容易进漩涡。

020　结拜兄弟

在杨书文家的土炕上放一张小桌,桌边围坐着三个人,他们在饮酒。杨书文和他的两个朋友,一个叫崔中亚,另一个是张锋。他们年龄相仿,都在30岁左右。

这次饮酒是崔中亚提出的,也是他买的酒和菜,他为什么要这么干?无求不解囊。他们边饮酒,边闲唠。酒盅一端,言谈无边。

崔中亚说:"今天咱仨这么一坐,就像三国时期的刘、关、张。那三个人要是不结拜把兄弟,同打江山,要想建立蜀国,留下英名根本不可能。"

张锋说:"古代兴这个。水浒中的宋江他们也是这样。人在世上闯,不能没有帮。"

杨书文说:"一个篱笆三个桩,一个好汉三个帮嘛!"

他们你一言、我一语地闲唠,说到节骨眼儿上崔中亚就往正题上拉。他说:"有权有势的也得拉帮结派,要不,出了问题没人保,一推就倒。咱土老百姓不交几个好朋友谁都敢来欺侮,我看咱三个年龄相当,脾气相同,都是好汉,你俩要是有意,咱结拜把兄弟,村里要是有人敢欺负我们,咱互相帮助。虽说不能像三国时期的刘、关、张三兄弟那样共建大业,但我们要在三里五村的有点儿名声,让人们知道咱仨不好惹!"

张锋说:"我也有这个想法,就是没好意思开口。"

杨书文说:"拜就拜,今天就是机会。"

三人报了年龄:杨书文32岁,年龄最大,是老大;崔中亚31岁,是老二;张锋29岁,是老三。顺序排定,崔、张二人当场跪下向杨书文磕头,称他为兄长。三人当场立下山盟海誓:石可烂,海可干,忠于弟兄的心不能变;有福同享,有难同担。并立下了规定:今日誓言,永生有效;说话算话,不许变卦;谁要背信弃义,就应该受到其他两个人的谴责甚至是杀戮。这种誓言真够吓人的,只有那些粗野的亡命徒才能说出这种话。拜完把兄弟,三人又尽情饮宴。

崔中亚说:"咱仨既然拜了把兄弟,就应当有共同的理想,我有一事看看咱们敢不敢干?"

杨、张二人同说:"尽管说。"

原来,崔中亚的父亲原先是村里的党支部书记。有一年,村民胡义明的14岁儿子胡伟到山上砍一棵小槐树,被护林员抓到了,拽到村委会交给党支部书记,让他发落。由于山上的树不知被谁砍了许多,崔书记就问胡伟:"以前砍的那些树是不是你砍的?"胡伟不承担。崔书记就把他父亲胡义明找来,对他们父子二人说:"不承认可以,但不能轻易放人回家。要想回家有两个条件,必须答应其中的一条:一是检举一个砍树的人;二是如果检举不出来就交500元作为罚款。

胡家既没检举,也没交钱,胡伟被圈在村委会的一间破仓库里,由胡义明夫妻给送饭吃。第二天晚上,14岁的胡伟用仓库内一根绳子吊死在库房里。胡家告到县检察院,检察院把崔中亚的父亲抓走,法院还判了六个月的拘役。从此,村党支部书记的宝座就丢了。

崔中亚说:"胡义明这几年发了,他手里能有一百多万元,他不像咱,靠种地挣钱,他的钱都不是好道儿来的。咱把他另一个儿子绑架来，勒索60万，咱三人一分，每人20万，够花一辈子的。"崔中亚认为，这么一干，大家既有了钱，也为父亲报了仇。

在这种气氛下，三人又喝了不少酒，都表示这是结拜把兄弟后的第一件"大事业"，一定要心齐，把这事儿干好，既为崔中亚报仇，又对每个人都有利。商定好之后，他们又接着喝。

张锋酒量不行，首先醉倒了。剩下的杨书文和崔中亚两人喝酒觉得没意思，就继续研究绑架胡义明孩子的事。杨书文说："我家房后果园内有个大坑，把人绑架来，捆好，堵上嘴，先扔坑里。胡义明要不拿钱，就把孩子活埋了。"说着，他俩来到了果园，看一下那个坑，觉得小，崔中亚就让杨书文回家把铁锹拿来，他把这坑又往深挖了挖，挖完，把铁锹插进坑旁的草丛中。

过了五天，崔中亚和张锋又来找杨书文。崔中亚对他说："绑架孩子得用一台机动三轮车，把孩子往车里一塞，开车就跑。买这车得用一万元，大哥手头比咱宽裕，这一万元你先拿，等咱把钱勒索来之后再把这一万元还给你。"

开始动真格的了，杨书文犹豫了半天，不说拿，也不说不拿，因为他手里的钱是靠劳动一点一点积累起来的，往外拿这一万元实在舍不得，就说："绑架人家孩子这可是犯法啊，为了咱哥仨好，别干了！"

"这不是那天喝酒时定的吗？怎能不干？"崔中亚忙问。

杨书文说："那天喝多了，说什么我都忘了。酒桌无真言，不能定大事，喝酒时说的话不能算数。"

张锋又问："那天咱拜了把兄弟你还记得吗？"

"那怎能不记得呢！"

崔中亚说:"当时咱还立了规矩,你忘了吗?"

杨书文说:"没忘。怎么,你俩还想打、想杀啊?绑架人家孩子犯法!我的两个好兄弟,咱凭什么好好日不过非要去干这种事呢?"

崔中亚说:"当初咱不是讲得挺明白吗?这才干第一件事你就变卦了,咱这个把兄弟拜得还有啥用?"

"那就宣布作废,不是把兄弟也是好朋友。"

崔中亚和张锋觉得被他当猴耍了。再说,绑架孩子的事一传出去,尽管没干也不行啊。他俩都劝杨书文还得干。杨书文态度挺硬,说:"你们那天拿来酒菜请我,就想设圈套利用我,我不是三岁小孩子,别的事我可以干,违法、犯罪、蹲监狱,这事儿说死我也不能参与。你们和胡义明家有仇,愿干自己去干,想利用我当枪杆子,把问题想得太简单了。"

崔中亚的用意被揭穿了,怒火万丈。杨书文说是利用他"当枪杆子",崔中亚更加来气,握紧拳头对准杨书文喉咙"嘭"地一下子,杨书文也没老实让打,亮开了拳脚,随后三个人就打在了一起。

杨书文记得清楚,他们拜把兄弟那天,当时立了规矩:谁要是首先背信弃义,另两个就把他杀了。杨书文见这两个人拳脚凶猛,意识到一场生死搏斗已经展开,不是你死,就是我亡。杨书文跟他俩拼命了。

在厮打中,杨书文拿起放在窗台上的一根木棒,照崔中亚头上砸一下,一下子就给干倒了,紧接着又去打张锋。张锋一闪,头没打着,腰上挨了一下子,被打得一溜趔趄。他没敢再继续与杨书文厮打,捂着后腰逃窜了。杨书文正要追打,身后的崔中亚坐起来,指着杨书文破口大骂:"杨书文,你个背信弃义的东西,今天我跟你拼了!"

杨书文转过身,又照崔中亚头上来一棒子,一下子就给打没声了。紧接着又是一阵拳脚相加,崔中亚不堪打,光有出气,没有进气。杨书文抓住他头发,像拎一只小鸡一样给薅起来,问:"你还跟我拼不?"崔中亚好像没有骨头,浑身稀软,没有任何回音。杨书文把手一松,"啪"的一声就像摔到地上一块肉。他完了。杨书文见他死了,知道闯了大祸。尸体怎么办?有了!果园里不是有个坑吗,他拽着崔中亚就往那坑里拖,把尸体扔到由崔中亚自己亲手挖的那个坑里,随后,拽出草丛中的铁锹,几下子就给埋上了。

打死了崔中亚,跑了张锋,杨书文知道瞒不了,潜逃吧。他跑到表哥董长刚家,一住就是3个月。公安机关知道了他的下落,派人连同他的表哥一起给抓来。法院以故意杀人罪判处杨书文应得的刑罚;他表哥因为犯了窝藏罪,被判6个月拘役。

君子与君子以同道为朋,小人与小人以同利为友。小人之间一旦发生利益冲突,昔日的朋友可能比凶残的敌人凶猛十倍。

021　没偷没抢

9月16日,中年工人高功到中国建设银行松河支行从一个活期存折中要求取款5000元。营业员注意力不集中,在付款时,付给他8000元。高功拿着这笔钱,觉得好像多了一点,就站在银行的窗口前一张一张地数。票面都是100元的,当他数到50张时,还剩一些,银行确实多给了,至于多给多少,他不再数了。他认为,给少了不行,给多了这怪不着我。因为我一没偷,二没抢,这是你们银行多给的。我不退回去,把这些钱占为己有,即使被发现,也不是犯法问题,最严重的只能说我觉悟不高。觉悟高不高算个啥。想到这儿,他把这些钱往衣兜里一揣便离开这里。他很得意,这真是命里注定,上帝让我今天发财,这笔钱财就这么没费吹灰之力,唾手而得。

高功到家不长时间,银行的两名工作人员竟来到他家。原来,他取款后不长时间,银行就发现付款出了差错,多给他3000元。根据他存折提供的住址及电话号码,很快就找到了他。

银行来的这两人一个是支行的副行长金全胜,另一个就是多付给他钱款的营业员吴艳。金全胜副行长说明来意,说是由于工作一时疏忽,多付给他3000元,给他增添了麻烦,一是向他道歉,二是想拿回这3000元。

高功多得了3000元不假,才刚高兴了一会儿,竟出现这种事儿。他犹豫了一下说:"我取回这些钱让我还给别人了,我也没发现你们多给呀!"

金副行长说:"我们多给你3000元,我们这里有记录。我们营业室屋内屋外,都安装了摄像头,监控录像中也记录我们多给你3000元。出现这种情况,责任在我们,给你添了麻烦,向你道歉,但我们也希望你能把这笔钱还给我们。"

高功觉得,既然把话说出去了,说是没多得3000元,再改口也不好意思,就硬着头皮坚持到底,说:"我从你们银行取钱回来,就把这笔钱还给别人了,人家也没说多给呀。"

金全胜副行长和吴艳跟他又说了几句,高功一直说只取回5000元,并没多得。在这种情况下,金全胜副行长和吴艳也没再多说什么,离开他家时,金副行长说:"你再好好想想,我们多给你3000元有记录,监控录像反映得很清楚,你如果想起来多给你了,请你主动给我们送回去。"说完他们离开了这里。

再说高功,他对摄像头的作用了解得不多,只是听说有这种设备,后来他还特意到建设银行松河支行去转悠了一下,也没发现屋里屋外的摄像头,也可能是出于害怕银行的人发现而观看不细?最后他决定:坚持到底,就是不还,反正这3000元不是我偷的、抢的,你们能把我怎样!

过了些日子,高功收到了区法院送给他的中国建设银行松河支行的一份起诉状副本,让他在半个月之内答辩和举证。他没想到,银行竟能向法院告他,让法院来处理这件事。他不予理睬。

这样的案件在法院来看,再简单不过了。法院处理民事案件,一般都是首先进行调解。法官把高功传到法院,让他从头至尾看完银行送来的监控录像。这份录像清楚地记录了点钞机的小显示屏上反映出支付给他8000元,高功拿到这笔钱,还站在银行的窗口前又一张一张地数了一遍,数到50张以后,还剩一些,高功不再数了,便把这些钱揣进衣兜，然后离去。高功看得目瞪口呆，无言以对。

法官告诉他："根据《中华人民共和国民法通则》第92条规定，没有合法根据，取得不当利益，造成他人损失的，应当将取得的不当利益返还受损失的人。你到银行取5000元，银行错误给了8000元，你多得3000元，你多得的部分没有法律根据。这3000元，你虽然没偷没抢，但属于不当得利，使银行造成损失，法院将会根据法律的这条规定，判决让你返还。你如果不返还，法院将强制执行。这还不说，按照法律规定，你是败诉的一方，除了返还这3000元以外，还得额外支付诉讼费。所以最好的方法是，你能把这3000元主动退给银行，然后银行到法院撤回起诉。"法官让他回去考虑考虑，然后告诉他，如果银行不到法院撤回起诉，过些日子，法院将开庭审理，随后作出判决。

过了几天，银行撤回起诉。原来，高功听了法官的讲解以后，回家取出3000元，主动退给银行，银行撤诉，这起案件就这样了结了。

人生感悟

不当得利，不归自己；贪占不还，违反法律。

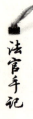

022　开玩笑

刘业 26 岁，是大连市旅顺口区的一个青年农民，他爱疯闹，爱说笑，别人也因此常跟他开玩笑。

有一天，他和本村的徐波等几个年轻小伙子在一起喝酒，酒盅一端，酒话不断。他首先向徐波发起攻势，说："徐波啊，听说你老婆下崽了，生的是公还是母？"说完嘻嘻一笑。

徐波的妻子生个女孩儿，但他看刘业没正经，就没好好回答他，而是回了他一句："跟你妈一样！"

满桌一阵哄堂大笑。刘业面红耳赤，无言以对。他败北不甘心，又撩嫌，说徐波怕老婆，还讲个小故事来证明。他说：有一天他到徐波家闲坐，徐波让老婆给拿烟，又怕老婆不听使唤，就跟媳妇叫妈，说："妈，把箱盖上的烟递给我。"他老婆这才把烟递给他。刘业说完还站起来指问徐波："有这事儿没有？你说实话，这是真的还是我瞎编的？"看刘业那表情，活灵活现，像真的。其他几个人被弄蒙了。

徐波解释说："我是让我妈给拿，还没等我妈伸手，我媳妇想表现好一点儿，抢先给递过来了。"

"不对！那天你妈根本就没在家！"刘业边说边笑，其他几个也跟着说："对！对！那天你妈没在家，小妈在家。"

刘业说："徐波跟媳妇叫妈，不知自己是谁生的，罚一杯！"

"对！对！这杯非喝不可！"众人跟着刘业瞎起哄。徐波一人难辩众口，觉得被耍笑了，就离开坐席，跟刘业动起手脚。刘业身材矮小，没有力气，不是徐波对手，光喊"君子动口不动手"，但没几个回合，右胳膊就被拧到身后。徐波用另一只大手摁住他的脖子，一边使劲往下压，一边大声喝问："你老实不老实，还敢不敢胡说了？"

刘业被摁得喘不过来气，连说："不敢了，不敢了。"

"你说，你是谁儿子？"

刘业被摁得抬不起头，直不起腰，只好说："我是我爸儿子。"

"你爸谁儿子？"

"我爷儿子。"

"你爷谁儿子？"徐波问起来没完。刘业急眼了，急不择言地吼起来："滚你妈的！我爷你儿子！"

"这就对了！你爷是我儿子。"徐波得意地笑了，其他人笑出了泪。刘业挣脱开，一边甩着被拧疼的胳膊，一边斜眼瞪徐波。

这次喝酒，刘业感到被徐波当众羞辱两次。他认为，如果自己有地位、是个头儿，你敢吗！

被徐波欺负了，打，打不过；骂，骂不过。他不想老老实实忍受，就想找机会报复徐波一下。

玩笑过了头，容易结冤仇。过了十多天，刘业和另几个人又围一张小桌儿饮酒。期间，大家谈论三里五村谁家最有钱。刘业借机使坏儿，想报复徐波，就说："徐波最有钱。这小子倒弄海参，发了。手头最少有50万。家里一个媳妇、一个刚出生的孩子，徐波晚上经常在外面打麻将，要是组织几个人到他家去抢，就像拿自己的一样，准成!即使徐波在家,拿把刀去,他也得老老实实的。"刘业真是够坏的。

说者无心,听者有意。同桌吃饭的有四五个,有个叫刘玉凯的动了心,如梦初醒,心想:对呀!应该组织几个人去抢。他和徐波相识,又沾点亲,去抢怕被认出来,就从大连市内找三个铁哥儿们,让他们干,他给引路。这三人一个叫宋永利,一个叫王玉红,还有一个叫张光。张光会开车。他们经过几次预谋,最后在11月24日这天开始动手。

张光租来一辆客货两用的"半截美",开车到徐波家去抢。刘玉凯跟车引路,没下车,车停在徐波家大门外不远的地方,他守车,另三个进了屋。当时徐波没在家,屋里有个26岁的小媳妇,还有一个刚出生、尚不会翻身的小女孩儿。这三人进屋当然没费吹灰之力,详情不必细表。再说车上的刘玉凯,自从宋永利他们进了屋,心里就开始紧张:怕出事、怕屋内反抗发生厮打、怕出现伤亡情况。过了十多分钟,张光一人慌里慌张地跑出来,把车开到紧对徐波家大门口,又进屋了,随后就跟宋永利、王玉红他们一起从徐波家往车上搬干海参,一共搬出23箱,还抢了人家现金1300元、一台录放机、一件黑皮夹克,然后开车扬长而去。

他们离开徐波家时,是夜里11点45分。公安派出所接到报案电话是11点52分,只过了七分钟。因为这伙人开车上道以后不知去向,公安人员当晚没有抓到他们。

23箱干海参数量不小,能值二十多万元。为了让海参变成钱,只有一条道儿,这就是销赃。公安人员知道,这伙人抢去这么多海参,如果销不出去,放在家里不能当饭吃、不能当衣穿,就让徐波领着到市场上去转悠。徐波是个加工海参的专业户,认识自己加工的海参,很容易就找到了出卖他海参的人。随后，公安人员顺藤摸瓜，一步一步查找海参的来源。最后，这伙抢劫徐波海参的人统统被抓进了看守所。

犯事儿后，这伙人积极退赃、赔款，徐波没受多少损失。大连市中级人民法院以抢劫罪，分别判处了他们应得的刑罚，刘业作为教唆犯当然也没幸免。

玩笑过了头，容易结冤仇。

023　妻离子散

朱磊退休前在沈阳工艺二厂担任质检科副科长。他有三个孩子，两个儿子和一个女儿，他们成年后都在沈阳各自安家。他老伴儿比他小两岁，退休在家做些家务。老两口儿独自生活，既平静又幸福。

朱磊在家闲不住，想做买卖，又没本钱，就在院子里跟一些退休的老头、老太太打麻将，唠闲嗑。这一唠，开了眼界，知道不少新东西，长了许多新知识。原来，做买卖不一定都得有本钱，买空卖空有时也能做成。

思想认识有变化，行动也会有变化。那个时候国家正是由计划经济向市场经济转型，社会上风行"对缝"，他开始参与，参与介绍工程、推销货物，为了挣钱，他忙活一年，分文没挣着，他不灰心。后来遇到一个偶然机会，他用3天时间挣了5000元。原来，他们前面有条街道拓宽，开始改做市场。不知哪个部门在街道两旁盖些红砖小房，作为沿街做买卖的摊床。开始时，每个小房售价10000元，他先号上一个，随后转手卖给一个姓曹的待业女工，卖了15000。他没用本钱，仅用3天就挣5000元。他欣喜若狂，全家人也为之高兴。朱磊尝到了这么一点甜头，就开始向这个方向快速猛进。

他用这笔钱安个电话，目的是联系业务做买卖。他老伴儿反对，开始唠叨起来。打来电话的有男有女，还有一些人经常到他家来谈生意，也有催钱要账的。特别是那些素不相识的女人，与朱磊唠起来像似老朋友,他老伴儿既看不惯,又嫉妒,先是跟朱磊磨叨,随后就跟他吵架。

一天,一个年轻小伙子又来跟朱磊谈生意,要买聚乙烯。朱磊满口答应:"有货,你要多少?"

"如果价钱合适,要20吨。"

"有!先交五万元定金。"

小伙子回去取钱,他老伴儿就跟朱磊干起来:"你说你有聚乙烯,什么样?我怎没看到!"

"我马上给他张罗。"

"你跟人要五万元定金,你张罗不到怎么办?"

"走一步算一步。"

"你这老头子,如果实在闲不住,就拿把钳子,拎个锤子到马路边去修理自行车,再不,倒动点蔬菜、水果,你这做的是什么买卖?"

"你不懂,腰缠万贯是靠修自行车、卖蔬菜水果挣的吗?不冒大险哪来的大财!"

"冒大险就有大难,到时候你出事了,我和孩子可不能跟你丢人现眼!"

做买卖最不爱听的就是这些不吉利的话。朱磊来气了,他从来没打过老伴儿,这回一改常态,照老伴儿后背就是一拳:"你咒我,滚!跟你离婚!"

他老伴儿躲到女儿家,一住就是两年。她认为,朱磊退休后变化太大,简直成了无法无天的人。最后,她同意离婚。她有退休金,想把房子给朱磊,跟他要两万元,没想到,朱磊给她三万。两人到婚姻登记机关办理了离婚登记手续，没吵没闹，悄悄地分道扬镳了。

朱磊的女婿是处长，家里三室一厅，吃、住都不愁。老太太去了干家务，成了最省钱、最放心的家庭保姆，女婿当然没意见。

朱磊一人一套房子，守着一部电话，无拘无束，胆子更大。他除了人造卫星和原子弹的买卖不做以外，剩下的什么都买，什么都卖。34岁的单身女金玉兰是浙江宁波人，到沈阳做买卖住在姐姐家。自从朱磊离了婚，她和朱磊做买卖有时天气不好，或者不爱动弹，就住在朱磊家不走。朱磊向她吹大牛说："我给那老婆子15万，跟她离了。我手头还有一半儿。再干个三年五载，挣个百八十万够用就行了。"

金玉兰信以为真，觉得他有钱、有房，权衡利弊之后说："将来你想找个什么样的？咱帮你选。谁要是嫁给你，这一辈子就享清福去吧。"

金玉兰有了意思表示，朱磊就对她十分在意，了解到她也离婚了，光棍儿一人在沈阳"对缝"做买卖，觉得她既然不嫌自己年老，跟她结婚也可以。为了慎重，朱磊还到金玉兰姐姐家去过，与金玉兰结婚登记时，又详细看了她户口所在地居民委员会的介绍信，一切弄准以后，这才与她办理了结婚登记手续，开始了婚后生活。

金玉兰嘴巧心灵，有着说不尽、道不完的甜言蜜语。65岁的朱磊认为，从她嘴里说出的话，句句真实无假。有这样的人为妻，可以安安稳稳过晚年了。

婚后一年，上海福兴饲料公司姚军经理到沈阳买玉米，跟朱磊联系上了。朱磊说自己手里有玉米，要多少有多少。姚军等他联系货源，就在沈阳住了两天。

姚军48岁，在这两天里跟一个28岁的妇女赵杰交上了朋友，随后就产生了矛盾。赵杰说姚军欺骗了她,就把姚军的身份证抢走,还跟他要八万元的赔偿费,如果不给,不但不还他的身份证,还让他"等着瞧"。

赵杰领几个棒小伙子把姚军撵得满沈阳几个大宾馆、大酒店乱窜。最后姚军告诉朱磊:"我得离开沈阳到鞍山躲一躲,要不,赵杰就能绑架我。"他还告诉朱磊:"跟我一起来的小姜仍住在宾馆,玉米买卖还得继续做。我的密码箱在小姜那,你帮着看一下,里边有重要东西。"

"你随身带到鞍山呗!"

"不行,来不及了。赵杰他们正在宾馆堵截我呢!"

姚军跟赵杰只接触两天,就闹出这么大的矛盾,是个不解之谜;赵杰为什么让姚军赔偿损失,也是个不解之谜。朱磊回家把这事儿跟金玉兰说了。金玉兰断定:"准是姚军嫖娼出了问题,要不,怕什么?"

姚军说他的密码箱里有重要东西,不说还好,这一说,引起朱磊的注意。金玉兰告诉朱磊:"能有什么重要东西!出差在外做买卖,除了毛巾、牙具,再就是钱呗。姚军有短处,被人追得乱跑,这密码箱肯定顾不得。这时候要不去偷他的还等何时!"

朱磊认为这话有理,第二天一大早就溜进小姜的房间,趁他睡得正香,把姚军的密码箱给偷出来,撬开后,拿出个银行卡。卡上面肯定有钱,但必须得有身份证才能提取,他就找到赵杰,说:"姚军是我的好朋友,咱们都是做买卖的,别弄得太僵。你跟他要八万元这价码太高,给你一万元吧,你把他的身份证给我。"

"一万元也行,钱呢?"

"你把身份证给我,姚军没走,等他回来,我替你要。他如果不给我给。"

"空口无凭不行!"

"立个字据!"说着,朱磊从兜里掏出个小本子,撕下一页,写上"今天跟赵杰借款一万元,一星期之内还。姚军如果还不上,由朱磊代还。"下面署名是"姚军"和"朱磊"两个名。

赵杰不知朱磊用意,就用姚军的身份证换回这张纸条。朱磊拿着姚军的身份证,从银行卡上转出60万落到他的朋友刘天明账户上,随后又从刘天明那里提取现金20万元。他把其中的10万元交给爱妻金玉兰,另外10万自己保管。刘天明账上还有40万,他打算一点一点往外支取。

再说宾馆里的小姜,发现密码箱丢了,立即跑到鞍山,说明情况。姚军知道银行卡和身份证都失控,很危险,就立即挂失和报案,但晚了一步。

朱磊被公安机关抓获的同时,金玉兰不顾朱磊的后果如何,携带10万元巨款离开沈阳,不知去向。

在处理此案的过程中,朱磊退回他身边所有的赃款,并摘下金戒指和手表,但因金玉兰拿走10万元,数额太大,他怎么也堵不上这个大窟窿,还有6.5万元没还上,给姚军造成的损失太大。

朱磊明白,如果能够全部还清,使姚军不受损失,他的罪行就会小,于是,就向公安机关提供金玉兰姐姐家的住址、提供金玉兰在浙江宁波的住址,还提供金玉兰几位亲属的电话号码,又写了一封信交给公安机关,让公安人员带着这封信去找金玉兰,跟她要赃款。信上写着:"金玉兰你可怜可怜我吧,把这笔款退回来,只要我能出去,用不了多长时间,我还能挣很多钱。"但金玉兰无影无踪,公安人员走遍了天涯海角也没见到她的面。朱磊无奈,又可怜巴巴地向儿子、女儿,甚至是跟他已经办理了离婚手续的前妻求援,要求他们帮助退赃款、请律师,但谁也不理他。他在孤独与痛苦中,接受了法院的开庭审判。

他没想到:年过花甲,只是几年的工夫,竟会弄个妻离子散,一人在狱中苦度残生的下场。

人生感悟

人活着要挣钱,因为生活离不开钱。遵纪守法者靠劳动挣钱,钱财给带来了幸福欢乐;不法之徒不择手段弄钱,常常是没等钱到手,自己先进了监狱。

024　回家过年

姜山是安徽农村人，大学毕业后在沈阳一家设计院工作。现在已经32岁，仍然没结婚。他自己的想法是，遇不到适合自己的，宁可不结婚，但他的父母不这样想，总认为儿子年纪大了不结婚，一个人在沈阳漂流，没有自己的小家，总觉得是块心病。

临近春节，姜山给父母去电话，说自己在春节期间准备回家一趟，问家里缺什么东西。他妈说："家里样样都不缺，要说缺就缺个儿媳妇。如果春节回家，领个女朋友回来，那是再好不过的了；如果还没处女朋友，由于春节期间都休假，工作也不忙，是处女朋友的好机会，不回家也行，等以后有机会再回来。"

姜山把母亲的话给理解歪了，认为母亲是让他春节回家时给领个儿媳妇回来，如果没有儿媳妇，就别回来了。

姜山知道，对自己的婚姻，父母比他着急。但处女朋友，往家领儿媳妇，这也不是想处就处、想领就领的事。他开始为难了，怎么办呢？

他们本单位有几位年轻姑娘，姜山想物色一个，邀请她跟自己一起回家过年，但又一想不行，如果人家不干，这不是挺尴尬嘛；再说，即使人家同意去，一趟回来，免不了要出现风言风语。思来想去，觉得不行。怎么办呢？只要想办法总是有的，他终于想到了，就是租个姑娘跟他回家过年。上哪儿租呢？他想到了舞厅。

春节前的几天，单位里娱乐活动比较多，工作不算忙，工作之余的时间也比较松散,他就抓紧时间物色合适人选。姜山终于找到了,是个25岁的姑娘,叫许娟,家住沈阳,长得十分漂亮,能说会道。姜山对她说:"你跟我去,保证对你秋毫不犯,你就放心。你以我女朋友或者未婚妻的身份,跟我回家过年,只是让我父母高兴,如果我有不法行为,可以找我单位,或者运用法律维权。这一趟的花销全由我负担,你就等于免费旅游一次,而且一天给你100元劳务费。我们阴历二十九那天走,过完春节初五回来,来往七天,给你700元。"

许娟见姜山回家过春节租人心切,就说:"春节是放假期间,即使工人加班也得给三倍的工资,你不给1000元不干。"

"这是旅游,不能跟工人加班相比,因为这不需要你付出劳动。这算是求你了,以后我们很可能成为好朋友,你有困难我也可以帮助你。"

许娟见他一心想租人回家过年,不肯退让。姜山一看没有商量余地,觉得这笔钱花得冤枉,但又实在无奈,最后说:"你得把身份证放在我这,我才能把钱给你,否则一旦把钱给你,你若无影无踪我上哪儿找你。"

许娟先是微微一笑,然后爽快地答应了。第二天,她把身份证的复印件交给姜山,同时给他看了身份证原件,并跟姜山要了1000元,这件事就算确定。姜山到火车站买了两张预售票,交给许娟一张,说:"家里那边我都安排好了,到时候可一定得去啊!"

"放心。"

许娟聪明伶俐,她完全理解姜山对父母的一片孝心。她知道姜山领她回家过年的目的,也知道自己实际是个演员,她也想演好这个角色,没有欺骗姜山的意思。她认为,装得越像,姜山的父母就会越高兴。

她跟姜山到了安徽农村，开阔了视野，见到那里过年的气氛和风俗习惯。过春节了，她按照姜山的要求，给姜山的父母拜年，这一拜可不要紧，两位老人乐坏了，见儿媳妇年轻、漂亮、贤惠、知情达礼，立刻就往外掏钱，一下子竟掏出5000元。许娟不要，姜山也不让给，说："在沈阳不兴这个，等以后结完婚再说吧。"

姜山的母亲说："现在给，结婚以后拜年还给。这次是这次，下一次是下一次。"怎么办呢，把这件事说破了吧，讲出真相，不行，只好任凭自己的母亲硬往许娟兜里塞钱。安徽农村都有这样的风俗习惯，春节期间，忙碌一年的人们总要在这个时候互相拜年、问候、祝贺。姜山的父母见儿媳妇挺好，挺可心，就让儿子领她到亲戚、邻居家走一走，给大家拜个年。姜山不便违抗，只好从命。他领许娟先后到了叔叔家、姑姑家、姨娘家给大家拜年。大家一看姜山领回的媳妇很漂亮、很贤惠，也都很高兴。许娟每到一家，都可以收到拜年钱。姜山把许娟领回家过年，能收到这么多拜年钱他根本没想到。他算了一下，许娟先后得到的拜年钱是8000元。他背后给许娟说："这些钱，你回沈阳得给我。农民挣的钱很不容易。"

许娟说："在你们家不是谈论这笔钱的时候。"她虽然没说不给，但也没说要给。姜山心里着实不安稳。春节过后，他们回到沈阳，姜山就跟许娟要这8000元。许娟微笑说："你说一说，这笔钱是我要的还是你们家硬给的？"

姜山说："我们去的时候已经讲明，来往的一切花销我负担，也没说我的父母和亲属给的8000元拜年钱也给你。"

"但是你也没说这笔拜年钱不给我。我去的目的就是图的这笔钱。要不图这笔钱，谁能春节不过，跟你跑到农村遭罪？"

两个人虽然没大吵大闹，但是看来是没有商量余地。姜山考虑到领个女人回家拜年，拿了父母和亲友这么多钱，跟结伙骗钱没有什么两样，心里很不安稳。后来他对许娟说："8000元的数目不算小，你要能给就给我，你要不给我就得到法院去起诉，让法院处理。"

"上哪儿起诉都行，这笔钱是你们家给的。既然给我了，所有权归我，这笔钱就是我的了。"

姜山别无良策，只好写了起诉状，告到法院。法院进行调解，办案人对许娟说："一般来说，给出的东西不能再往回要。但是，姜山父母和亲友给你的这些钱，是在你是姜山的女朋友，将来跟姜山结婚的条件下才给你的。如果没有这个条件，他们不会给你这么多钱。你们两个人将来如果没有结婚的可能，你得到的这笔钱应该退回。"

其实，许娟是懂的，她想留这笔钱，就是看一下姜山往回要钱的决心是否很坚决，如果硬要往回要，她是想把这笔钱退回去的。没想到姜山真的到法院起诉了，所以在法院调解时，没费劲，许娟就把这笔钱如数退还。

人生感悟

  有纠纷，协商办；协商不成找法院，请求法院依法判。

025　留人过夜

男青年金生和女青年于君,是辽宁省抚顺市一家工厂同车间的工人。12月1日这天,他们工厂开工资。于君把自己的工资领完装进衣兜,对金生领的工资也垂涎欲滴,就对他说:"年末这次工资不少,你什么时候请客?"

金生本来就是"爱招苍蝇"的人,不失时机地说:"今晚就请。下班你在门口等我,不见不散。"当晚五点半,他俩在工厂门口会齐,然后鬼鬼祟祟地消失在冬季的夜幕里。

他俩各揣心事,都打自己小算盘。于君认为金生大方,在他有钱的时候占他便宜比较容易;金生则想:我凭什么开工资就得请你吃饭,既然请你吃饭就得占点儿便宜。他对于君说:"走,跟我到朋友家。"

他有个初中的同学叫姜放,是个单身汉,与父母分居,自己住单间。他俩买了两大包熟食,弄些酒,就来到姜放的住处。

姜放此时在家已经把饭菜做好,正要吃饭,金生和于君来了。金生进屋就说:"姜放,今天咱发工资了,我请客,我把朋友领来咱喝一顿。"

姜放住的是一间小平房,是他在楼房旁的空间里盖的违建房,准备结婚用。金生来到这里,就像到了自己家,搬一张小饭桌,放到炕上,酒肉一摆,三人就吃上了。

你认为金生真的是来解馋的吗?不对。他把于君领来另有所图。

于君爱说爱笑不拘小节，精不精傻不傻，是个没有多少心眼儿的女人。背地里，传出不少有关她的风言风语。不是有那句话吗，叫做"甜味引蚂蚁，臭味招苍蝇"。金生年纪轻轻是个好色之徒，听了这些闲话早就想在于君身上打主意，只是没有机会。今天，他想把姜放灌醉，然后跟于君在这里过夜。

姜放不是傻子，金生不是个正经货他有所了解，平白无故地请他吃饭，肯定别有用心。姜放仔细考虑一下，觉得也没什么，只要小心别上当就行。金生对他频频劝酒，他也明白了八九分。他想：只要我吃饱喝足了，大觉一睡，管你们那些屁事儿呢！他站起来，拉上窗帘，对金生和于君说："咱慢慢来，都喝好，走不了就住这儿，反正没人来。"姜放投其所好，为的是使自己吃得仗义。

留恶人过夜，如同引狼入室。聪明一世糊涂一时的姜放，以为金生是自己的同学，故意让方便。他喝完倒头便睡，活像一头猪，一动不动了。

金生和于君吃完，收拾了桌子、碗筷，也就闭了灯，拿来姜放的一个被子，横搭在三人身上就睡上了。

后半夜，熟睡中的姜放觉得有些冷，迷迷糊糊地把被子往自己身上拽。此时的金生和于君都没睡，俩人正在"办事儿"呢！金生见姜放拽被，就蹬他一脚，说："你老实点儿得了！轮不到你！"其实，此时的姜放仍然没醒，根本不知道金生和于君在干见不得人的事。挨了一脚，也不觉疼，仍然呼呼大睡。

天亮了，金生和于君吃了些昨晚剩的酒肉就离开这里。姜放还没醒，也许正在做美梦呢。

风平浪静过了两天，到第五天，工厂保卫科王科长找金生谈话，对他进行法制教育说："青年人，要遵守厂规厂纪，不能跟别人打架。"

有了问题,要及时向组织讲。自己无法处理的,可由组织帮助解决。总之,就是要注意遵纪守法。"

这是什么意思?金生是丈二和尚摸不着头脑。他由于做贼心虚,亏心脸红,马上和那天晚上在姜放家的事联系起来。

对!肯定就是为了这事儿,王科长不好意思明说,就这么旁敲侧击。他问于君:"在姜放家的事你向组织承认了?"

"我傻啦!怎么,组织知道了?"

"保卫科王科长找我谈话,对那件事没明说,只是让我注意遵纪守法。"

"你不是说姜放是你朋友吗?准是他告的!"

金生想起那天晚上,姜放拽被,被他蹬一脚的事。心想:喝酒、吃肉,我让你;于君是我朋友,我已明明白白告诉你了,这事儿我能让你吗?你姜放往这上想也太无理了!就为这,你姜放竟能到保卫科去整我,我让你等着。你告我,我还要告你呢!我比你还厉害!

金生对于君说:"这事儿准是从姜放这小子嘴里传出去的。人不犯我,我不犯人。他整咱,咱俩就整他。这不能怪咱俩,咱要让他知道我姓金的不是好欺负的。我上派出所报案,就说那天晚上他强奸你了,让他去蹲几年监狱,怎样?"

"没有的事儿法院能判他吗?"

"能!我去揭发,你给出证,两人诬他一个,他不承认也不行。"

你说金生和于君蠢不蠢吧,他们还自以为聪明。经过一番周密策划,金生就去报案。

公安机关立案了,于君被找去了解情况。她按事先编好的情节,先后向公安机关、检察院和法院出证，讲述自己酒后被姜放强奸的经过。

在法庭上，姜放据理自我辩护说："那个女的是金生的朋友，我怎么会当着金生的面，强奸他朋友呢？既然于君证实她被我强奸了，为什么前后证实有不一样的地方？"

审判长是个细心人，认为姜放的辩护意见值得考虑。是啊，如果于君讲的是事实，先后证实的内容怎么会不一致？只有编造的假话，才会因为时间的推移，忘了以前自己是如何讲的，从而使前后讲的不一样。

庭审后，主审法官又进一步核实证据。他分别细细地询问证人金生和被害人于君，分别问他们：那天各自穿什么衣服；进屋坐在什么位置；吸没吸烟；喝了多少酒，超没超量；睡觉的位置怎样，脱衣服没有；于君和姜放说没说话，说些什么；第二天早晨，他俩是怎么离开姜放家的，姜放当时干什么了，表情如何；离开姜放家时，你们互相说什么了，姜放送没送你们，你们分别时，各自怎么打招呼的……

金生没想到会问这些细节，也就没跟于君商量，没有思想准备。可想而知，两人所答，相差极大，羊头不对狗面，驴唇不对马嘴。经过几个反复，于君招架不住，鼻尖、额头，全是密密麻麻的汗珠，就连脖子上也出汗了。流汗，她抑制不住；心慌，她掩饰不了。她自己也觉得狼狈不堪，连头都不敢抬。法官看出了问题，判断于君有说谎的可能，就更加详细询问各个细节。主审法官的穷追猛打使于君招架不住，她不得不说了实话。

用来定案的证据出现了问题，法院又一次开庭。在法庭上，金生和于君都说了实话。姜放被宣告无罪，当场释放了。

金生和于君因为犯了诬告陷害罪，坐到了被告人席上。审判长对金生说:"你犯罪,是因为你法制观念太淡薄,在你眼里,好像国家没有法律。李广胜骑自行车无意中撞了你,你也没受伤,人家又当场向你赔礼道歉,你竟威胁他说,'五天之内,让你断条腿'。李广胜把这事儿报告给你们厂保卫科,王科长已经和你谈了,教育你不要打架,要遵纪守法,可你到底还是犯法了……"

金生闻言,猛拍大腿,失声说句:"我太蠢了!"

原来,工厂保卫科王科长找他谈话,是为了李广胜撞车的事!真是冤枉了姜放。

好朋友要交,坏朋友要断;好朋友能带来平安,坏朋友会带来灾难。

026　教训姐夫

夫妻吵架，司空见惯；夫妻今日吵，明日好，争争吵吵，白头到老，屡见不鲜；亲人参战，把婚姻纠纷酿成血案，并不罕见。在辽宁省瓦房店市董屯村就发生了一起由婚姻纠纷酿成的凶杀大案。

董屯村的关玉山娶张云为妻，婚后两人感情尚好，生有一子，生活风平浪静，幸福无比。与许多家庭一样，夫妻两人因为生活琐事吵架在所难免。在一次吵嘴中，关玉山说："你不想过了啊？你要不想过就离婚。"

"离就离，我怕你嘛！"张云说完，收拾一下东西，把两岁的男孩抱走，回娘家了，想到娘家消消气。

张云母亲知道小两口吵嘴了，就对张云说："两口子吵架，怎能张口就离婚？"

"是他先说的。"

"这是气话，你先在这儿住几天，消消气，过两天赶紧回去。"

关玉山有三个哥哥，他媳妇一走，其中一个哥哥说："你也太熊了！一个大老爷们，还能让老娘们唬住？"另一个哥哥也跟着瞎掺和，说："打出的媳妇揉出的面，不打不骂不听使唤。薅住她头发，拖到院子里，砸她个半死，看她还敢不敢跑了。"

他们信口开河，不负责任地乱说，给关玉山处理这个问题起到了坏作用，这使关玉山不便让步服软。

再说张云这边，她把孩子抱回娘家住了一个月，关玉山仍然不来接孩子，不给台阶下，她自己怕丢面子不想主动回去，时间一长，她受不了了。不说别的，光是换洗衣服就不够，尤其是孩子的衣服，都放在家里。她想回去取，顺便再问问关玉山到底离不离婚。

张云有两个弟弟，大弟弟张忠说："我和我弟张志跟你一起回去，让我姐夫看看，咱张家还有人呢！"张云想不让他们去，但又没说出口。张云母亲知道了也没阻拦，她母亲因此犯了一个大错误。

张云把孩子放在娘家，先走了。张忠对弟弟张志说："我姐回去取衣服，万一话不投机，姐夫跟她打起来，我们这边没人在场，姐姐肯定吃亏，咱俩得去。去了以后，姐夫要说软话咱啥事儿没有；他要敢碰我姐一下，咱俩当场就教训他！"张忠、张志兄弟俩为了防止姐姐被欺负，随后也跟去了。

那是上午9点来钟，张云回去后，房门开着，但关玉山不在家，看样子没走远。对这个分别一个月的家张云很挂念。她四处查看了一下，看看哪个地方有什么变化，随后又坐一会儿，就一边等关玉山回来，一边从箱子里找孩子的衣服。过了半小时，关玉山回来了，一进屋没说别的，张口就问张云，怎么没把孩子抱回来。张云说："我回来为孩子取衣服。你不是要离婚吗，还离不离了？"

关玉山听了这硬邦邦的话，心里好不舒服，没回答她，就离开屋，到院子里找活儿干，有意躲开。

这时，张忠、张志哥俩来了。关玉山在院子里干活儿看见了，不冷不热地打个招呼说："来啦。"张忠"哼"了一声，没停步，领着张志直奔屋里。

面对这个尴尬局面，张忠、张志也不知该怎么处理。张云在两个弟弟面前，不肯向关玉山说软话。而关玉山呢，又躲到院子里干活儿,不肯进屋。时间就这么又过去了半小时。

张云慢慢腾腾地把孩子衣服找齐,包好,夹在腋下,离开屋门,准备随两个弟弟再回娘家。走到院子当中,关玉山问张云:"上哪儿去?"

张云有两个弟弟在身边助威便毫不退让,说:"上我妈家,等你离婚呢!"

"你把孩子抱回来得了!"

"你去抱呗!"

这也算是给了个台阶,去把孩子抱回来,该低头时则低头,早点结束这个糟糕的局面。可是,关玉山想起两个哥哥说的话,竟气呼呼地说:"你愿回来就回来,不回来就在那住,我怕你啊!"

张忠接上话茬说:"不要提谁怕谁,你要离婚,就到法院去起诉;要不离,就把孩子抱回来,好好过日子,谈不上谁怕谁。"

"不关你事!"

"怎么不关我事,她是我姐姐,随便欺负行吗!"

"我们之间的事不用你管。我要欺负她,有派出所、有政府,轮不到你管!"

"放屁!你要敢欺负她,我就管!"

"你说谁放屁?"

"说你!"

双方谁也不肯少说一句,争吵加剧。张志也上来帮腔。张云有心想劝,劝谁呢?就拽张忠胳臂说:"走,咱先回去。"没拽动。

双方在不断加剧的争吵中，张氏兄弟首先动了手，把关玉山打了几下。关玉山自知打下去不好，挨了几下没还手。张忠、张志俩人用拳头把姐夫"教训"了一下之后就和姐姐扬长而去。

不一会儿关玉山的大哥关玉海来了，见弟弟不高兴，脸上又有被抓挠过的痕迹，问："怎么了？"

"你嫂子回来了，还带两个弟弟。这两个东西没说几句就给我两下子。"关玉山说完，还在右边的脸腮上摸一把，不再吱声。

关玉海见弟弟被欺负了，气冲冲地问："他们哪儿去了？"

"刚走。"

关玉海眼睛一瞪，二话没说，转身就跑，去找二弟关玉河，俩人骑自行车就猛追。

事情巧到不能再巧的程度：这兄弟俩如果早点儿追，不出村子就能被追上，即使打起来，村里人多，肯定会及时给拉开；如果晚点儿追，张忠他们到家了，追不上也就不易打起来。偏偏就在张忠他们离开这个村，还没进他们村，走在两村之间的空地上，关玉海和关玉河把他们追上了。

关玉海下了自行车问张忠："别走！打完人就拉倒啦！"

关玉河走到张忠跟前，什么话也不说，照他脸上就是一拳。这一拳就拉开了混战的序幕。这四个小伙子噼噼啪啪地扭打在一起。张云把衣服包放在地上，急急忙忙给拉架。

再说关玉山，他知道两个哥哥如果追上张云他们，肯定会打起来，放心不下，也随后赶来。这样，关家上来三个，双方六个人都参与"战斗"，"战场"在无人行走的乡间土路上。"相骂望人劝，相打望人拉"。然而，在村外无人的地方，谁来劝？谁来拉？

打了一会儿,张忠眼看自己这边要吃亏了,就掏出随身携带的匕首,向关氏三兄弟轮番刺去。这东西厉害,扎一下一个口。在厮打中,由于精力集中到紧张的打斗上,被扎一下觉不出疼,当觉出疼时为时已晚。第一个倒地的是张忠的姐夫关玉山,第二个倒地的是关玉河,关玉海肩膀上也挨了一下子,他自知手无寸铁,用拳头敌不过刀,立刻停止了拳脚,跑回去找车救人。

关玉山因心、肺被刺破大出血,当即死亡。关玉河被刺成重伤,经送医院抢救脱险。

当天,张忠和张志被逮捕。大连市中级人民法院认定张忠犯故意杀人罪,判处其死刑,剥夺政治权利终身;认定张志犯故意伤害罪,判处其有期徒刑15年。宣判后,这哥俩都上诉。案件报到辽宁省高级人民法院,我是这起案件的二审主审人,为了复核证据,我们找证人张云时来到了她家。

车停在院外,我和书记员小赵下了车,张云的母亲在屋里看到了。我们推门一进屋,她就早有准备地向我双膝跪地,连连叩头,向我提出一个不好接受的请求:

"法官大人,让我女儿张云去顶罪,把我儿子张忠放回来吧。要把张忠枪毙了,我就没法活了。求求法官大人,可怜可怜我这个苦命的人吧!"

我和小赵把她拽起来,我真切地看到,站在我眼前的这位老太太,头上黑白参半的头发像堆乱草,身材瘦小,两肩抽搐,她用手背擦着满脸的泪,像孩子似的仰面对我哀求:

"咱老头往庄稼上打农药,因为农药中毒早就去世了。我一个人把这三个孩子拉扯大。公安的把我两个儿子都抓去了,判刑的判刑,如果再枪毙一个,我没法活了。你行行好,让我女儿去偿命还不行吗?"泪水在她那布满皱纹的脸上滚淌。

站在一旁的张云也喃喃地向我哀求:"让我替张忠去偿命得了。"

法官有情法无情。我记不得当时是怎么回答他们的。我只记得,办理这个案件时,在法律上实在找不出对张忠、张志两人从轻或者减轻处罚的法律依据。

女人,最怕少时丧夫、老时丧子,这个老太太都遇到了。细想起来,她的悲剧与她对子女教育不得法是有关的。别的咱不说,单是对张云久居娘家不归,张忠、张志去关家给姐姐助威,她处理是不当的。女儿家里有了矛盾,当妈的如果给出个好点子,防止事态恶化,这个悲剧可能会避免。

人生的不幸,产生的原因许多时候在于自己。

人生感悟

夫妻吵嘴、开战,他人参与,小战变大战,大战变核战,小家庭幸福不再现。

027　闯红灯

城市闯红灯的事情屡屡发生，为了减少交通事故，在主要的交通路口，不得不加派交通民警和交通协管员。一些退休的、下岗的、待业的人员被组织起来，戴上"交通协管员"的袖标，手拿小红旗，站在交通路口，红灯一亮，他们伸出胳膊当栏杆，不让行人闯红灯。如遇胆大妄为硬闯的，就大喊一声"你不要命啦！"即使这样，也确实有不要命的，于是又加大惩罚力度，严抓严打。我们要讲的事情就是在这种背景下发生的。

黄蜂这个 26 岁的小伙子，是学美术的，在一家大商场里搞广告宣传。他会绘画、摄影、美术设计，不仅月薪丰厚，还成了这家大商场不可缺少的要员。商场为了稳住他、留住他，怕他"跳槽"，知道他想结婚而没有房子，特意借给他一间单身宿舍。黄蜂十分高兴，决定晚饭后要当着未婚妻的面，把这个消息告诉她，看看她脸上的笑容。

在下班的路上，黄蜂只顾低头蹬他的自行车，想着他的美事。指示灯由绿变黄又变红，他没看。交通路口过去了，到了对面，他被一位交通民警拽住了自行车后货架，让他下车。

黄蜂怒目圆睁，喝问："你拽什么拽！让我停下不就行了吗！"

"对不起。红灯亮了，你在路那边就应该停下来。什么话别说了，闯红灯，按规定罚款，掏钱吧！"

这位民警叫张力，他一边说，一边往黄蜂手里递罚款收据。

黄蜂只顾赶路，直到此时，到底闯没闯红灯他也不知道，他根本就没看指示灯，没把指示灯放在眼里。这时他看指示灯是绿的，就说："你看，是绿灯。"说完，就想上车子骑走，因为晚上与未婚妻有约会。

张力拽住他的自行车说："别走，把钱交了。现在是绿灯，刚才你过马路时是红灯。以后走路注意观看指示灯。"

这样一点小事，有的人可能交了钱，事情也就过去了，但黄蜂没这样做。他心境不悦，脏话就往外冒："你他妈的懂不懂文明执法！你两次拽我自行车，差点儿把我拽倒了！"

张力听黄蜂说了"他妈的"几个字之后，勃然大怒，拽住自行车就不放手，说："今天你走不了了，如果不交钱，咱到派出所去。"

黄蜂怕误事，推自行车想硬走开，张力就死死拽住不放，俩人较上了劲。黄蜂去扒张力的手，张力也拽黄蜂的手，肢体一接触，瞬间就厮打起来。另一位交通民警和一位交通协管员过来给拽开，这时张力的衣服有个扣子被拽掉，鼻子也出血了。中国人愿意看热闹，围观的人群堵住了路口，路上的车辆排成了队。黄蜂因为妨碍公务，被扭送到公安派出所。

"越着急，越串皮"。黄蜂今晚与未婚妻有约会，急着回家，这一下完了，真耽误事。派出所的民警批评他，他不服气，说："堵塞交通是你们交通民警不正确执法造成的，我没闯红灯，即使闯了，可以提醒一下让我以后注意，用武力解决，拽车子、打人，这能不堵塞交通吗！"

张力说："我鼻子被你打出血了，衣服扣也被你拽掉了，你怎么反咬我一口，说我打你了呢！"

"你不打我，我能跟你当警察的厮巴吗！"

这样一来，事情没法解决了。张力不跟黄蜂论理，而是跟派出所的领导较上了劲，说："对这个人不处理，我的工作没法干了。"派出所向区公安分局递上一份刑事拘留报告，细说了黄蜂使用暴力阻碍交通民警执法，并附有张力鼻子出血、衣服纽扣被拽掉的两幅照片。

黄蜂不能回家了，被送进看守所。按规定，派出所把电话打到了黄蜂家里，让其家属到派出所去签字。

黄蜂父母知道后，感到突然。儿子工作好好的，平时也没跟谁打架斗殴，怎么会被抓进去呢！黄蜂的父亲脑出血留有后遗症，端着一只弯曲的胳膊，拖着一只沉重的腿，身子晃了几晃才能往前挪一步，行动不便，虽然生活尚能基本自理，但去派出所签字的事儿只好由黄蜂的母亲李媛去干。

李媛来到派出所，心慌、冒汗，一个普通工人，第一次进派出所来签字，想看看儿子，问个究竟。一个民警告诉她："你儿子因为涉嫌妨害公务被关进看守所了。这有一份通知书，你看看，签个字！"

"我儿子呢？"

"关在看守所。"

李媛的眼泪淌下了，怎么办呢？她决定拒绝签字。民警告诉她："拒签也可以，让你来，不是跟你商量应不应该拘留，而是要把这件事情通知给黄蜂家属。"

一人有事，全家不安。人进去了，怎么办？李媛回家把这一情况告诉给黄蜂的父亲，又把黄蜂的叔叔、姑姑找来，大家研究对策，寻找办法。

他姑姑是"主和派"，愿意把"大事化小，小事化了"。她主张买点水果、烟酒糖茶，由李媛拿到派出所，向人家赔礼道歉，说点软话，让把人放出来。她说："黄蜂这孩子宁折不弯，但闯红灯，有错认错，服软就行了呗！"

他叔叔是"主战派"，认为应当先把事情弄明白，然后再决定对策。他说："黄蜂这孩子咱知道，他不会跟别人打架。他把民警打了，指定是民警先打人了。咱到派出所先把事情弄明白再说，看看黄蜂身上是否有伤。"

在一般人眼里，男人说的话不管对错，都有分量。他叔叔的意见被采纳了。李媛与黄蜂的叔叔来到派出所，得到的情况是：黄蜂涉嫌犯妨害公务罪，将由区公安分局把材料报送到区检察院批准逮捕，再由区法院根据我国《刑法》的规定，判处3年以下有期徒刑、拘役、管制或者罚金。

他叔叔说："咱们想知道具体案情。这件事儿是怎么发生的？谁先动手的？如果黄蜂真的犯到那儿了，判死刑也可以；如果情节有出入，不得给我们一个说话的机会吗？不能你们说怎么处理就怎么处理！"

得到的答复是："我们只能告诉黄蜂的家属，他因为涉嫌犯妨害公务罪被拘留了，等检察院批准逮捕、起诉以后，由法院判刑。至于案件的细节，你们可以请律师。律师可以查看案件材料。目前，家属没有资格了解详细案情，也没有资格查看案件材料。"

这一下可麻烦了。他姑姑说："咱破财免灾吧。趁案件还没报到检察院批准逮捕，咱大家出点儿钱，到区公安分局活动活动，让把案件压下来，别往上报。层层往上报，报到法院就完了。"

他叔叔有个同学在省高级法院工作，就去寻找解决问题的办法。那位同学说："我们与区公安分局、区检察院也没有来往，那里的人都不认识，了解不到具体案情。事情到了这一步，只好等司法机关按程序一步步处理吧。处理案件不是一个人说了算，找人说情，没办法能够把所有的人都找齐。另外，花钱找人容易被人骗去钱财。"

黄蜂的姑姑问黄蜂叔叔："你跟省高级法院这个人是什么同学？"

"小学同学。"

"多年不走动的人能不跟你打官腔吗！他能告诉你应该找人、花钱、行贿吗！办事不花钱，在家等着处理行吗！"

他姑姑的意见得到了黄蜂父母的同意。黄蜂家里本来就困难，黄蜂父亲生病以后，家里已经花得山穷水尽。黄蜂的姑姑、叔叔帮助借钱，大家七凑八凑，好不容易才凑到一点，立刻找人与公检法疏通关系。

社会上有人专门在当事人与公检法办案人之间"对缝"，从中挣钱。所以人是找到了，但实在不知道这些钱办案人是否得到了，反正钱是花出去了。最后的结局是：法院经过开庭审理，认定黄蜂犯妨害公务罪，判处有期徒刑6个月。

拿了黄蜂家的钱给疏通关系的"中间人"说："这是花钱的结果，否则，至少得判二年。"这话到底对不对，天知道。

黄蜂的父母、姑姑、叔叔，对疏通关系的"中间人"，实在说不清是应该感谢还是应当指责。

半年后黄蜂刑满释放，但此时的他，已经是个"劳改释放犯"，是个有污点的人。他原来所在的商场，因为又有新的人员接替了他的工作，他一时上不了班。其未婚妻因为受到外界舆论的压力，不想与一个"劳改释放犯"结婚，就"软处理"，先是与他疏远，过了一段时间才提出与他分手。由于他们已经办理了结婚登记手续，虽然没举行结婚仪式，但黄蜂如果与他人恋爱、结婚，也得被视为是"二婚"。

事情过去了两年，黄蜂仍然没处上对象，后来找的工作也不理想。有人"在哪里摔倒了，就在哪里爬起来"，黄蜂不是这样。他是"在哪里摔倒了，就倒在那里，再也不起来"。他认为，他今天的处境是张力给造成的。他兜里开始揣上了刀，准备寻找张力"算账"。

过了很长一段时间，有一天，他见张力在派出所门前锁自行车，等他走上前去，张力进了派出所，黄蜂错过了报复机会。

又过了一年，也就是黄蜂刑满释放的第3年，有一天，他看见张力跟另一个民警在街上说话。他犹豫了一下，觉得再不能失去这个机会，该下手时就下手。他从张力身后冲上去，照张力的后腰、臀部各扎一刀，在扎第三刀时被抓获。

黄蜂这一次行动，其性质要比前一次严重得多。他父亲认为是儿子持刀杀人，又气、又急、又害怕，在黄蜂还没被法院审判时就因为脑出血去世了。

张力被扎两刀，腰部这一刀刺进了腹腔，虽经抢救已经脱险，但经法医鉴定，属于重伤。黄蜂是累犯，报复民警，情节严重，他被认定犯了故意伤害罪，被从重处罚判处有期徒刑9年。

好端端的日子，安宁平静的生活，怎么一下子就会天降横祸？怎能遇上牢狱之灾？黄蜂想不明白。人们细心想一下就会知道：不会处理复杂问题的人，意外灾祸很难避免。

人生感悟

不怕事情复杂，就怕头脑简单；遇事违法盲干，灾祸很难避免。

028 无罪辩解

父亲吕玉争把自己 17 岁的儿子吕卫杀死了,在法庭上,他为自己做无罪辩解。他说:

我儿子吕卫今年 17 岁,他是被我杀死的,这毫无疑问。但需要说明的是,吕卫从小就患有精神病,为了给他治病,我领他去过许多大医院,花掉了许多钱,仍然没有治好。他小的时候就经常骂人、打人、砸东西,说话语无伦次,完全是胡说八道。他患有精神病,不光是我们的街坊邻居知道,全村的人,甚至是附近村子的人都知道,大家都跟他叫"吕傻子"。

他小时候力气小,打人也不疼,也不至于把人打伤;他砸东西,毁坏财物,也都是毁坏小件的,大的东西他也砸不了。随着年龄的增长,他的力气越来越大,打人、砸东西,破坏力相当大,危害相当严重。我想了许多办法,不知道怎么处理才好。最后我又想领他到大医院去医治,可是他不去,他说他没有病。

有一天,我亲眼看见他把他妈抱住,拽他妈的裤子,要强奸他母亲,把他妈吓得直哭。我上前给拉开,他就打我,并且说:"我要娶她当媳妇。"我打他,他就打我,后来被他妈推开。

我们家的东西,可以砸碎的,基本上都让他给砸净了。厨房里的菜刀和饭碗,都得锁起来,说不清楚他在什么时候,一犯病了就开始打人、砸东西。"我要把你杀了",这是他的口头语,一犯病就说这样的话,把我们都吓坏了。

7月6日这天下雨,我们都在家,我儿子吕卫的精神病又发作了,不需要什么原因就平白无故地砸东西。我们把东西看住,他就把被褥扔到地上。我从地上捡起来,他就用脚踢我,并说:"今天我就要打死你。"我说:"我不是你爸吗?你怎么还打我呢?"他说:"你不是,你是我的冤家对头。今天非打死你不可。"说着又来踢我,我就躲闪。可能是他听别人说,踢小便处能把人踢死,他就专门踢我小便处,我就左躲右躲。我想逃出去离开家门,可是由于考虑到他妈在家,他就会打他妈,我就没离开这个屋,他终于踢到了我的小便处,我疼得受不了,一下子就蹲到地上,他上来又继续踢我,还说:"我非杀死你不可!"他妈妈上前给他拽走,不敢松手。

我在地上蹲了好长时间才站起来,伸直了腰。他看我站起来,就拼命挣脱,他妈拼命拽住,由于他力气太大,一下子就挣脱了,跑到我跟前还想踢我小便处。我的生命安全受到严重威胁,实在没办法,就在这个时候,我突然想起,听别人说法律有正当防卫的规定。就是在自己的生命安全受到威胁,在十分危险的情况下,可以打伤对方,甚至是杀死对方。在这种情况下不是犯罪,法院不能判处刑罚。现在我的儿子要杀死我,我不把他杀了,我很有可能被他杀死。我就决定正当防卫,把他杀了。

就在他来到我跟前,想再踢我小便处的时候,我抢先照他小便处猛踢一脚,踢中了,他双手捂住小便处,一下子蹲下去。我看踢一下子不能死,我有体会,过一会儿还能缓过来。我就在他还没站起身的时候,上前把他踹倒,然后到厨房拿来一根绳子,套在他脖子上,就要勒死他。她妈把我拽开,我说:"你没看见吗,他今天要杀死我,我不把他勒死,我就没命了。"我甩开他妈的双手,继续用绳子勒我儿子吕卫，勒了挺长一段时间，他死了，我这才松手。他妈见吕卫死了，坐地大哭，我也哭起来，说："儿子啊，实在对不起你，但我也没有别的办法，因为我们还想活下去。我知道你有病，不是我不给你治，实在治不好，我只能如此。"

他妈说："这是人命关天的大事，你赶紧去自首。"我就骑上自行车，到咱乡里的公安派出所去说明这个情况。我这是正当防卫，因为那天我不把他杀死，我就没命了，他妈的生命安全也受到威胁。根据法律规定，我是无罪的。

在法庭上，吕玉争做无罪辩解以后，出庭支持公诉的检察员发言了。检察员说："我国刑法确实有关于正当防卫的规定。《中华人民共和国刑法》第20条第1款规定：'为了使国家、公共利益、本人或者他人的人身、财产和其他权利免受正在进行的不法侵害，而采取的制止不法侵害的行为，对不法侵害人造成损害的，属于正当防卫，不负刑事责任。'这一条规定得很明确，就是正当防卫必须针对不法侵害行为实施的。而精神病人属于无责任能力人，他在不能辨认或者不能控制自己行为的时候，他所作出的侵害行为不属于不法侵害，他也不需要承担法律责任。因此，对精神病人不存在正当防卫问题。如果因为精神病人侵犯了别人利益，就可以对他施行正当防卫，把精神病人杀死而不负刑事责任，那么，精神病人的合法权益将不会得到保护。因此，被告人吕玉争杀死儿子的行为，不属于正当防卫，必须承担法律责任。"

听了检察员当庭的发言，对法律知道一知半解的吕玉争低下了头，默不作声，不再辩解。

最后，人民法院认为检察员的发言有法律根据，便依照法律规定和本案的具体情况，认定吕玉争犯故意杀人罪，虽然没判处他死刑，也判处了他应得的刑罚,将其送进监狱实行劳动改造。

人生感悟

精神病人对自己的行为不负法律责任,但其人身权利受法律保护,不容侵犯。

追捕逃犯

029　戏弄法律

曹华跟蒋振川结婚二年，两人相亲相爱，生活和睦。但丈夫蒋振川有个毛病，就是心胸狭窄，遇事好怒，在生活中哪怕是为了一点点生活琐事也跟曹华耍脾气。一来脾气就满脸通红，说不出话，对曹华经常是举手就打，抬腿就踢。他不是不爱妻子，而就是有这个毛病，事后还常常向妻子承认错误，表示悔改，甚至是下跪求饶，过后还犯。曹华被打，觉得是不被尊重，被侮辱了，常常是气得直哭，跟他对打又打不过，再说也下不去手，因为两个人的感情还是不错的，所以她也没往离婚这个问题上想。怎么办呢？实在没有办法，他就是这么个驴脾气。

曹华有个姨娘居住在附近，曹华被打或者是闲暇时，经常到她姨家来坐。她的姨和姨夫年纪也逐渐大了，身边没有亲人，就把她当成自己的女儿看待。

有一天，她姨对曹华说："我和你姨夫年龄逐渐大了，经常丢三落四，记忆不好。有一次出门把开门的钥匙锁在家里，只好找修锁的人把门给打开，既花钱又耽误事。我们家有一把多余的备用钥匙，放在你家，你给保存，如果我们再把钥匙锁在家里，到你那里去取也方便。"就这样，她姨家的一把开房门钥匙由曹华给保存。

有一天，曹华的姨家买来一个新彩电，曹华很羡慕，问花了多少钱，在哪买的。她问得很详细，就想自己也去买一个这样的。她姨说："买后悔了，在商店里看的时候还觉得挺合适，可是拿到家，就显得这个电视大了。我们的屋子小,电视太大,晃眼睛,我们想去退货,营业员说电视没有毛病不给退。我们为了这台电视正上火呢!"曹华说:"这不挺好的吗!主要是你们不习惯,看习惯就好了。"

曹华想说,你们既然想退货,而我们还想买这样的电视,那就卖给我们吧。但又一考虑,这像跟姨夫家要电视一样,给他原价,他们可能不要,给少了吧,又像故意占便宜,所以到嘴边的话没说出来。

有一天,又是因为一件家庭琐事,曹华又被丈夫打了,气得嗷嗷叫,平静之后就想教训教训丈夫。怎么教训呢?跟他打,打不过;把他送进公安局,或者是告到法院,让法院判他一年半年的徒刑,又一想,像这样的小事,公安、法院都不会管。

这时她突然想起一个教训丈夫的方法:让丈夫去偷姨娘家的电视,然后以害怕姨夫家的人着急上火为理由,按照姨和姨夫的愿望,再给买一个小一点儿的送去,在价钱上自己虽然占便宜了一点,但在生活中经常往姨夫家买点东西,这样也可以把价格差补上来。这样做,既解决了自己家买彩电的问题,又解决了姨夫家嫌电视大可以换一个小一点的电视,同时还可以让丈夫蒋振川因为盗窃去蹲一年监狱。她认为,这是一箭三雕的好事,最好不过了。她想了再三,觉得可行,就去撺掇丈夫到姨娘家去偷这台彩电。

有一天,曹华心平气和地跟丈夫蒋振川说:"我姨家买了一台彩电,嫌这台彩电买大了,要把它给我们,他们准备另买一台小一点的。由于我日常对我姨和我姨夫照顾得挺周到,他们给我一台彩电也是对我的回报,我就接受了。我姨对我说:'我把咱家的钥匙给你,你丈夫有时间可以到咱家把台彩电拿走。因为我们常常出去溜达不在家,他来了,如果我们在家更好,如果我们不在家,他自己也能把这台彩电卸下来拿走。'"曹华说着,就拿出了她姨家的房门钥匙给蒋振川看。

蒋振川说:"我们去拿彩电,应该在他们家有人的时候拿,如果人家没人,咱去拿就像偷一样,不好这样做。"

曹华说:"我姨把钥匙给我了,让我们去拿,这还叫偷吗?再说,我姨和我姨夫都退休在家,一般会在家的,只有他们出去散步的时候,家里才没有人。我们去了,她们在家更好;不在家也不影响我们拿电视。"蒋振川信以为真。

曹华终于找到了姨娘和姨夫都不在家而蒋振川又有时间这样的机会,她对蒋振川说:"你今天有时间,就拿这把钥匙,骑摩托车到我姨家去把彩电取回来,他们家今天能有人。我在家里收拾收拾,你把电视拿回来我们就可以按上看电视了。"蒋振川毫无提防,上了圈套,也就去了。到了先敲门,没人给开,随后就拿出钥匙,打开房门,蒋振川非常从容地把这台彩电卸下来,用摩托车载回家。

晚上,曹华对蒋振川说:"我到我姨家去,告诉他们彩电已经被我们拿回来了。"由于曹华经常去,蒋振川也没往别的方面想。曹华去了,她的姨和姨夫都向她述说了彩电丢失的事。曹华说:"你们赶紧到派出所报案,偷东西的人都是恶习不改,偷了这家就会偷那家,一旦落网,你们的电视就可以追回来。"她姨和姨夫两个人到派出所报案,接待人员便将此事记录在案。

蒋振川陋习不改,又是因为家庭琐事,把妻子曹华打了两拳。曹华这回没有哭,立刻到派出所检举了他到她姨家盗窃彩电的盗窃行为。

经过她姨和她姨夫的辨认,摆在蒋振川家里的这台彩电正是他们家丢失的。他们不承认要把这台彩电给曹华的说法。曹华为了让蒋振川蹲监狱,想教训他,也不承认让丈夫去偷这台彩电。在确凿的证据面前,蒋振川被抓获归案。曹华认为,自己的安排天衣无缝,可是蒋振川不是傻子也不是哑巴,对这件事,他向公安机关如实说出了来龙去脉。公安机关经过核实,确认他的供述属实,又把曹华抓获,认为她是蒋振川盗窃犯罪行为的共犯。此案被起诉到法院后,法院经过审理认为,蒋振川和妻子曹华均构成盗窃罪,因为他们把彩电拿回家以后,据为己有,根据本案的实际情况,追究了他们的刑事责任,对这台彩电作退回处理。

曹华没想到,事情会这么严重。这时候她才明白:法律是个严肃问题,不能戏弄法律,拿法律开玩笑可不行。

人生感悟

世上有两件事不能拿来开玩笑:一是婚姻,二是法律。拿婚姻和法律开玩笑往往会弄假成真,尝到苦涩,遭遇不幸。

030　车祸之后

47岁的项忠凯住在南林子乡。他自己开办一个小工厂，业务多，工作忙，就在这个时候，他女儿患病住在县医院等他送钱呢。

那是冬季早晨5点40左右，天还没亮。项忠凯骑着摩托车到县医院给住院的女儿送钱。医院的病房，在早晨6点钟以后护士就要进房间去抽血、送药，患者在这个时候也就醒了。项忠凯想，要在6点钟以后把钱送到女儿手中，然后自己赶紧回来再忙小工厂里的工作。

在通往县医院的公路上，项忠凯骑着摩托车在向前飞奔。天有不测风云，人有旦夕祸福。突然间悲剧降临，他被迎面开来的一辆货车撞倒而碾压，倒在血泊中。当时天色微明，路人稀少。

大约过了十多分钟，一辆白色面包车从他身旁擦肩而过。又过了十多分钟，有一辆大客车路过肇事现场，发现路上人倒车翻，一人躺在血泊中，便减速慢行，绕道而去。

到了6点半钟左右，小董屯村的小卖店业主张华路过这里，正好与一位晨练的工人相遇，他俩看见有一台摩托车倒在路上，一个满脸血污的人躺在一旁，发出低微的呻吟声。由于他俩都没带手机，就到附近学校的值班室去，想用电话报警，可是学校值班室无人，他俩又返回现场。到现场时看见一个二十多岁的年轻男子正在翻动这个躺在地上的受伤者。张华问他："你是哪的？干什么的？"这个男子支支吾吾、吞吞吐吐也没说什么，骑上自行车溜了。原来是个借机打劫者，来翻动伤者身上的东西。

眼看这个受伤者奄奄一息，生命垂危，但还没死，尚有抢救价值，他俩就站在路旁，看见有车过来就急忙摆手，让车停下，想用汽车把这个伤者送到医院。拦了两辆都没拦住，也许司机不知道拦车是什么目的，毫不理睬。就在他俩正在路上拦截过往车辆的时候，伤者项忠凯的儿子项连和骑摩托车到县医院去路过这里，看见躺在血泊中的人竟是自己的爸爸，急得眼冒火星。想用摩托车载，不行，只好拦截过往车辆。他看见远处有汽车开来，就不要命地站到马路中央，张开双臂，大有"如不停车，就从我身上轧过去"的架势，他拦截了路经此地的一辆小型货车，他们几个人共同把伤者抬上车，送进县医院。

经抢救，项忠凯因失血过多，错过了抢救的最佳时期而死亡。噩耗传来，项忠凯的家人万分悲痛，就在他们含泪清点遗物时，发现死者身上带的5000元现金已被洗劫一空，不仅如此，死者身上还有许多单据、发票和存折等物品，也不翼而飞。

项连和知道，父亲是给住院的妹妹送医疗费的，身上除了有5000元医疗费以外，还会有一些零花钱，还有存折。他们处理完丧事，为了防止存款被人冒领，就赶紧抽出时间到附近的几处储蓄所去挂失。这时他们才知道，项忠凯存折上的4000元已被他人冒名领。这是谁干的呢？项连和把希望寄托到公安机关，他到公安派出所报案。

公安人员经过调查，了解到事情发展的经过：有一位七十多岁目不识丁的农民叫王贵生，他在发生车祸的那天上午，从远离交通肇事现场1公里以外的路边草丛里，捡到一个皮钱包，打开看了一下，里面一分钱也没有，只是一些票据和小本子，里面的存折他也不认识。由于钱包是皮的，可以用，他就把这个钱包给儿子王启龙，说："钱包里这些破纸没有用，这个钱包你可以用。"

王启龙打开钱包，他把那些对于他来说没有用处的票据、发票都撕了、扔了。里面有一张存折，户主的名字是项忠凯，他以项忠凯儿子的名义到储蓄所取出存折上的4000元。

公安人员纳闷，在案发后的当天上午，在离现场1公里以外的地方，怎么会发现项忠凯的钱包呢？是谁把它扔到这里的？经过进一步侦查，原来是一个叫于志良的年轻人扔的。

公安机关很快就掌握了大量证据，将于志良迅速抓捕归案。在确凿的证据面前，于志良交代了那天他趁火打劫的事实。在发生车祸的那天早晨，他骑自行车到县城办事，途中发现项忠凯躺在血泊中，摩托车摔倒在一旁，知道这个人是被过往的汽车撞倒碾压的。他当时以为这个人已经死亡，看看周围无人，就去翻这个人的衣兜。他从项忠凯的衣兜里掏出这个钱包，揣进自己衣兜。就在继续翻项忠凯其他衣兜时，张华和那个晨练的工人到学校去找电话回来，看见了他。他就没法再继续翻，骑上自行车离开现场。

这场车祸之后，那个肇事后驾车逃逸的司机被抓获归案，法院以交通肇事罪追究了他的刑事责任；假冒项忠凯儿子，取走项忠凯存折上钱款的王启龙，被法院认定犯了诈骗罪，追究了刑事责任；趁火打劫的于志良被法院认定犯了盗窃罪，被追究了刑事责任；参与营救的张华和那个晨练的工人，还有驾车将项忠凯送到医院抢救的司机，他们三人虽然拒收项忠凯家人给的酬金，表示不用感谢，但他们的行为被传为佳话。他们做了应该做的事，心里坦然。为人处世心里坦然、问心无愧的人则是幸福的人。

这起车祸反映出人们不同的表现：畏罪潜逃者有之；视而不见者有之；趁火打劫者有之；贪图不义之财者有之；愿意营救者有之；竭力抢救者有之。

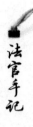

一件小事就像一滴水、一面镜子,照出人的各种面目,可以清楚地看出人们不同的道德品质、法制观念。

　　法制观念强,遇事守法,幸福安康;法制观念弱,违反法纪,必然遭殃。

031　第三者

第三者缺乏道德，千夫所指，万人怒目，被人责骂，是因为他会使他人的家庭破裂，给他人造成婚姻悲剧。对这一点，27岁的金永民完全懂得，不仅如此，他还知道"奸情出人命"这样的古训。

然而，聪明一世的人也会糊涂一时。金永民身边有个貌美的女人侯桂兰使他晕头转向，头脑发昏。他知道，貌美的侯桂兰跟刘国文恋爱了很长时间，但一直没结婚。既然没结婚，也就不是夫妻关系。现在刘国文被法院判处四年有期徒刑，进监狱了。他认为，他们已经不可能建立婚姻关系了。

其实，金永民并不知道侯桂兰跟刘国文深层次的关系。他俩已经恋爱了五年，感情深厚，而且已经办理了结婚登记手续，是夫妻关系，仅仅是没举行结婚仪式。刘国文因为缺少资金筹办结婚仪式，这才在举行结婚仪式之前入室行窃，被公安机关抓获。人民法院认定他犯盗窃罪，根据盗窃的数额和情节判处他有期徒刑四年，将其投入监狱劳动改造。

侯桂兰挺漂亮，像馋猫一样的金永民被她的美貌撩动得心神不定，坐卧不安。金永民一有机会就向侯桂兰靠近，至于能不能成为夫妻，那就看天意了。如果"苍天"安排他跟侯桂兰成为夫妻，那就谢天谢地，顺其自然。而侯桂兰呢，仅仅是因为刘国文进监狱了，自己失去恋人相伴，感到孤独、寂寞，对金永民的靠近也不拒绝，并且很快就超出一般同事关系。她没有跟金永民结为夫妻的打算，也没把跟刘国文已经结婚登记的事告诉给他。这两个人尽管各有各的目的，但都愿意经常接触，保持联系，这使金永民产生了误解，认为两个人是在恋爱，并且有恋爱成功结为夫妻的可能。

他俩经常接触，时间长了，就有做那种事情的机会。金永民首先提出这个要求，而侯桂兰由于跟刘国文恋爱期间有过性关系，对男女关系问题也就不再看得那么重，两人又有了性关系。侯桂兰由于没有跟他结为夫妻的打算，使得他俩的关系是一种说不清、道不明的是恋爱非恋爱、是朋友非朋友的亲密关系。

刘国文在监狱服刑四年，刑满释放回来了，他找到侯桂兰。侯桂兰知道自己跟刘国文已经办理了结婚登记手续，是合法夫妻；另外，刘国文进监狱是为了筹集结婚所用的钱款，为了他俩婚后的生活，对他的犯罪予以原谅；再说，她跟刘国文恋爱时间比较长，感情没破裂，她在内心仍然爱着刘国文，于是就毫不犹豫地告诉金永民，她要跟刘国文结婚。金永民也算聪明，不再纠缠，俩人就断了关系，不再往来。

世上没有不透风的墙。刘国文知道了他在蹲监狱期间，金永民与侯桂兰来往密切。事情就是这样，无巧不成书。偏偏遇到刘国文是个小肚鸡肠子的人，心胸狭窄。他认为，他跟侯桂兰恋爱期间，提出要发生性行为，侯桂兰非常痛快地同意了。他以此断定：侯桂兰是个视性行为如儿戏的放荡女人，在他蹲监狱的四年里，一定会跟金永民有性行为。刘国文认为，自己跟侯桂兰已经办理了结婚登记手续，侯桂兰是自己的妻子。你金永民跟我妻子发生性行为，就是欺负我、侮辱我，他每逢想到这个问题就感到窝火憋气。

有一天他问侯桂兰："在我蹲监狱期间，你跟金永民是什么关系？"做过亏心事的侯桂兰脸红了，眼睛不敢正视刘国文，说话也吞吞吐吐。刘国文准确地断定：侯桂兰跟金永民一定有性行为，妻子被人污染了。他直截了当地跟侯桂兰说："我不在家，不管你干什么，我都会原谅你。因为你已经等我四年，现在我回来了，你又毫不犹豫地马上来到我身边。但是，你身子回到我身边还是一颗心回到我身边，这要看你的实际行动。我准备要报复金永民，你是站在我一边呢还是站在他一边？"

侯桂兰说："没有必要报复他。我们两个人好好过日子，永不离开这多好！"

刘国文说："你是不是想保护他？是不是他在你的心目中阴魂不散？"

侯桂兰说："不是那个意思。你要不信，不管你怎样报复他、打他，甚至把他杀了，我都会坚定不移地站在你这一边，保护你。我等你四年，一直等到你回来跟你结婚，这足以说明在我的心目中只有你一个人，没有第二个。"刘国文不再跟她争论这个问题。

有一天，刘国文邀请金永民到家里来做客，要跟他饮几杯酒，怕他不来还明确告诉说，有点事跟他说一说。金永民吓坏了，觉得这是不是鸿门宴？自己去还是不去呢？他想了许多，最后还是决定去。因为他跟侯桂兰虽然有过来往，但发生性行为的事谁也不知道，侯桂兰也不是傻子，不能告诉他。再说，如果不去，证明自己有鬼，他要报复自己，早晚会付诸行动，后果反而会更加糟糕。

这一天，刘国文买来了一些熟食和酒，在家里摆上了宴席，金永民应邀来了，侯桂兰也来了，三个人坐在一起饮酒、吃肉。刘国文说："我进去这四年才体会到人生如梦，人的一生转眼就会过去。以前我和侯桂兰恋爱，在我进去这几年，侯桂兰虽然不是跟你恋爱，但处得也不错，上帝让我们三个人成为好朋友，我们只好听从上帝安排。今天我们就痛痛快快饮一场,是我出狱后新生活的开始。以后我跟侯桂兰结婚,咱俩也得当好朋友相处。"

金永民不知道这是什么意思,也不敢说更多的话,只是挑些不疼不痒的话跟他唠。三个人吃啊、喝啊,刘国文看看都喝得差不多了,就说要上趟厕所,从厨房拿来一把事先准备好的铁锤,趁金永民不注意,朝他头上猛砸,一锤子下去,金永民只有挣扎的动作,没有说话的声音。侯桂兰知道今天他要报复金永民,认为他可能是要骂、要打,没想到他会往死里打,吓得惊慌失措,目瞪口呆。

刘国文把铁锤交给侯桂兰,说:"来!你也得砸几下。"侯桂兰吓得不知所措,不言语,不动弹。刘国文说:"今天这事儿是你引起的,我把他打死了,你也别去举报,别装好人,出了事儿谁也跑不了,都得去蹲监狱。"

侯桂兰这才明白他把锤子交给自己,让自己打几下的目的,也就拿过锤子,照金永民的身上打了两下。刘国文又从她手中拿过锤子,照金永民的头上继续砸,见他确实死了这才住手。

一个人遇到不幸,往往与个人的某些失误有关。金永民有哪些失误呢?至少有以下两点:一是在跟侯桂兰恋爱之前,应该知道她是否跟刘国文解除了恋爱关系,甚至还应该知道她是否还跟别人恋爱。身陷三角恋爱、多角恋爱之中是很危险的。金永民在不了解人家是否解除恋爱关系、不知道人家是否办理了结婚登记手续,就草率地跟侯桂兰恋爱,跟她发生性行为,从而引发不良后果,这不能不说他有失误。二是刘国文请他去饮酒,在不知道对方目的的情况下,欣然接受,贸然前往,无异于自取灭亡。

人们常说,"可怜之人必有可恨之处"。金永民遭遇杀身之祸,在很大程度上应该说是他自作自受。尽管刘国文和侯桂兰都因为犯了故意杀人罪受到法律制裁,但金永民失去了的宝贵生命是无法挽回的。

  可怜之人必有可恨之处!金永民的可恨之处是:在跟侯桂兰恋爱之前,应该弄清楚她是否与他人解除了恋爱关系。插足于三角恋爱、多角恋爱是危险的。

032 荒唐婚姻

许多人在婚后的争争吵吵中生活,在分居和离婚中斗气,这些司空见惯的现象吓坏了不少人。有些大龄的剩男、剩女不是不想结婚,而是被他人的婚姻问题吓破了胆。他们决定:如果找不到与自己相匹配的人,宁可一辈子不娶、不嫁,即使生活孤单、寂寞,也不愿意在争吵、怄气、吵架甚至是打闹中度日。

这里讲一桩荒唐婚姻,事实再一次告诉人们:婚姻可不是儿戏,如果不慎重处理,不仅自己痛苦,还会连累家人。对这桩荒唐婚姻我们从头说起。

陆文贵是龙王庙村的农民,45岁,一家三口,他和妻子还有一个19岁的女儿。一天上午,他家来了一个客人,这个人是谁呢?是他的堂弟陆文志。陆文志从部队复员回家,多年没与哥哥见面,今天是特意来看望哥哥的。

多年不见的堂弟陆文志长高了,身体健壮了,原来是个农民,现在成了复员兵,将来工作也会很好找,前途无量。当哥哥的陆文贵非常高兴,热情款待。有邻居来了,陆文贵就自豪地介绍说:"这是我的叔伯弟弟。"由于陆文贵一家热情招待,陆文志在这里一连住了四天才走。

陆文贵的女儿叫陆萍,虽然比陆文志小了许多,但也算是同龄人。他们多年未见,这一回在一起生活了四天,一个未婚的大小伙子和一个未婚的大姑娘接触多了,便产生了一种微妙的感情。陆文志临走那天，一步三回头地看着陆萍，陆萍虽然没有言语，但她那颗少女的心却怦然而动。

陆文志父母双亡，他又没结婚，从部队复员回来没有家，无处可去，就临时住在姐姐家。姐姐家还有姐夫和一个9岁的孩子。这个孩子正在上小学，每天放学都在家写作业，一家人各有各的工作，都比较忙。陆文志在这儿住了四个月，他决定要报考音乐学院，要复习功课。在姐姐家复习怕影响她家孩子的学习，就想去哥哥陆文贵家。陆文志认为，以前自己在那住时，陆文贵一家都很热情，这回为了复习功课，到他们那里住一段时间，陆文贵家不会不同意。

对陆文志的到来，陆文贵一家果然很热情。陆文贵还特意腾出西屋做书房，专门给他复习功课用。

陆文志与陆萍两个年轻人终于有了朝夕相处的机会。他俩很少在一起热情说话，只是用双眼传情递意，俩人内心都不断闪烁着两性互相吸引的火花。与此同时，这两个年轻人心里都蒙上了一片阴云，这就是：虽然相爱，但毕竟是叔侄关系，家里知道了，这可不得了；村里人知道了，会骂他们大逆不道。

陆文志到这里来可不是住一天、两天就走，而农村跟城里又不一样。在农村，谁家来了客人，或者来了陌生人了，左右邻居都知道。陆文志是个大小伙子，住在一个有大姑娘的家庭里，时间一长，闲话四起，接着就传出了风言风语。有与陆文贵关系好的就跟陆文贵直说："你们当父母的也太糊涂了，怎么能留一个大小伙子在家住呢！你们不知道家里有个大姑娘吗！"这时候，陆文贵才开始注意这两个年轻人的表现。他真的发现这两个人眉来眼去，捅捅咕咕。

这种现象，陆文贵感到比用刀子捅他还难受。他改变了面孔，对陆文志不再是喜笑颜开，而是怒目而视；对女儿陆萍斥责埋怨声不断，甚至骂出从来没骂过的难听话。

陆文志看出来了，不愿走，后来是被撵走的。这两个年轻人被拆散，但他俩已经结下的情感却藕断丝连。

有一天陆文志跟陆萍走到一起，陆文志对她说："只要你真心跟我好，我保你一辈子幸福快乐。天下这么大，这里容不下我们，我们可以远走高飞，到外边活出个样来，让你的父母看一看，让村里的人看一看。"幼稚的陆萍被他的话语所感动，连连点头。他们定下了日期，随后俩人离家私奔。

他们是叔侄关系。根据我国《婚姻法》第7条第1项的明确规定，直系血亲和三代以内的旁系血亲禁止结婚。他俩如果结婚，将是非法婚姻，无法办理结婚登记手续。另外，他们互不了解，这样的结合为以后发生悲剧埋下了种子。

私奔不是犯罪潜逃，所以不管到哪儿求生、打工、劳动，公安机关不会抓他们。

他俩找个地方住下来。过了一段时间，陆文志的新鲜感没有了，倒是觉得很厌烦。他开始后悔：人为什么要结婚？为什么要用家庭这个牢笼来束缚自己呢？

陆文志的变化陆萍感受到了。他不像以前那样对待自己，用冷若冰霜代替了温情脉脉。他身上的许多缺点也毫不掩饰地表现出来：频繁吸烟、过度饮酒、追求享乐……陆文志一不高兴就发脾气，甚至骂人、打人。陆萍成了他的廉价玩物与女奴。陆萍以为，也许是因为他没找到合适工作，心情烦躁，便仍然笑脸相陪，希望以女人的温柔换取他的真爱。然而陆萍错了，她没想到，温顺的体贴不但没换到真爱，换到的是陆文志的胆大妄为，无所顾忌。

有人说，有些男人怕老婆，为什么？就是因为有些女人刁横霸道，胡搅蛮缠，实在惹不起。其实这不全对，在生活中人们看到，有些男人如果没有气势强劲的聪明妻子来管束，就会无法无天，胆大妄为，无恶不作。

陆萍的宽容忍让被陆文志认为是软弱可欺。他根本没把陆萍看在眼里，竟然跟一个16岁的少女勾搭上了。在陆萍怀孕一个多月的时候，这个16岁的少女也腆着个怀孕六个月的肚子，由她母亲领着闯进陆文志家，又哭又闹，又骂又砸，表示不给5000元流产费决不罢休。陆萍为了息事宁人，只好把平日节衣缩食节省的全部钱款4200元交给人家。

陆文志根本不和陆萍好好过日子，在他眼里，婚姻、爱情只不过是逢场作戏，仅仅是满足性欲的一种方式。他在跟陆萍过日子的同时，还跟不少女人有不正当的来往，干着寻花问柳的肮脏勾当。

挣得少，花得多，这日子没法过了。他们的儿子在三岁时被送给他人收养。他俩逐渐认识到，婚姻不合法，无法登记，又没有住处，生个孩子连户口都没地方落，这日子不能再继续下去了，怎么办呢，还得回去。陆文志没有家，只能回到陆萍家。陆萍跟他说："咱俩是私奔，跟父母不辞而别。我妈还好说，我爸脾气暴躁，我们突然回去怕他不接纳。你先到你姐姐家住几天，我自己回家，等我把父亲的工作做好了，你再来。"

陆文志说："不管做好做不好，我们没地方去，只能到你们家。我们住在你们家，你的父母老了由我们赡养。"

陆萍说："你要赡养他们这很好，就怕我父母不用你赡养。我父亲脾气暴躁，你还是先到你姐姐家，不要跟我父亲硬碰硬。"

陆文志坚持说："他接纳也得接纳，不接纳也得接纳。我们得有一个安定的家,不能再四处漂泊了。"

不怕问题复杂,就怕头脑简单。陆萍犟不过他,只好跟他一起回到家。果不其然,不出所料,陆文贵看见这两人回来了,怒目圆睁,首先冲陆文志吼起来:"你把我女儿拐走了,你怎好意思又回到我家!"说着又去打陆萍,并说:"你把爹妈扔了,不顾我们死活,你给我滚!"

刚开始时陆文志还认错服软,后来听见陆文贵说,"你把我们家当牲口圈了,说来就来,说走就走",又看见陆文贵打他的女儿陆萍,就跟陆文贵对打起来。

两个大男人打起来,这可把陆萍和她母亲吓坏了。陆萍抱住陆文志不放,害怕把她爸给打了,这才使陆文贵脱开身去取打人的东西。陆萍的母亲上来打陆文志。就在这个时候,陆文贵取来一把斧子,朝陆文志的后脑就狠狠地砍一下,只一下就把陆文志砍得满头是血,栽倒在地。陆文贵仍然怒气未消,就用这把斧子往陆文志的头上猛砍,具体情景就不必说了,可想而知,太恐怖。这一家三口见陆文志死在血泊中,知道把事儿弄大了,不好收场。陆文贵说:"一人做事一人担。"说完就到村委会去找治保主任自首。

根据1998年5月9日《最高人民法院关于处理自首和立功具体应用法律若干问题的解释》第1条的规定,向农村的基层组织或者其他有关负责人员投案的,也属于自动投案。陆文贵具备了法律从轻处罚的情节。他故意杀人没被判处死刑,但还是被送进了监狱。家里只剩下妻子和女儿两个女人,可想而知,这样的日子还怎么过!

喜不狂言,怒不违法。

033　解除婚约

春天到了，遍地草长，满山花开，山鸟在绿树枝间飞来穿去，欢快鸣叫。

12岁的高革和10岁的邱雷是邻居，上学和放学一块儿走，回家后又一起玩儿。星期天，他俩在家玩了一会儿，不知是谁先提出来的，要到山上捉山雀儿。高革拿个弹弓，邱雷拿个铁网夹子，他俩来到山上。

山上有许多果树。他俩来到李子树园，有一只小山雀在一棵李子树上蹦蹦跳跳，唧唧喳喳，逗人喜爱。高革要用弹弓打，邱雷说："别，你打不着。用弹弓一射，这鸟儿就飞了。我下上铁网夹子，咱俩慢慢赶。"说完就往李子树跟前走。到跟前，转过身，想找个适当位置放铁网夹子。李子树开着白花，花朵很密，这只小山鸟并没看见他，仍在枝杈间上蹿下跳。

高革怕邱雷惊飞这只小山雀，小声对他说："你快躲开，这只小鸟马上就要飞了。"他不管邱雷听见没听见，说完就拉起弹弓，一弹弓打下去，鸟飞了，邱雷"妈呀"一声，扔了铁网夹子用手捂住右眼，鲜血立刻从他的右手指间淌出，流了满脸。出现这种情况高革吓坏了，不知如何是好。他俩扔了弹弓和铁网夹子就往家跑。

邱雷被送到医院，尽管去得及时，但他的右眼球已经破碎，无法复明，只能摘除，10岁的邱雷成了残疾人。两家关系平时和睦，也都非常通情达理。高革家虽然一贫如洗，家徒四壁，但求亲告友，四处借债，承担了全部医疗费。对医疗费用问题，两家没有任何争执。邱家也知道，孩子的眼睛被打伤，不是高家故意的，予以宽容，没有过多责备。但邱雷的妈妈总叨念："这孩子长大了算是娶不上媳妇了。"

高革的父母听了，感到过意不去。将人心比己心，自己的孩子惹了祸，使人家孩子成了残疾人，不要说将来娶媳妇有困难，就是以后读书、劳动、生活，其困难也是可想而知。如果拿钱把这个孩子养起来，养他一辈子，这怎能养得起呢？虽然是邱家的孩子眼睛瞎了一只，但高革父母的心比邱雷父母更不好受。邱家这样的困难实在没法帮助解决。

邱、高两家是邻居。高革的父母天天都能看见邱雷一只眼睛瞎了，背个书包上学、放学，确实可怜。想到他将来娶媳妇会有困难，很同情。高革有个妹妹叫高红，当年也是10岁，跟邱雷同岁。高革的父母由于心里不安，总觉得愧对邱家，就作出这样的决定：求人给从中撮合，让高红将来给邱雷做媳妇，这也算是对邱家的一些补偿。

由于两家平素关系好，都认为对方的家庭比较理想，家风正，人员好。这事儿是高家主动提出的，请人从中撮合，邱家当然求之不得。高红年纪小，不需要征求她的意见，她的父母完全可以做主，这门婚事就敲定了。按照当地农村习俗，邱家向高家送了聘礼，虽然聘礼微薄，但这个程序还是走了，另外，还举行了由双方亲友参加的隆重的订婚仪式。这两个懵懵懂懂的孩子，在双方父母的怂恿下，还羞涩地亲吻了一下，从此订下了他们的婚姻大事。

时光荏苒，岁月如梭，弹指间10年过去了，高红由一个10岁的毛孩子长成20岁的美妙女子。她如花似玉，花枝招展，上门提亲的络绎不绝，不计其数，她父母均婉言谢绝。

女大十八变，越变越好看。高红的美丽漂亮，引起本村小伙子谭振宇的注意，随后他俩相爱了。

高红既然爱上了谭振宇，便开始逐渐冷落邱雷，逐渐不与邱家来往。终于有一天，高红的父母发现了她与谭振宇的关系，便对高红横加指责，说："我们可不能拿婚姻当儿戏，不能愧对邱家。"

高红说："我的婚姻我做主，我不能拿我的婚姻来补偿哥哥对邱雷的伤害。"高红的父母对她先是说劝，发现毫无效果，就逼她与邱雷尽快完婚。高红不同意，她的父母便与邱家给订下了结婚日期，让她跟邱雷尽快结婚。高红和谭振宇这两个年轻人不知如何是好，愁坏了。

高红眼看父母给定的结婚日子越来越近，她跟谭振宇的爱情之火即将被浇灭，自己选定的婚姻将被拆散，很痛苦。她急忙找谭振宇商量对策，寻找办法。

高红跟邱雷幼小时订下了娃娃亲，全村都知道。谭振宇的父母当然也知道，他们坚决反对谭振宇与高红的婚事。他父亲对谭振宇说："我们可不能干那种缺德的事。人家高红已经跟邱雷订婚了，咱不能拆散人家的姻缘。天下姑娘多得很，咱不能跟人家的媳妇结婚。"

两人相爱，遭到各自父母的反对，这是很麻烦的。高红跟邱雷结婚的日子越来越近，在情急之下，这两个人选择了挥泪告别双方父母，结伴私奔的办法。

他俩私奔后，没有固定去处，到处漂泊，四处流浪，尽管可以找到临时工作维持生活，但他们都想念自己的父母，又害怕他们担心、挂念，就想回家。可是又觉得一旦回去，他们相爱受阻，婚姻可能被拆散。他们在走投无路的时候，想到应该用法律维护自己的合法权益。

他们到律师事务所咨询法律，买书学习法律，知道了怎样依法维护自己的合法权益。高红写了起诉状，向人民法院提起"婚姻自主权纠纷"的民事诉讼，请求法院允许她退回邱家的订婚聘礼，解除她与邱雷的订婚协议，请求法律保护她婚姻自由。

法院受理后，对高红与邱雷的婚姻问题进行了调解。邱雷善解人意，知道自己是个残疾人，高红另爱他人，在这种情况下，依靠幼小时订的娃娃亲跟她结婚对她不公平。双方很顺利达成了调解协议，即：高红退给邱雷全部订婚聘礼，解除订婚协议。邱雷通情达理，谢绝了高红提出的要再给一些钱款来赔偿邱雷右眼受伤所造成的困难的好意。

高红与邱雷在法院主持下经过调解，双方自愿解除婚约。

千种纠纷，万种恩怨，解决不了，去找法院。

034　金银首饰

郭玉杰 31 岁，儿子 6 岁，丈夫开设一个公司，效益很好。一家三口生活很富裕。

有钱了怎么花，各人有各人的打算，各人有各人的理财方法。郭玉杰买了一些金银首饰把自己打扮起来。脖子上的大项链很粗，项链坠很大，手指上带着一金一银两个戒指，她的两个耳锭也很奇特。可以说，她浑身披金挂银。丈夫对她说："你不要这样，咱钱花不了，可以存到银行，拿利息，比你把这么多的金银首饰挂在身上好。你这样做，不但没有好处，还容易引起麻烦。"

郭玉杰说："哪个女人不喜欢这些！现在人们都有钱，谁家的钱多证明这家人有能力，有水平。再说，人们都说，黄金辟邪，把金银首饰带在身上百鬼退位，百病不侵。"丈夫说的话她不听，丈夫怕她不高兴只好听之任之。

郭玉杰住在三楼，28 岁的未婚小伙儿唐凯跟她住在同一个楼层。夏天，郭玉杰佩戴的项链、手镯、金戒指等金银首饰全能看清。唐凯给她算了一下，这些足足能值两三万元。唐凯正在筹备结婚，看到这么多贵重东西便垂涎欲滴。

唐凯先是羡慕，时间长了，就想怎样才能把这些东西弄到手。有一天，他推开房门往出走，看见郭玉杰站在她家门口用钥匙开门，准备进屋，带在她脖子上的金项链闪闪发光。唐凯蠢蠢欲动，想抢下就跑，但觉得这样太笨，由于互相认识，跑得了今天跑不了明天。他开始考虑怎么才能把这些东西弄到手。

唐凯开始注意观察郭玉杰家中人口状况和活动规律，他了解到：郭玉杰正常上班，每天下午五点下班后把儿子从幼儿园接回来，而她丈夫，几乎每天都是在晚上8点以后才回来。唐凯掌握了这些情况以后就开始想办法，准备选择适当时机下手。

一个秋天的晚上，外边下着小雨，行人很少，唐凯认为这天是下手的好机会。他看见郭玉杰把孩子接回来，进屋了，他就带上他事先准备的一把匕首去敲郭玉杰家的门。门开了，郭玉杰穿一双拖鞋站在门口问："有什么事？"

唐凯说："你家大哥没回来吗？"郭玉杰说："他得等一会儿才能回来，你有什么事吗？"唐凯说："白天有人给你家送来一点东西，因为你家没人，东西放在我家了，你过来取吧。"

郭玉杰信以为真，穿一双拖鞋，门也没关，就跟他过来了。郭玉杰一进门，唐凯掏出匕首就往她的后腰猛捅一下。郭玉杰刚要喊，唐凯就掐她脖子，活活给掐死。由于他们家的门和郭玉杰家的门都没关死，郭玉杰六岁的儿子过来找他妈。唐凯一看，这孩子已经看见他妈躺在地上，为了杀人灭口，唐凯把房门关上，把孩子领到炉台旁。这孩子小，不知道喊人。当时炉台上有一盆水，唐凯就临时起意，把这孩子的头硬摁到水里给灌死了。郭玉杰原来以为，身上带了这么多金银首饰一定能辟邪，没想到，这个邪不但没辟了，反而使自己遭到杀身之祸，还累及孩子。

唐凯知道他家虽然没有人来，但郭玉杰家的房门没关，这容易引起别人怀疑，就到郭玉杰家去给关上。走到她家门口，又临时起意，感到时间还早，郭玉杰的丈夫不可能马上回来，就在他们家翻钱。别的东西他没拿，只是从他们家的书桌抽屉里拿了一千多元，然后把门给锁上离开她家。

唐凯回来后，摘下郭玉杰身上的所有金银首饰，然后处理这两具尸体。郭玉杰瘦小，身体不大，他用一个大编织袋装好，把她的孩子也用一个编织袋装起来，先后把这两具尸体扛出去，扔进附近一个脏水井里，然后盖上马葫芦盖。他回家后，擦洗了现场，屋里凡是有血迹的地方都擦洗干净，不留痕迹。唐凯认为，这件事自己干得干净利索，没留任何蛛丝马迹，也没被他人发现破绽，他很得意，认为郭玉杰这些金银首饰能卖两三万元，他发财了。

到了晚上九点多钟，郭玉杰的丈夫回来了，掏出钥匙打开家门，屋里的灯亮着，但屋内没有任何声音。他以为妻子和孩子可能睡了，忘了关灯，走到床前却不见妻子和孩子。床上整齐的被褥说明，妻子和孩子不曾睡觉就出了门。这两个人到哪里去了呢？他在屋里找了一下，发现妻子平时穿的衣服和鞋都在屋里，却不见妻子穿的睡衣和拖鞋。再仔细查看，见孩子白天穿的鞋也没穿，也是穿着拖鞋出去的。室外还下着小雨，这两个人能到哪里去呢。他没想到妻子和孩子被害。他给妻子可能去的亲戚家去了电话，人家都说他们没来。到了第二天妻子应该上班的时候，他又往妻子的单位去电话，接电话的人告诉说：郭玉杰从昨天晚上下班后回家再就一直没来上班。这时他才向公安机关报案。

训练有素的刑侦人员，根据郭玉杰和她孩子都穿着拖鞋离开家门，而且郭玉杰还穿着睡衣，以此判断这两人并没走远。于是就在附近寻找。很快，公安人员在下水井里找到了郭玉杰和她儿子的尸体，随后，案件很快被侦破。

唐凯虽然没逃脱法律制裁，但郭玉杰因为身上佩带的金银首饰过于裸露而遭遇的杀身之祸实在令人警醒。

有钱不露白，露白遭祸灾。

看守所正门

035　前隙难和

隋清跟许梅是妯娌关系，她们俩的丈夫是亲兄弟。她们的公公、婆婆独自生活，后来公公去世，婆婆到二儿子家跟许梅生活。当时约定，婆婆的所有房产、家产统统归许梅家所有，许梅一家负责对她赡养和送终，大儿子隋清一家不承担任何赡养义务，也不继承任何财产。逢年过节来看望老人，另当别论，不属于赡养。由于约定明确，在经济上没有纷争，两家相处很好。

后来婆婆去世了，隋清跟许梅发生了争吵、对骂，闹得乌烟瘴气。因为什么呢？都是钱财惹的祸。

老太太去世时，街坊邻居和亲戚朋友来了不少，大家参加吊唁，跟老太太送别，并安抚老太太的家人。这一来，许梅家收到他们送来的一些钱财，尽管支付一些丧葬费、招待费，但还剩许多。对这笔钱如何处理，由于事先没有约定，隋清跟许梅便发生争执。

大儿子媳妇隋清说："接到这么多钱，在扣除丧葬费、招待费等花销以后，剩下的应该两个儿子平分。"二儿子媳妇许梅说："当初我们也没说这笔钱还有你们家一份，现在要分钱没有根据。另外，亲戚、朋友、邻居送来的这些钱，除了支付招待费、丧葬费等一些费用以外，虽然还有剩余，但这属于彼此之间礼尚往来的钱，以后人家有红白喜事我们也得去还礼。老太太去世我们收的钱多，也说明我们欠下的人情多，将来我们得用这笔钱还人情。"

隋清说："老太太的亲属也是我们的亲属；老太太的邻居也是我

们的邻居，因为咱两家住的距离不远；这些人家里有红白喜事需要赶礼，我们也得去。所以老太太去世接的这些钱，二儿子一家独吞没有道理。"

老太太去世到底接多少钱呢？拿出往来记账本，两家算了一下，支出所有的招待费、丧葬费等花销以外，还剩14600元，对这笔钱如何处理，隋清跟许梅意见不同，互不相让。相处很好的妯娌两个人在这笔钱财面前撕破脸皮，先是争吵，随后对骂。

相骂无好口，相打无好手。骂人，要找那些最能刺痛对方的话来骂。什么"破鞋"、"养汉"等最难听的字眼，她俩都用上了，但没起作用。因为她们知道，你说我作风不正，我不一定就不正，那仅仅是骂一骂而已。他们住的那个地方是农村，对生儿育女虽然都认为是养儿防老，但他们跟城里人不一样。城里不少人认为，年老了，需要照顾，无非就是洗衣服做饭，而这些家务活儿用自己的女儿比用儿媳妇方便，所以不少城里人希望有一个女儿。他们那个地方不同，那地方重男轻女。隋清结婚多年，一直没有孩子，她正为这事儿抬不起头呢，而许梅生了个双胞胎，两个孩子都是男孩儿。许梅就得意地骂隋清："怪不得你没有后人，就是因为你浑不讲理，必然遭到天老爷的报应，你就是那绝后命，你就绝后去吧！"

两个泼妇对骂，就像公鸡斗架，尽管周围不少人给劝架、拉架，但根本拉不开。在许梅骂隋清"绝后"这样的话以后，隋清被刺痛了，一下子蔫下来，无话可说。别人很快就给拉开。这场争吵就此罢休。

随着日月的转换，时光的冲刷，不愉快的阴影逐渐消失。隋清跟许梅毕竟是妯娌关系，她俩的丈夫毕竟是亲兄弟，在他们之间，不存在深仇大恨，他们的关系又很快恢复起来，两家相距不远，又恢复了以往的走动。

过了两年，隋清终于生孩子了，生了一个女儿。隋清在"坐月子"期间，待在家里，无事可做，就胡思乱想。谁能想到，她竟鬼使神差地想到两年前许梅骂她"绝后"的话。真是前隙难和，遇到适当机会就会"旧病复发"。隋清在家"坐月子"期间，许梅给送来了鸡蛋，隋清竟认为这是在讽刺她，在继续骂她"绝后"。

扁担断了，虽然可以接上，但不如不断的好；镜子碎了，虽然可以破镜重圆，但不如不碎的好；人们之间发生过纷争，虽然可以通过后来的努力重新和好，但不如不闹纷争好。对问题有不同看法，虽然可以谈，甚至是争辩，但要磨而不裂。争吵、对骂，这是蠢妇的行径，聪明人没有这么干的。

隋清认为，自己没生男孩儿而生女孩儿，就是许梅给骂的，是骂她的话得到了应验。她越想越气愤，不由得怒从心起。她当即下了决心，决不能让许梅继续耻笑自己，要让她的两个儿子去见阎王，让她同样"绝后"。这个念头真是够狠毒的。

隋清满月后恢复了健康，就寻机想害死许梅的两个儿子。

隋清家与许梅家相距不远，许梅家人员的活动规律，隋清掌握得一清二楚。那是一个夏季的午后，隋清拿着一瓶甲胺磷农药来到许梅家，看见许梅两个小儿子已经放学回家，都在埋头写作业，就趁他俩不注意，把手里的农药倒进放在锅台上一盆疙瘩汤里，然后用勺子搅拌。她给每个孩子盛一碗，然后对他俩说："你们两个人如果饿了，这有疙瘩汤，一人吃一碗。"小孩子饿了，吃起饭来不知香臭，狼吞虎咽地把疙瘩汤吃完。隋清亲眼看见这两个孩子把伴有农药的疙瘩汤吃了，这才得意地回家。

许梅跟丈夫干完活儿从地里回来，正赶上两个孩子药性发作，他

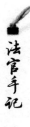

俩面色苍白，冒汗腹疼，呕吐昏迷。许梅夫妻二人不知是怎么回事，反正认为这两个孩子已经得了重病，马上用车把他俩送到医院，经过确诊，是农药中毒，然后就立刻打针、洗胃，进行抢救。幸亏抢救及时，这两个孩子都活过来了。

既然没死，就能说话。这才得知他俩吃了隋清给盛的疙瘩汤。对盆里剩余疙瘩汤进行化验，结论是疙瘩汤里有甲胺磷农药，这是一起刑事案件。

人民法院经过开庭审理，在确凿的证据面前，隋清供认了犯罪事实和犯罪动机。法院以故意杀人罪，追究了她的刑事责任。

犯罪并非一时冲动，法制观念决定行动。如果法律意识薄弱，违法犯罪随时可能。

036　姐弟离婚

沈玉慧23岁那年,由于婆媳不和,离婚了。过了二年,沈玉慧经人介绍,嫁给一个比她大六岁的再婚男子孙威。孙威由于与前妻离婚,房子和孩子都归前妻,他净身出户,倒插门来到沈玉慧家。在沈玉慧家两个人共同生活了四个月,他告诉沈玉慧说:"我出去打工,给你挣钱去。"然后离家而去,连续三年半杳无音信,既不往家邮钱、邮信,也不往家打电话,这个人宛如人间蒸发了一样。

沈玉慧姐弟两个,弟弟沈建勇结婚后盖了新房,自立门户。沈玉慧跟父亲、母亲在一起生活。随着时光的推移,沈玉慧到了30岁,丈夫孙威却一直不回来。弟弟对沈玉慧说:"我姐夫可能在外边另安家了,他不往家邮钱、邮信不说,连个电话也不打,他现在在哪儿,是死是活都不知道,你没有必要再等他了,有合适的另找一个安个家吧。"

沈玉慧说:"我跟孙威的婚姻关系没解除,再结婚属于重婚,重婚是犯罪的,这事儿我可不敢干。"弟弟沈建勇听后无语,也觉得确实没有办法。

又过了些日子,沈建勇听说有人给姐姐介绍对象,就对姐姐说:"你跟咱爸妈在一起生活,父母有人照顾,这我很放心,但你这么生活,年龄越来越大,这也不是长久之计。"

沈玉慧说:"现在就是找不到孙威,如果能找到,我就向法院起诉跟他离婚。我不知道他的下落,向法院起诉,法院也不能管。其实我跟她离婚也容易，也没有房屋分割和小孩抚养等问题，只要他到场，这个事儿就好办了。"

又过了一段时间，沈建勇对姐姐沈玉慧说："姐夫孙威快到四年没有音信，我看你没有必要再等他了，干脆就向法院起诉跟他离婚。法院如果来通知，让孙威去，我就假冒他，到法庭上走个过场，演场戏，男女双方都同意离婚，法院下个离婚调解书，你跟孙威的婚姻关系就解除了，你再找对象就不属于重婚。"沈玉慧听了未置可否。

沈建勇认为，姐姐对他的意见没反对就是同意。他以姐夫孙威的名义写了离婚起诉状，连同其他材料一起送到当地人民法庭。

人民法庭收案后，通知被告沈玉慧进行答辩，沈建勇给写了一份，打印后由沈玉慧交到法庭。

法庭开始审理这起离婚案件，跟普通的离婚案件一样，通知原告和被告到法庭，首先进行调解。当然孙威没有到场，沈玉慧的弟弟沈建勇冒名顶替，以自己是沈玉慧的丈夫到法庭接受调解。

法官调解当然要问他俩是什么时候结婚的，是否是自由恋爱，是否有房产分割和小孩抚养等问题。冒名顶替的孙威总是抢着说："我们既没有房产分割问题，也没有小孩抚养问题，我们两个人都同意离婚。"他以为这么一说，法庭就会结束调解，然后给每人一份离婚调解书。可是，事情并没像他所想象的那么简单。

法官问沈玉慧："原告说你们俩人的感情已经彻底破裂，你认为是这样的吗？"

沈玉慧说："是。"

"你跟原告结婚多长时间了？"

"四年了。"

"结婚四年没有孩子吗?"

"没有。"

经验丰富的法官一直认为,到法院离婚的男女双方,都是怒目圆睁,唇枪舌剑,各自都有说不完的理,而今这一对表现异常,所以询问也比较详细。

法官继续问沈玉慧:"你说你们两个人感情已经彻底破裂,你举出生活中的实例说明一下。"

沈玉慧一时无语,过了一会儿才说:"我们两个人性格不合,总打架,不想在一起继续生活了。"

法官又问:"你们既然结婚四年,为什么没有孩子?"

"我们没想要。"

坐在原告席上的沈建勇听到法官这些问话,如受奇耻大辱,实在熬不过,只好说了实话:"是这么回事,我是沈玉慧的弟弟叫沈建勇。我姐姐跟我姐夫孙威结婚四年了,才在一起生活三个多月,然后孙威就离家出走,至今杳无音信。他没往家邮过一分钱,也没往家打过一次电话。我姐姐想跟他离婚,又找不到他。到民政部门办理离婚手续,必须两个人亲自到场,而且还要查验居民身份证。由于找不到孙威,我们只好用这个方式,让法院下一份准许离婚的判决或者调解书,使我姐与我姐夫孙威解除婚姻关系。"

法官对沈玉慧和沈建勇说:"法院不查明真实情况,不会作出准许离婚或者不准离婚的判决或者调解。即使作出这样的判决书或者调解书,这样的法律文书也不生效,迟早会被撤销。跟离家出走、下落不明者解除婚姻关系,主要有以下两种方法:一种是向法院提出申请,宣告离家出走人死亡;另一种是向法院提出申请,宣告离家出走人失踪，然后提起离婚诉讼。"

沈玉慧和沈建勇听了法官讲法，都面红耳赤，觉得是在严肃的法庭上开了一个很不严肃的玩笑。沈建勇说："我们这样做不对，我申请撤回起诉，愿意接受法院的批评和处罚。"

沈玉慧说："我向法院提出申请，要求宣告下落不明人孙威失踪，然后提起跟他离婚的诉讼。"这场姐弟离婚的闹剧，至此落下帷幕。

不吃饭则饥，不懂法则愚。

037　捉奸惹祸

王丽芝跟岳占峰是自由恋爱，婚姻美满。他们婚后生了一个男儿，这孩子六岁上小学读书，一家三口，相处融洽，生活幸福，一切风平浪静。

到了他们结婚后第八个年头，王丽芝发现，一向关心自己家庭的丈夫逐渐开始对这个家庭冷漠，一向对自己和孩子关怀备至的岳占峰，开始逐渐冷落他们。这还不说，在家庭中，竟然因为一件小事也会引起他的不满，使和睦的家庭逐渐笼罩上不和睦的阴影。

王丽芝纳闷，为什么会出现这种情况？她百思不得其解。后来听到传言，说岳占峰在外边已经有了"小三"，这个"小三"是离婚后的单身女人。王丽芝不信，认为这是根本不可能的事。后来她经过接近半年的细心观察，知道丈夫确实经常往单身女人雅兰家钻，这使她非常震惊。

王丽芝不想再忍耐。为了顾全自己的小家庭，为了保持他们平静的生活，她苦苦哀求岳占峰，让他回心转意。没想到，劝赌不劝嫖，劝嫖惹烦恼。她不提还好，一提这个问题事情便公开化了，岳占峰竟然经常夜不归宿，并逐渐与王丽芝分居。

夫妻间出现了这样的问题，自然影响对孩子的辅导和督促其学习，孩子开始不能及时完成老师留的家庭作业，学习成绩也开始下滑。王丽芝看到自己家庭的这种状况，心急如焚，她哭着对丈夫说："我们为什么不能在一起好好生活？为什么不能集中精力辅导好孩子的学习,把孩子培养好?'小三'可能要毁坏我们的家庭。"岳占峰无话可说,但仍然我行我素。

一直担心小家庭命运的王丽芝,突然收到法院送达的离婚起诉书,她丈夫提出离婚了。她本来对挽回婚姻还抱有一线希望,这一来彻底失望了。她深感痛心,为了让有过错的丈夫在离婚时赔偿她的损失,她开始千方百计地收集岳占峰在外有"小三"的证据。她费了好大力气,终于摸清了情况,知道这个"小三"叫雅兰,并且了解到雅兰的住处。她开始对丈夫岳占峰盯梢。

王丽芝接到法院开庭传票那天晚上,她丈夫夜不归宿,她料到,一定是在雅兰家鬼混,就领着几位亲属,拿着棍棒、撬门工具,带着照相机,闯到雅兰家,撬开房门,强行闯进屋内,将丈夫与雅兰抓个现行,并且当场拍下他俩的裸照。

法院开庭审理岳占峰诉王丽芝的离婚案件时,王丽芝把这些照片作为证据交到法庭,要求判令丈夫岳占峰赔偿她精神损失抚慰金8万元。

法院审理这起离婚案件时,岳占峰对这些照片反映的事实予以认可,不作任何表白,并且表示愿意赔偿精神抚慰金。法院经过审理,判决双方离婚,判令原告岳占峰赔偿被告王丽芝的精神损失。他们的孩子由王丽芝监护抚养,跟王丽芝一起生活。岳占峰由于解除了与王丽芝的婚姻关系,当然可以名正言顺地与雅兰结婚,不必再偷偷摸摸的了。

既然离婚了,双方之间没有了往日的争吵、怨恨,可以平静地生活了。然而,事情没那么简单,又一场风波接踵而至。

雅兰将王丽芝告上法庭,说她是夜闯民宅,强行拍摄她的裸体照,严重侮辱了她的人格,侵犯了她的隐私权,给她的身心造成了极大伤害，请求法院判令王丽芝赔偿她的精神损失八万元，并且交出所拍摄的照片，向她公开赔礼道歉。

雅兰的理由是：第一，王丽芝率众于深夜凌晨，撬开她家房门，强行侵入室内，属于非法侵入民宅，已经造成严重后果，是犯法犯罪行为，王丽芝必须承担刑事责任。第二，王丽芝领人破门而入后，对其辱骂，在她还没有来得及穿衣服和裤子的时候，王丽芝领来的这些人便抢走了她的衣服和被褥，使她裸体暴露在众人面前，这时对她拍摄裸体照，是邻居们知道后报警，王丽芝的不法行为才得到制止。王丽芝的这些行为侵害了她的隐私权。第三，王丽芝领来的这些人撬坏了她家的房门，损坏了她家的一些家具，对这些损失必须如数赔偿。第四，王丽芝说她插足别人家庭，破坏别人家庭的和睦，这不符合事实，是岳占峰主动到她家里来，是岳占峰不愿意维持没有爱情的婚姻，他有处理自己婚姻的自由。王丽芝说她破坏他人的家庭，是颠倒是非，必须为她恢复名誉，为她赔礼道歉。

有人起诉，人民法院经过审查，认为具备立案条件便收案处理。王丽芝将面临一场新的官司，而岳占峰在这场官司中将会扮演什么样的角色呢？也是一个难办的事。我在写这篇文章的时候，此案正在审理中。

众多事实反复说明，捉奸，不管捉到还是没捉到，其后果都不尽如人意。用捉奸的方法解决婚姻问题不是良策。

捉奸不会使夫妻矛盾缓和，捉奸不是解决婚姻纠纷的良策。

038　抢劫赌场

26岁的青年刘成原来是有工作的,由于在单位里总跟他人打架,被辞退了。他没有工作,就在家东走西逛,游手好闲。

他母亲退休后开了一个小吃部,主要是经营早点。这个小吃部由于地理位置好,买卖兴隆。刘成就在这里帮着跑堂,主要是传递饭菜,接收钱款。到了下午和晚上,小吃部里没有客人,刘成也就闲下来。闲着干什么呢?由于小吃部每天都有一点收入,他就拿着这些钱跑到附近的棋牌室跟那里的人赌钱。

不知何故,刘成只输不赢,或者是赢的机会极少。她母亲开小吃部起早贪黑,烟熏火燎,用汗水换来的一点儿钱,他却不断地往赌场送。对他的花销母亲很少过问和盘查,当然也不责怪他,但刘成自己觉得愧对母亲。他怀疑是不是这个棋牌室有问题,就改到别的地方去赌,命运仍然不佳。他输得垂头丧气,愁眉苦脸,一筹莫展。赌博输急了,往往就要走邪路,他也没有逃脱这个规律。

这时,他有三个小哥们张广才、吴伟国、孙若洪想倒卖水果,缺少本钱,就到他这里来借钱,认为他们家开小吃部一定能有闲钱。

刘成就把他在棋牌室输钱的情况跟他们说了,这几个人不信,认为他不肯借钱,是在编造理由。张广才说:"赌博就是这么回事,今天输了,明天再赢回来,虽然从总的方面来说有的可能赢得多一些,有的可能输得多一些,但不会天天输、每次都输。比如你拿10元押上了,输了;你就再押20元,又输了;就再押40元……总会有一次赢了,把所有输的钱全捞回来。"刘成说:"我也是这么认为的,我就这么干了,结果输得更惨。"

张广才说:"根本不可能。"这伙人就围绕着赌钱的问题议论了好一会儿。不知是谁先提出了这样的观点:赌博违法,赌场上的钱也不受法律保护,如果把赌场抢了,既不是盗窃、抢劫、诈骗,更不是贪污、受贿、挪用,什么问题也不是,所以也就什么问题也没有。

张广才在这样的基础上作出最后决定,他说:"我们跟刘成都到棋牌室去,看着他赌博,为他壮威。如果赢了,我们拿钱就走。赢的次数多了,他就把钱借给我们。如果输了,我们立即就把赌场上所有赌资全抢过来,包括参加赌博这些人身上带的钱。抢完我们四人平分。"

孙若洪表示怀疑,说:"这样干能行吗?这是不是违法?是不是犯罪?"张广才说:"赌博违法,我们到赌场上抢赌资,不但不违法,不犯罪,还帮助公安机关做了工作,打击赌博。没听说有谁打击赌博犯罪了。"孙若洪一时找不到适当的理由进行辩驳,只好哑口无言。

最后,张广才的意见被采纳。刘成认为,这样可以挽回他输的一部分钱,其他人包括孙若洪也认为,这样一来,就不用借钱了,倒卖水果也有了本钱。

错误的认识,必然导致产生错误行动,而错误行动可以把人引向深渊。大家一致决定,就在明天,跟刘成到棋牌室去。

他们人多势众,由于有抢赌场的思想准备,张广才和吴伟国还带着刀,刘成也不认真玩牌了,没过多长时间,手里的钱全输光。这时张广才见夜色已深,四周人静,棋牌室也快散场了,就对其他几个人递个眼色,然后对在场的所有人说:"赌钱违法,这种事以后谁也别干了。今天在屋的所有人都把钱拿出来,我们上交公安机关,防止你们以后到这里继续赌博，扰乱社会治安。"他说完就举起刀威胁在场的人。吴伟国也拿出了刀，并对在场的人说："我们只收钱，不要任何人性命。如果有人不怕死，我们奉陪，谁要不信就试试！"

在场的人看见这一伙儿有四个人，其中还有两个人带刀，另两个是否还有别的凶器说不清，一个个全傻了眼，面面相觑，不敢言语。这时有个人说："我们这是在娱乐，不是赌博，你们还想抢劫啊？"张广才不跟他辩驳，举刀就往这个人胳膊上连扎两下，说："你是要钱还是要命？"

这个人挨了两下老实了，知道是秀才遇见兵，有理讲不通，再不敢说话了，其他几个人也没有敢辩驳的。这些人虽然都没主动把钱交出来，但对张广才他们抢钱、翻兜，都没反抗。这四个人很顺利地把在场所有人带的钱洗劫一空，抢走了五千三百多元，然后扬长而去。对这样的活动孙若洪原来是表示怀疑的，但到了这种场面，他也参加抢钱、翻兜，随后也跟着分赃，与其同流合污。

他们走后，被抢者不甘心，就在一起合计对策。有的说：我们这不是赌博，是娱乐，虽然小有输赢不对，但这与赌博是完全不同的事情。即使是赌博，也得由公安机关来处理，别人以此来抢钱是犯法的。他们立即向公安机关报案，并且提供了这四个人的体貌特征。

有人控告，张广才一伙儿又抢钱，又持刀伤人，这引起了公安机关的重视，马上立案处理。没过多久，张广才一伙全被抓获归案。

法院开庭审理这起案件时，张广才等四人及其辩护律师尽管作了无罪辩护，但人民法院认为：凡是采用暴力、威胁或者其他方法使人无法或者不敢抗拒，强行抢劫公私财物，即构成抢劫犯罪。张广才四人抢劫的这些钱款属于私有财产。他们一伙儿在抢劫时还动刀伤人，侵犯了他人的人身权利。于是，根据刑法规定，认定张广才等四人均犯抢劫罪，并依法追究了他们的刑事责任。

人生感悟

错误认识，产生错误行动，错误行动可以把人引向深渊。

以前的沈阳监狱正门

039　规律暴露

宋杰的生活很有规律。她家住城郊,她生下一个胖儿子满月后,丈夫上班,她一人在家。上午洗衣服,打扫卫生,照料孩子,到了下午,这孩子要睡两三个小时觉。每隔三两天,她都要用孩子睡觉的时间骑自行车到菜市场去买菜,然后回来做晚饭。这个规律被在这附近居住的妇女隋玉艳了解得一清二楚。

生活应该有规律,但人的活动规律如果被犯罪分子所掌握,也极易留下祸患。

宋杰生下孩子的时候,亲戚、朋友不少人来看望,有的给送钱款、物品,有的给送鸡蛋。隋玉艳作为跟她平素相处很好的邻居,也送来了十斤鸡蛋。隋玉艳知道,自己虽然多次习惯性流产,在生育无望的时候也居然怀孕了。现在给宋杰送鸡蛋,等自己生孩子时她也会还过来,甚至不止是十斤鸡蛋。

宋杰的孩子是个男孩儿,胖乎乎的逗人喜爱。隋玉艳也想,自己将来很快就会成为妈妈,如果也能生下这么一个男孩儿该有多好。

可是没过多久,不知什么原因,她又意外流产了,这使她悲痛欲绝,十分伤心。人在过于悲痛、情绪过于低落、万念俱灰的时候,容易头脑发昏,会作出一般人所想不到的事情来。隋玉艳想到了什么呢,她跟丈夫谭成说:"如果能把宋杰的孩子偷过来就好了。"谭成说:"听说有拐卖儿童、拐骗儿童或者是盗窃婴儿的,但怎么才能把人家的孩子偷过来变成自己的,这个事我可办不到。另外,宋杰跟咱是邻居，人家的孩子丢了，很快就会找过来，偷她家的孩子根本不可能。"隋玉艳听后哑口无言，但她盗窃宋杰孩子的想法并没彻底消除。

有一天，隋玉艳跟丈夫谭成说："宋杰常常要用下午孩子睡觉的时间，把孩子一人留在屋里睡觉，她骑自行车到西边菜市场买菜，咱可以用这个时间把孩子偷过来。"说着，便告诉谭成怎样具体去偷。谭成不置可否，隋玉艳就不断鼓动，并为丈夫去偷孩子做了必要的准备。

有一天下午，当时天气虽然晴好，但风很大，宋杰还是锁上房门，骑自行车到市场买菜去了。这时，隋玉艳就把自家的一只大鹅用绳子捆好，用一个小被包上，准备好了一桶汽油和打火机，让丈夫谭成快点去偷孩子。谭成还真的去了。

按事先的准备和策划，谭成来到宋杰家房后，先砸坏后窗的一块玻璃，打开窗户进入屋内，用自己带去的这个小被里包的那只大鹅换下躺在炕上的小男孩，把这个孩子包好，然后往屋里撒上汽油就跳出窗外，把打着打火机扔进屋内，宋杰家立刻陷入火海，谭成把孩子抱回家。

宋杰买菜回来，看见自家的房屋浓烟笼罩，火光烛天，一群乡亲们正在往火场上泼水、救火。宋杰立刻傻了眼，冲破人们的阻拦，跑进火海里去找孩子。她被拽回来，人们告诉她：火这么大，即使找到了也早就被火烧死了，但她还是不死心，就在大火已经被扑灭的时候，挣脱了人们的阻拦，终于在放着孩子的地方看见一个被烧焦的肉饼。宋杰的泪水使她视力模糊，她根本没想到，孩子还能被人替换。她没细心辨认这一块被烧焦的肉饼到底是不是孩子的尸体。人们见她哭得死去活来，怕发生意外，便把她拽离现场。

宋杰悲痛之日，是隋玉艳跟丈夫谭成高兴之时。他们偷孩子成功,而且现场也伪造得很巧妙。他们把这孩子送到亲戚家临时寄养,随后没过几天就搬离了这个村,到别的地方居住去了。

时光日复一日、年复一年地过去了,宋杰没有一天不思念她的孩子。她一直在考虑,家里孩子在睡觉,谁也没用火,房子怎么就能突然起了大火呢?别人告诉她,肯定是你家的电线年久老化,引起短路导致的。她想起自己当年盖完房子,为了少花一点钱,买的电线、开关、插台,全是低档的、价低质差的,她为此后悔莫及,并埋怨丈夫贪小失大。

隋玉艳跟丈夫谭成虽然搬离了这个村子,但谭成的哥哥没搬家,仍然住在这个村子里。事情过去了七年,谭成哥哥的儿子结婚,隋玉艳跟谭成领着他们偷的孩子也来贺喜。他们认为,这孩子已经长大,跟七年前的模样完全不同,而且宋杰七年没看见这孩子肯定不会认识。

有人结婚,小孩子们就像过年一样高兴,成群结队地在院子里玩耍。宋杰看到在这群孩子中有一个跟她丢的孩子年纪相仿,她越端详越觉得应该是自己的孩子。自己的孩子虽然已经被火烧死,但她怀疑,能不能是在人们救火的时候,有人把这孩子抱走。她走到这孩子跟前,虽然孩子不理她,但她越看越像自己的孩子。后来她听说这孩子是隋玉艳跟谭成的,而这两个人是在她发生火灾后就搬离了这个村子,她觉得,这个孩子一定是自己的。

怎么确认这孩子是自己的呢?她突然想到,现在的科学技术很发达,据说,能够通过亲子鉴定判断孩子的父母。对亲子鉴定略知一二的宋杰突然想了一个办法,她一边吃着口香糖,一边来到这个小男孩身旁,故意把嘴里嚼得黏糊糊的糖吐到这孩子头上,然后以给这孩子往下拿糖块为由,用指甲剪剪下这孩子头上一缕头发,随后,用它进行亲子鉴定。结果出来了,使宋杰两眼泪如泉涌,因为她七年前"被火烧死"的孩子还活着,正是这个小男孩。

怎么处理这个问题呢?为了防止打草惊蛇,防止隋玉艳跟丈夫谭成把这个孩子藏匿或者转移,为了确保孩子的安全,宋杰没有忘记,遇到复杂问题要用法律手段来解决。她请了律师,由律师给写了一份起诉状,将隋玉艳及其丈夫谭成告上法庭,以"生身父母确认纠纷"为案由,开始打官司。

宋杰由于有亲子鉴定结论在手,证据确凿,不仅要回了孩子,还控告隋玉艳和谭成的犯罪行为。偷孩子的隋玉艳和谭成既白白为人伺候了七年孩子,又被追究了刑事责任,双双进了监狱。

世间问题复杂多变,解决问题要用法律手段。

040　引起误会

一位朋友在大连市沙河口区人民法院当法官，因为是同行，在一起闲聊自然就聊到案件上来。

关于缓刑问题，我说："应该尽量少判缓刑。由于法院一宣告缓刑，需要立即放人，在群众眼里，判了缓刑几乎就等于没判，所以对于不少情节轻微的刑事案件，即使是轻判，判一年、半年，也比判缓刑效果好。"我的朋友马上反对说："不对。有些案件应该判缓刑。比如我们法院最近就对一个故意伤害犯判处了缓刑。"我说："故意把人打伤，犯罪了，怎能判缓刑呢？"他说："案件千奇百怪，对有些案件判缓刑是对的。"说完，他就给我讲起他们法院最近判的这起案件的具体案情。

被打的是一个56岁的男子，叫贺林。那天晚上，他喝了一些酒，但没醉。他喝完往家走时是夜里11点半，由于时间太晚，公交车停运了，就独自一人往家走。

他走着走着，看见从前面不远的一个胡同里走出一个女子，跟他同向前行。这女子一步三回头，慌里慌张，明显是害怕的样子，大概是因为夜深人静怕遇见坏人。贺林考虑，自己回家也没什么事，早点晚点无所谓，反正就是回家睡觉呗，就想做点好事，决定护送她一程。

贺林跟这女子素不相识，为了防止这个女子害怕，就不靠近她，而是跟她保持一定距离，远处护送。他想：这女子如果遇见坏人，遭到侵犯就及时救援。女子往前走,他就在十多米远的后边跟随。后来这个女子可能是害怕了,小跑,贺林怕她一人跑到前方遇到坏人,也就跟着小跑。这个女子跑累了,放慢脚步,贺林怕离她近了引起她的恐惧,也放缓脚步,始终跟她保持一定距离,暗暗护送。

这个女子往前走了一段,遇见一个男子,女子对这男子说:"后边有人总跟着我。"男子说:"不要紧,由我来护送你,我一直能把你送到家,你放心吧。"他俩的声音不大,贺林没听见。这个男子跟这女子一直往前走,男子还回头对贺林大声喝道:"大半夜的,你跟着这个女人干什么?快点滚开!"

这声音大,贺林听见了,但贺林很负责任,心想,你是什么人?你让我滚开我就滚开吗?我离开了你好对她下毒手,这不可能。贺林不知道他们是熟人,况且遭到熟人侵害的也是有的,因此,贺林仍然不离不弃,还是保持一定距离跟在后边,防止这个女子遭遇不测。

这女子跟那个男子进了一个楼口,一直上到六楼。贺林在后边不放心,害怕她在楼道里遇到危险,就一直送到五楼。当他走到五楼时,听见六楼有开门和关门的声音,贺林还是不放心,在那儿站了一会儿,听见这女子在屋里的说话声,虽然没听清具体内容,但听见是说话,而不是喊叫、呼救。贺林知道她到家了,也就放心下楼。

这女子确实到家了,她途中遇见的男子,是她的熟人,因为听这个女子说,有人一直在后边尾随,这男子便把她一直护送到家。

这个女子到家后,把这个情况告诉给丈夫,说有个男子始终尾随着她。女子的熟人也证实着这种情况,而且说:"这个人一直尾随在后,还跟进了楼里。"

女子的丈夫说:"这简直无法无天了,我出去看看。"说完,就跟这个女子的熟人打开房门,俩人顺着楼梯撵下来。走到三楼,遇见贺林,可想而知,不由分说,女子的丈夫和女子的熟人把贺林痛打一顿。这还不说,由于当时夜深人静,这两个人在楼道里打贺林,声音很大,惊醒了周围邻居,他们开门询问究竟,知道这个情况后,也都纷纷参战。这些人根本不由贺林分说,大家你一脚,我一拳,一直把贺林打瘫在地,不能动了,这才停止手脚。他们向派出所报告,公安人员便插手处理这件事情。

到了派出所贺林讲清情况,众人不信,认为他是在狡辩。贺林说:"我如果要侵犯这个女子,在她遇见熟人之前,我是有条件下手的,但我并没侵犯她。为了防止她产生误解而害怕,我始终都跟她保持一定距离在护送她。另外,这个女子中途遇见了熟人,我并不知道是她的熟人,我还以为她被这个人劫持和要挟,我为了对这女子负责,更要把她护送到家,一直送到她家门口,她进了屋我才放心。"贺林还说:"我即使被你们误解,你们对我产生怀疑,这也可以理解,但你们为什么不听我说明情况就对我大打出手。我即使是一个坏人,我的人身权利也不容侵犯,你们应该把我送到公安机关,而不应该随意殴打。你们把我打成这个样子必须承担法律责任。"

这个女子的丈夫叫刘飞,看见贺林被打得确实很重,就向他道歉,并表示要承担全部医疗费。贺林说:"我没有半点要侵害这个女子的意思和行动,你们把我打完了,赔偿医疗费就算完事了吗?"

经过法医鉴定,贺林的伤情构成轻伤。也就是说,刘飞的行为构成犯罪。由于这是一起案情简单的轻伤害案件,根据法律规定,这样的案件被害人可以自诉,人民法院也可以进行调解。贺林自诉后,人民法院进行了调解,最终作出这样的调解协议:认定被告人刘飞犯故意伤害罪,判处有期徒刑一年,缓刑二年;赔偿被害人贺林医疗费等经济损失共计1200元。

我的朋友讲完这起案件，我为在生活中发生这样的案件感到惋惜。

在一般情况下，好人做好事会得到好报，但别为了得到好报才做好事。指望人家报答而做好事，不但动机不纯，也很难如愿。像贺林这样做好事没得好报，许多时候是因为方法不当引起了误会。所以好事要做，方法要对，别起误会。

人生感悟

好事要做，方法要对；方法不对，易起误会。

041　没签合同

20岁的青年农民邵强家里实在太穷,他父亲多年患病,什么农活儿也干不了,随后又去世。母亲骨瘦如柴,弱不禁风,许多农活儿干不了。家里住的破房子,冬不避寒,夏不遮雨,哪年哪月才能换上新房子呢?

村里知道他们家的房子破旧,给留下一块空地,按照规定,在一年之内应该开工建房,在规定的时间内不开工,这块空地将收回。他们家的收入只靠几亩薄田,再加上旱涝无常,农产品的价格波动不好掌握,靠种地卖粮盖房实在不易。邵强决定,家里的农活儿由母亲和其他亲属帮助耕种,自己进城打工挣钱,即使今年盖不了房子,以后有机会也得盖。另外,家里也需要有钱花。

邵强背着行李卷儿来到城里,只见城里宽阔的街道,高大的楼房,疾驶的轿车,觉得这一切跟自己无缘。因为轿车、楼房,与自己的差距太远。他就琢磨,我怎么就会出生在这样一个贫苦的农村家庭,真是人生有许多问题自己没法选择。他看见许多农民工在盖楼、修路,人家忙活得满头大汗,而自己却找不到活儿。后来听人说,农民进城找工作,得由工头带领,而这个工头,应该能跟城里的某个领导有联系,或者起码有能力联系上,这才能揽到活儿。自己背个行李卷儿满街找活儿,到哪里能找到活儿呢?邵强在城里找了几天也没找到,把生活费花光了,就想回农村。

后来他知道一家饭店招服务员,就去了,觉得可以先在那里干一阵子，起码有吃的、有住的，等以后有机会再找工资高的活儿干。他在饭店干了三四个月，觉得劳动报酬太少，靠这个，不要说回家盖房子，就是养活老妈也有困难。后来，他又到一家摩托车配件加工厂上班，老板答应，一个月可以给1500元。

邵强听别人说，现在有些黑心老板，给他干完活儿不给工钱。因为老板的经营要发展，需要资金，到银行贷款还得疏通关系，即使得到了贷款，还得拿利息，不如拖延农民工的工资划算。邵强害怕遇到黑心老板，就问这里的老板方云龙："我要在你这里上班，咱是不是得签一个劳动合同？"

方云龙说："你是不是怕我不给你工钱？我这么大的一个企业，就你那么一点工钱，从我手指缝里滴答一点儿就够你的了。你要害怕我不给你工资你就别在这儿干了。"

邵强觉得也对，人家那么有钱，怎么能克扣我们穷人的工钱呢。再说，挣钱多的工作都不好找，干别的，挣得太少，除了自己的吃饭花销以外，所剩无几。邵强犹豫了一阵子决定在这里干下来。

邵强干了一个多月，就跟老板说："我在这里已经干了一个多月，现在生活上也需要钱，你是不是应该给我开一个月的工资。"

方云龙不高兴，说："就你那两个破钱，还值得一要啊！我们这些产品还一直没卖出去，等卖出去再说。"

又过了一个月，邵强身上的零花钱也没有了，他就再次找老板跟他要工资。老板没有好气地跟他说："你眼瞎！这么多零件没卖出去，哪来的钱！"老板边说边走，邵强追在他身后，本想还问什么时候能给工资，老板已经走远了。邵强这时才懂得什么叫弱势群体。他跟老板说话，老板不但没有好气，还根本不理他，他跟人家说话得在人家的身后追着说。

又过了十多天，这个摩托车配件加工厂没有活儿了，工人们停工，邵强又去找老板要工资，根本见不到老板的面。一连找了两天，好不容易找到老板方云龙。方云龙说："现在厂里没有活儿了，加工的这些零件也没卖出去，拿什么给你工资？"

邵强问："厂里现在没有活儿，我们在这儿闲着，这个时间给不给报酬呢？"方云龙说："你说呢！你不干活儿我养活你啊！你是我爹啊！"

邵强说："你们这里没有活儿，我们结算一下劳动报酬，以便我到别的地方去打工，我还得生活。"

方云龙说："你在这里就干这么两天，还要什么工资！"

邵强说："到现在为止，我在这里已经干了72天，按照你事先说的每月给1500元，你现在应该给我3600元。"

方云龙说："我跟你说的每月给1500元的工资，那是指成手工人，你刚到我们厂里来是个学徒工，我不跟你要学费，你就偷着乐去吧，你怎么还能跟我要工资呢？"

邵强说："不对。前几次我跟你要工资，你没说我是学徒工不给工资，一直是说产品没卖出去，没有钱，等有了钱以后再说。今天怎么又说我是学徒工，想不给工资了呢？"

方云龙无话可说，结巴了挺长一段时间说："你就在这儿干了两天，等以后我把产品卖出去，有钱了给你开两天的工资。"

"怎么能是干两天呢！到今天为止我在这里干72天。"

"你说干几天就是干几天啊？你说每个月的工资是多少就多少啊？你要说我的这个厂子是你们家的，我就得给你打工呗？"

邵强一看，这个老板是黑心老板，根本就不想给农民工工资了。

他后悔当初没跟他签劳动合同，后悔当初没有记下到这里参加工作的具体时间。现在自己的手里什么字据都没有，即使打官司也无法打赢，看来这72天的工作要白干了。

这个工厂里现在没有活儿干，而老板又明确表示，不干活儿没有报酬。邵强决定要离开这里，就跟老板要欠他的这笔工资。老板就跟他玩"躲猫猫"，让他找不到。邵强给他去电话，老板一听是邵强，什么话也不说，立刻把电话挂断。

邵强实在想不出什么好办法，如果到法院去告状，跟他打官司，手里没有劳动合同，没有任何证据材料，甚至连起诉费都交不起，官司是没法打了。跟他要，他又不给。如果不要了，忍下这口气，但自己手头没有生活费，生活不下去。邵强是个20岁的小伙子，他实在想不出好办法，就不想忍这口气了，在绝望中，他决定跟老板方云龙鱼死网破。

邵强跟那些傻乎乎的蠢人一样，一来气了就知道打、砸、杀，只图一时痛快，完全不考虑后果。

他首先到早市上买了一把半尺多长的尖刀，然后就了解到方云龙的住处，一天晚饭后，他认为老板可能在家，就想拿这把刀去吓唬吓唬，跟他要工资。至于老板如果不怕威胁，硬是不给，下一步还怎么办他完全没有具体打算。

晚饭后，邵强带着尖刀来到方云龙家，敲开房门，老板的妻子给开的门，并没马上让他进屋，而是迎在门口问他："你是哪的？找谁？"

邵强说："我是方老板手下的工人，来跟他要工资。"

老板妻子一听，就堵在门口没让进屋，对他说："老方不在家，等以后跟他要,别到我家里来。"说着,就要关门。邵强是个犟小伙子,见方老板的妻子要关门,就抢先一步跨进屋里。老板的妻子就往外推,邵强就硬往屋里挤,俩人在门口就撕扯上了。这时方老板的妻子叫喊起来,邵强拿出刀,照她胳膊扎两刀,又照腹部扎一刀。

这时方云龙已经走到家附近,听见妻子的喊声,马上跑进屋,看见是邵强在行凶,上去把他扑倒,尽管也被扎两刀,但都没扎在要害部位。老板和妻子两个人一起跟邵强浴血搏斗,最终把邵强摁住绑上,随后向公安机关报案。

经过法医鉴定,方云龙属于轻微伤;他妻子属于重伤。对这个案件怎么处理呢?应该说,邵强是值得同情的,但值得同情的人犯法了也不能不制裁。

邵强的行为犯的是故意伤害罪还是故意杀人罪,对这个问题,法官有不同看法。最后认为,在被告人故意的内容不很明显的情况下,要看犯罪结果。邵强只是伤害了他人身体,并没剥夺他人生命。法院便认定邵强犯了故意伤害罪,鉴于本案的具体情况,故对邵强适当从轻处罚。

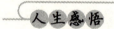
人生感悟

国家三令五申要求用人要签劳动合同,拒不执行国家规定的人,当然也不是一个守信的人。为了避免遭受侵犯,防骗应该从第一步开始,要远离毫无诚信可言的人。

042　歪门邪道

高祥来家住红房镇西岭村，他以租赁承包的形式经营这个村的红砖厂。这年头，房价持续高涨，各项建设蒸蒸日上，到处都大量用红砖，这一下子这个红砖厂就火起来。他们这个砖场，不管生产出多少红砖，都是供不应求。高祥来每年除了缴纳税款、支付电费和支付工人们的工资等各种花销以外，净盈利十多万元，这可比种庄稼、种蔬菜、搞养殖都来钱快。

有钱了还想有更多的钱，尽管红砖场来钱快，高祥来还想以更快的速度来钱。那好办，扩大生产，把这个红砖厂做大做强。可是，高祥来认为这样挣钱慢，太辛苦，就想走既挣钱快又不付出辛苦的歪门邪道。其他人走歪门邪道往往是欺行霸市、搞黑社会称霸一方，也有虚开增值税专用发票等，而他却想在少交或者不交税款方面做文章。

真是奇怪，阳光大道他不走，崎岖小路他要行。走歪门邪道很容易落得个粉身碎骨的可悲下场。

关于这个红砖厂的纳税问题，税务机关按定期定额的方式对这个红砖厂核定了纳税额。头几年，高祥来都能按照规定足额缴税，后来他有钱了，就开始拖欠税款。税务机关的专管员多次上门催要，他以种种理由拒不补交税款。

国家有法律，该交税的必须交，不能想不交就不交。为了防止税款流失，税务机关决定，由县人民检察院驻税务检察室执行，强制扣押这个红砖厂所生产的红砖950万块，并指令高祥来将红砖销售后补交拖欠的税款。

高祥来对此置若罔闻,根本不予理睬。他认为,我就不交,还能枪毙我吗!他一方面私自将被扣押的红砖移作他用,另一方面,对被税务机关扣押的这些红砖继续销售,并且将所得钱款迅速转移,拒不缴纳拖欠的税款,致使税务机关无法追缴所欠税款。

税务人员让他交纳拖欠税款时,他说:"这么大的国家,国家这么富强,不差我这么一点点税款。"

针对这种情况,检察机关经过侦查,在查清高祥来是纳税义务人,在明知自己拖欠18.5万元税款的情况下,还采取转移、隐匿财产的手段,拒不交纳所欠税款,严重侵犯了国家税收管理制度。检察机关认为,高祥来的行为已经触犯了我国《刑法》第203条的规定,构成逃避追缴欠税罪,应当依法追究其刑事责任。

县人民检察院于12月6日将高祥来刑事拘留,12月12日将其依法逮捕。案件起诉到法院,法院经过开庭审理,根据我国《刑法》第203条的规定,认定高祥来犯逃避追缴欠税罪,判处其有期徒刑4年,并处30万元罚金。

曾经是红砖厂大老板的高祥来,风光一阵子,为了使自己有更多的钱而成了犯罪分子,被关进由高墙电网围圈的监狱。

不贪财,祸不来。

043　口头协议

56岁的吴兴海住在六楼,他年纪大了,觉得上下楼不方便,就另买一处一楼的楼房,要把六楼的房子卖了。他在窗户玻璃上贴一张纸条,上面写着"此房出售",然后在这几个大字下面写上了联系电话。这张纸条在窗户玻璃上贴了好几个月没人跟他联系。

一天,他来到附近的便民信息中心,对信息中心主任陆玉英说:"我有一处六楼的住宅要卖,你们给张罗张罗,如果通过你们的努力,把这处住宅卖掉,我按卖价的1%给你们信息费。"随后向陆玉英详细介绍了这处楼房的位置、房龄、条件以及要价。陆玉英把这些情况记录下来。当场还有便民信息中心的其他两位同事,他们都听见了吴兴海的许诺和介绍的有关情况。

陆玉英说:"咱们先小人后君子,写个协议,防止以后发生纠纷。"吴兴海说:"你们如果给卖出去,就按房价的1%给你们信息费,这很简单,用不着写协议。"陆玉英说:"没有书面的,口头协议也可以。今天在场的除了我们俩以外,还有咱信息站的另外俩同事,咱四个人都听见了,就按刚才你说的方法办。"吴兴海说:"行!行!"就这样,他们算签订了口头协议。

人的行动受利益驱使。陆玉英见吴兴海给的信息费不算低,帮助卖房的劲头大。她除了在便民信息中心的橱窗上张贴广告以外,还派人四处寻找买房人。没过多长时间,陆玉英真的就给找到一个买房人,他叫黄明。

陆玉英把黄明领到吴兴海家看房。卖方想卖,买方想买,双方当场就开始讨价还价。吴兴海一口价,要80万元,黄明就给75万,俩人争来讲去,都不肯让步。陆玉英坐在当场,说:"你们一方诚心想卖,另一方又诚心想买,这样吧,双方都让让步,你们双方如果都能接受,就78万元成交。"

吴兴海对黄明说:"我跟陆玉英有口头协议,我已经答应她了,如果经过她的介绍把房子卖出去,我就按成交的房价1%给她拿信息费。我要价是80万元,减去信息费,实际拿不到80万。"他这一说,黄明才知道他们之间有这样的口头协议。

陆玉英坐在一旁说:"如果认为信息费太高,我可以适当让步。"吴兴海说:"不给80万我不能卖。现在房价不断往上涨,再过一段时间给我80万我还不一定卖呢!"双方由于在价钱上不能达成一致意见,致使买卖没能成交。

过了五个月,黄明一直没买到合适的房子。没出吴兴海所料,房价确实在上涨。根据市场的行情,黄明认为吴兴海的房子确实值80万。由于他以前由陆玉英领着到过吴兴海家,所以他认识,这回就自己直接来到吴兴海家问他:"你的房子卖出去没有?"

吴兴海说:"还没卖出去。但房子涨价了,你现在给我80万元我还不卖了,除非是便民信息中心的那笔介绍费由你负担。"

黄明说:"你要想卖,我就给你80万元,至于信息费,你愿意给就给,不愿意给也有不给的道理。我来找你买房,是咱俩之间的交易,与便民信息中心无关。再说,咱俩交易成功便民信息中心不一定知道。即使知道了,你不给他们信息费他们也没有办法。即使打官司,因为空口无凭,没有字据,他们不可能胜诉。"

吴兴海觉得这话有理,他俩没经过便民信息中心,私下"掏地沟",把便民信息中心甩掉,买卖房子成交。

纸里包不住火,没有不透风的墙。后来便民信息中心知道了黄明买去了吴兴海的六楼住宅,就跟吴兴海要信息费。吴兴海说:"五个月前,你领黄明到我们家来买房子,但没成交,后来,我们俩人的买卖是我们两个人之间的事,难道我不管卖什么,都得向你们交信息费吗?"

陆玉英说:"除了黄明以外,不管你把楼房卖给谁,我都不会跟你要信息费,但只要是卖给了黄明,就得给我信息费。因为黄明买房子这个信息是我提供的;你卖房子的信息是我提供给黄明的。你们后来买卖成交,不是我不想提供服务,而是你们不通知我,这个责任在于你们。"

不管陆玉英怎么说,吴兴海就是不肯拿信息费。陆玉英说:"这8000元的信息费,你必须给我们。如果我们两个人私下解决不了,最后只得走法律程序来解决。"

吴兴海说:"打官司也不怕,一是我把房子卖给黄明,是我们两个人的私下交易,与你无关;二是你跟我要房价1%的信息费,空口无凭。我劝你就不要再白花诉讼费了。"

陆玉英没听吴兴海的,写了起诉状,向法院提起诉讼,但她没要房价1%即8000元的信息费,只要6000元,其原因是她认为,在房子成交过户过程中,办理各种手续她没参与。陆玉英知道,打官司就是打证据,她在向法院递交起诉状的同时,还递交了他们便民信息中心两名同事和黄明关于吴兴海口头答应要给陆玉英房价1%即8000元信息费的说明。

法院受理此案后先调解。主审法官对吴兴海说:"原告陆玉英起诉到法院,提交了许多证据。他们便民信息中心的两名工作人员和买房人黄明，都证实你跟陆玉英订立过口头协议，你答应只要便民信息中心给找到买主，把房子卖出去，你就给房价的1%信息费。现在你的房子被买走了，买房人正是他们提供的。你们原先签订的口头协议虽然没有文字记载，但不管是口头协议还是书面协议，都是协议的一种表现形式，只要这种协议符合法律规定，就受法律保护。你们签订的口头协议有多人证实，合法有效，你应该履行这个协议。"

吴兴海说："在五个月前，陆玉英领着黄明到我家来买房子，那时没成交。事情已经过去了五个月，黄明知道我房子还没卖出去，自己到我家来买房子，没经过便民信息中心，这次是我们俩之间直接产生的交易，不应该向便民信息中心支付信息费。"

主审法官说："原告陆玉英说，黄明买房子和你卖房子这个信息，是他们提供的。如果不是黄明到你这里来买房子，而是其他人买你的房子，便民信息中心不会收取中介费。"

法院在调解中，吴兴海始终坚持不能向便民信息中心支付信息费，因此调解不成。最后法院作出判决，认定原告陆玉英与被告吴兴海签订的口头协议合法有效，原告没有违反这份协议的规定，积极为被告吴兴海寻找买主，并且已经找到了买者黄明。被告吴兴海后来甩掉便民信息中心，直接与买房人黄明交易，并且拒不履行与便民信息中心签订的口头协议，拒绝支付信息费，违反了原告与被告签订的口头协议。陆玉英的诉讼请求予以支持，判令吴兴海向便民信息中心支付中介费6000元，并承担诉讼费。

人生感悟

有争议，先协商；要协商，需退让；协商不成写诉状，请求法院判短长。

044　孩子传言

脾气暴躁的郝俊娶了一个性格刚烈的张华为妻，但可能是由于这两个人爱情深厚，夫妻俩从来不吵架。不仅如此，张华一跟婆婆闹矛盾，发生口角，郝俊总是坚定不移地站在媳妇一边，不管母亲对与错，他都旗帜鲜明地反对母亲。你说怪不怪！

郝俊跟张华住在农村。他们结婚六年，生了一个女儿叫小荣，这孩子四岁多。白天他们到田地里干活的时候孩子由她奶奶照料。

这天下午，小两口儿又到地里干活去了，郝奶奶领着小荣先是在家玩了一会儿，后来就把这孩子领到西院王家去玩。

那天上午，村里有人结婚，小荣捡了一个气球拿在手里玩。她跟郝奶奶到西院王奶奶家，也把这个气球拿过去，王奶奶逗她说："你把这个气球给我吧。"说着就把这个气球拿过去。小荣信以为真，立刻扑过去抢。小孩子不知轻重，竟然把王奶奶的手给挠破了。郝奶奶一看，把人家的手给挠了，就说："这孩子，猴厉害猴厉害的，跟她妈一样。"就是这么随便说的一句话，谁能想到竟会引出一场人命惨案。

晚上，郝俊跟妻子张华干完了活儿回到家，晚饭后他们就跟孩子闲聊。张华问孩子："你今天上哪儿玩儿去啦？"孩子说："我跟奶奶到西院王奶奶家，我奶奶跟王奶奶说，我像你一样，跟猴子一样厉害。"张华来了精神，追问："你奶奶怎么说的？"4岁的孩子会学话，但讲的不全面，断章取义，不知道这话是在怎样的环境中说出来的，她跟妈妈说:"我奶奶跟王奶奶说,你猴厉害猴厉害的。"

张华听后,认为孩子不会说谎,况且也说不出"猴厉害猴厉害"这样的谎话,就立刻就跟婆婆吵起来,说:"你老的不好好过日子,怎么到处给我造舆论,说我像猴子一样厉害?你年纪大了,在家里怎么说,我都能忍耐,都能谦让,你到街上跟东西两院邻居这么说,我还怎么在村子里混!"

她婆婆不承认给她造舆论,不承认跟邻居说她的坏话,也没说她像猴子一样厉害。张华更加来气,竟然指着婆婆的鼻尖儿怒吼:"你说,你孙女儿能说谎吗?你孙女儿告诉我,你跟西院老王太太说,我像猴子一样厉害。我真的像猴子吗?"

她婆婆听了,就想起这孩子从老王太太手里夺气球时,把人家的手给挠伤时她说的话。她对儿媳张华解释,不解释还好,这一解释,就说明她承认了自己在西院说她厉害这样的话,于是俩人越吵越激烈。

老婆婆一看解释不清楚,就说:"我到西院把老王太太叫来,让她跟你说,我当时是怎么说的。"说完就往屋外走。

妈妈跟奶奶吵起来,小荣根本不知道是她惹的祸,仍旧在玩她的。这时郝俊跟往常一样,仍然坚定不移地站在媳妇一边指责妈妈。他对妈妈说:"张华是你儿媳妇,你怎能到街上去埋汰她呢?我看你是不是吃饱了没事儿撑的!"

当时他妈想到西院去找老王太太,想让老王太太过来给说明这个情况,已经走在院子里了。气急败坏的郝俊从院子里拽过一把铁锹,一气之下就去打他妈,想教训教训她。西院的老王太太听见这边吵起来,不知道是什么原因,就过来劝架。郝俊妈妈知道儿子要打她就及时躲闪,而这时过来的老王太太看见郝俊拿铁锹打他妈,就上前去夺，不顾躲闪，郝俊手中高高举起的铁锹竟拍到她头上，她只觉头脑发昏，眼前冒出一片金星，一下子瘫倒在地。

老王太太六十多岁，常年高血压，患有冠心病，她在完全没有提防的情况下头上挨了重重一铁锹，一个腚墩儿坐到地上，没到半小时就死了，连到医院抢救的时间都没有。

出了人命，事情弄大了，郝俊知道闯下了祸，后悔莫及。老王太太的家属不让了，特别是她儿子，告到公安机关，一定要让郝俊偿命。

郝俊再三道歉，并表示要为老王太太支付医疗费和丧葬费等所有费用。老王太太的儿子说："没经过抢救哪来的医药费？丧葬费也就是几千元，你必须为我妈偿命。"

郝俊被拘留，随后被逮捕。案件起诉到法院，法官们有两种截然不同的处理意见：

一种意见认为，郝俊犯过失致人死亡罪，应该根据《刑法》第233条的规定，在3年以下判处刑罚，最重也不能超过7年有期徒刑。理由是，老王太太虽然是被他打死，但郝俊的主观方面并不是要故意剥夺她的生命，因为两家平素相处很好。老王太太的死亡，完全是出于他的过失。

另一种意见认为，郝俊的行为构成故意伤害罪，应该根据《刑法》第234条的规定，判处10年以上有期徒刑或者死刑。理由是：郝俊举起铁锹要打他妈，有伤害他人的故意，只是因为他意志以外的原因，他妈躲闪，而老王太太又没注意，在这种情况下他才没打到他妈，打到老王太太头上，这不能否认他具有伤害他人的主观故意。从故意伤害罪犯罪构成方面看，郝俊在客观方面，具有故意损害他人身体的行为；在主观方面是故意；郝俊侵犯了他人的身体健康权，造成了严重后果。被他打死的虽然不是他母亲,而是别人,但这不能否认他的行为构成故意伤害罪。

法院审判委员会经过讨论,认定被告人郝俊犯故意伤害罪,判处其有期徒刑 15 年,并且判令郝俊赔偿被害人家属的经济损失。

这个悲剧,是由孩子传言引起的。

传言猛于虎,传来传去离了谱。

045　为妹报仇

崔金库18岁时死了母亲,这时他妹妹崔芬才12岁,他们兄妹俩跟随父亲一起生活。当时家境贫困,为了使妹妹继续读书,崔金库弃学务农。后来他结婚另立门户,家里只剩妹妹跟父亲两个人。崔芬高中毕业后,在村里的小学当上了教员,尽管她跟父亲在一起生活不算困难,但崔金库还是要经常回来帮助干活儿,并且给送钱、送粮,尽自己所能使妹妹和父亲生活富裕幸福。

崔芬25岁时嫁给了邻村郭士元为妻。崔芬结婚后,父亲就到儿子崔金库家,跟他在一起生活。没过多长时间,父亲又患脑血栓,随后瘫痪在床。不仅不能到田地里帮助干活儿,还牵涉崔金库夫妻不少精力,这使他们的生活显现困难。过了两年,父亲又因为肺炎,持续高烧,花掉许多医疗费也没治好而命归黄泉,这使崔金库家里的经济情况更加雪上加霜。

再说妹妹崔芬那边。她丈夫郭士元虽然是村委会的治保主任,但却是个地地道道的法盲,也许他在村上的工作出色,但在家里,实在说不过去。每逢跟崔芬发生纠纷,打人砸东西是常事。崔金库知道这种情况,想过去跟姐夫郭士元论理,想问他为什么打老婆。后来被妻子劝说,这才没去成。一般人都认为,小夫妻发生争吵,别人不要参与。崔金库尽管始终没去找妹夫讨说法,但为妹妹常常遭到殴打心里一直愤愤不平。这种潜在的不平遇到刺激将会瞬间喷发,并可能一发而不可收。

一日，郭士元要在自家的院子里盖两间厢房，崔芬不同意，俩人发生争执。郭士元说："在院子里盖两间厢房，可以随时放些破烂东西和柴草。"崔芬说："没经过批准就盖房是违法建筑，盖完以后，又会使院子不敞亮，实在没有必要。"俩人发生了分歧，郭士元一向都是我行我素，没有半点商量余地，他根本不听妻子意见。在他眼里，男人就是一家之主，妻子只不过是洗衣做饭、打扫家庭卫生的人。他买来了许多建筑材料堆在院子里，随后就找来一些建筑工开始盖房。

崔芬看见院子里堆满了各种建筑材料，就对丈夫说："这个家是我们两个人的，对盖房意见不统一，我们应该再进一步探讨，弄清楚是否有必要盖。盖房子不经过审批属于违章建筑，如果将来被有关部门给扒了，损失不是太大了吗？"

郭士元什么话也不说，来到她跟前，"啪啪"就扇她两耳光，他完全不顾打人会引来怎样的后果。崔芬又一次挨打，如受奇耻大辱，立刻流泪。她跑到哥哥家，说明情况，表示不想跟他过了，要离婚。

嫂嫂劝她："既然阻拦没有用，他愿意盖就让他盖吧。盖这两间厢房虽然要花不少钱，但毕竟要比赌博输了或者吸毒花了强多了。有些男人在外边大手大脚，吃喝嫖赌，烟酒无度，把钱花了你也没有什么办法。假如你离婚了，另找一个也是乱花钱的人怎么办？也不能总离婚。"

崔金库见妹妹被打，就想过去问问妹夫：这日子还想过不想过，并且想警告他，如果再打妹妹，崔家这边不会袖手旁观。他媳妇说："夫妻之间对某些问题看法不一致，发生争执这很常见，别人不必参与其中。夫妻俩吵完事情也就过去了，如果别人参与其中，只会使矛盾复杂化，不好处理，不利于人家小家庭的和睦。"崔金库在媳妇的劝说下暂熄怒火，没去兴师问罪。

崔芬在哥哥家只住一天，觉得这样住下去不是长久之计，又返回家中。到家看见院子里堆放的建筑材料，一群建筑工在盖房，一气之下找出半瓶自己家用剩的农药，一饮而尽，自杀身亡。

崔芬死了，郭士元料到崔家可能要责怪他，但这么大的事情隐瞒不住，人家早晚会知道，就把崔芬死亡的事告诉给崔金库。

崔金库因为妹妹经常被打，早就想找郭士元出口气，现在妹妹已死，他决心为妹妹报仇。他知道郭士元是村里的治保主任，况且郭氏家族在当地也有不少人，他一人去了会吃亏，就领崔氏家族一些人和一些亲戚、朋友凑了二十多人，浩浩荡荡地来到郭士元家。

郭士元以为他们是前来奔丧的，毫无提防。崔金库领来的这些人进院子以后，个个都像哑巴一样，什么话都不说，纷纷拿起院子里的铁锨、镐头、木棒，有的进屋砸家具、家电、炊具等东西，还有的上房扒房子。郭士元家顷刻之间变成一片废墟，就像被一个巨型炸弹炸过一样，一片狼藉。

郭士元看到这伙人来势凶猛，自知抵挡不过，没敢招架，就悄悄地向公安机关报告，乡公安派出所的民警立刻赶来制止。崔金库也被当场被带走。

案件起诉到法院。法院经过开庭审理，认定崔金库犯故意毁坏财物罪，根据《刑法》第275条的规定，追究了他的刑事责任，并判处他赔偿郭士元因财产被毁所遭受的全部经济损失。但由于崔金库家贫如洗，赔偿部分执行不了。郭士元所面临的困境只能依靠自己求亲告友和向国家申请救济来解决。

暴力显示无能，温和常能取胜。

046　我要离婚

　　青年农民严波脸朝黄土背朝天，土里刨食，日子艰辛。后来他参军入伍，随后又复员回家，这样他的身价跟以前可就大不一样了。

　　在农村，复员军人很受人尊重，既有在村委会里谋到职务的可能，也有被安排其他工作每月挣工资的可能。所以，他的家门媒人接踵而至。经人介绍，本村美丽漂亮的小学教员高敏嫁给了他。结婚那天，天公作美，天气晴朗，万里无云，没有一丝风。严波家在院子里摆了二十多桌酒席，招待前来贺喜的人们。除了双方的亲友到场，还有小学的老师、村委会的领导以及许多街坊邻居。

　　高敏在村里是个民办教员，既能每个月拿到村里和乡里的临时补助，又随时有转为国家职工的可能。在农村，每个月能挣到现金这是不少人朝思暮想，梦寐以求的事。严波有了这样的媳妇，感到春风得意，扬眉吐气。他认为，凭自己复员军人的身份，只要有机会，在村委会里谋到一个民兵连长、村委会的治保主任等职务是不困难的。所以他跟妻子高敏的生活，充满了阳光，充满了希望，充满了幸福。

　　人走时机马走膘。就在这个时候，一个更大的喜讯传来，作为复员军人的严波被安排到辽河油田当石油工人了，马上就要成为国家的正式工人。这样一来，他不仅每个月可以拿到稳定的工资，年老退休时还可以拿到退休金；生病了，公费医疗，一生将会衣食不愁，生活无忧。

　　他要去当工人，妻子在家为他准备新衣服、新被褥。而他却这样想：妻子如果不在农村，也在辽河油田，在那里当小学教员，或者是那里的一名职工，俩人天天在一起生活那该多好。有了这样的想法，他就用开玩笑的口吻说出了不是开玩笑的话："我要跟你离婚。你的条件优越，应该找一个比我更好的。"妻子以为他开玩笑，也用开玩笑的口吻说："你就是最好的。"

严波到辽河油田报到了，在那里成为一名正式油田工人。高敏送走了丈夫，便跟公婆住在一起。谁能想到，严波一走竟然杳无音信，一年没往家里来电话和写信，就连春节也不回来。高敏想去找他，只知道他在辽河油田，却不知具体住址。

高敏心想，严波去辽河油田当工人临走时，曾经说过"我要离婚"，但离婚这么大的事，能想离就离吗。再说，生活得好好的怎么突然就要离婚呢？

寒假到了，小学放假，高敏决定利用寒假到辽河油田找丈夫。

辽河油田在哪儿呢？听别人说，在锦州一带。高敏就乘火车到了锦州。下车一打听才知道，辽河油田根本不在那，而在盘锦，高敏又乘车来到盘锦。辽河油田是一个几万人的大企业，分布零散，要找一个不知道工种的普通工人，难于上青天。她在辽河油田石油局人事部门的帮助下，查找了几万张人事卡片这才找到严波的下落。

高敏痴情，千里迢迢寻夫，终于见到了阔别一年多的丈夫。她没想到，夫妻二人这么长时间没见面，严波竟然对她冷若冰霜，毫不理睬，不招待吃饭，不安排住宿。后来由单位领导出面，这才打破了尴尬局面，安排了高敏的吃饭和住宿问题。

严波的领导和同志们批评他，严波说："我要离婚。"人家问，为什么要离婚，他也说不出个子丑酉卯。领导为了使他们夫妻俩增加感情，安排他们在一起住。过了几天，高敏要回家，油田的有关领导还给严波几天假,让他护送高敏回家。

严波回到家,离婚的念头仍然没打消。为了使妻子同意离婚,他不但寻衅滋事,还殴打高敏。高敏是个小学教员,家庭教育对她影响很深,她保持着中国妇女的传统美德,在做好本职工作的同时,仍然尽心尽意照顾好丈夫,无微不至照顾好公婆,希望能感化丈夫。然而这些都毫无用处。

离婚要有理由,这个理由即使不被众人支持,也不应该受众人指责。因此,既然要离婚就得说对方有缺点,如果没有缺点,或者缺点微不足道,就得扩大对方的缺点,或者歪曲事实,或者颠倒黑白,或者编造事实以此说明自己要离婚是对的。严波在高敏身上找不到什么可以离婚的缺点,就给她编造事实。

高敏不管是在村子里还是在学校,为人正派,有目共睹。严波到小学去给高敏散布谣言,老师和校长都很气愤。汪德龙校长对严波说:"学校是教育人的地方,不是打架的场所,如果要打架,不要再到我们学校来,以免给师生带来不好影响。"严波被校长批评了,调转矛头,立刻说高敏跟汪德龙有不正当的男女关系,而且已经被他捉奸在床,他要离婚的原因就在于此。

严波说的粗话、脏话太难听,男老师见他胡搅蛮缠都不理他;女老师听到那些不堪入耳的污言秽语纷纷躲出办公室。当时学校还仍然在寒假期间,没开学,老师们在进行开学前的备课,严波搅得老师们一连两三天不能正常备课。

严波还到村委会说高敏跟校长有不正当男女关系,要求调离高敏的工作。有的村干部信以为真,竟把高敏找来谈心。

严波无视国法,大肆诽谤妻子和他人,高敏无法忍受。她精神上受到打击,人格上受到侮辱,工作上受到影响,已经骨瘦如柴,面容憔悴，丧失了生活勇气，写下遗书，备好一瓶农药，要服毒自杀。幸被老师们发现及时劝导，由人看护，这才避免了一场悲剧的发生。

人们提醒高敏，受到侵犯可以用法律保护自己。高敏考虑了几天，觉得严波这样诽谤自己仍然可以忍受，但因为她，学校的汪德龙校长遭到诽谤，她忍受不了。考虑到这样的夫妻关系已经没有必要再维持下去，就向法院同时提交了两份起诉状。一份是离婚起诉状，要求法院判决她跟严波离婚；另一份是刑事自诉状，要求法院依法追究严波诽谤他人的刑事责任。

严波完全没想到，这么一个弱女子不会打、不会骂，竟然如此厉害，使他防不胜防。

法院民事庭和刑事庭分别受理了高敏的起诉。最后，人民法院判决准予高敏与严波离婚；并认定严波犯诽谤罪。法院开庭审判时严波也承认，他说高敏跟汪德龙校长通奸，不但没有证据，连怀疑也没有，其目的就是逼使高敏同意离婚。法院根据我国《刑法》第246条的规定，判处严波有期徒刑一年。

严波离婚的目的终于达到了，但他离婚后，马上就被送进了监狱，要在那里服刑一年。根据国家有关规定，他被判刑了就被开除公职，不再是辽河油田的石油工人了。他"复员军人"的荣耀将被"刑满释放人员"的名声所遮挡。

人生感悟

忍让是美德，遇事要忍让。但忍让不是软弱，不是一味忍让。忍让到了一定程度就应该依靠法律进行自卫、进行抗争，要依法维护自己的权益。

047　蓄水池

杨树屯的东边是杨树岭。杨树岭的西山坡有二百多亩坡地，长满了树丛和荒草。农民许力明取得了这二百亩山地的使用权。他开垦了山坡，种上各种果树，有杏树、桃树、李子树、枣树，还有许多苹果树。过了两年，有的果树已经结果，许力明看见了美好远景，充满了信心，侍弄果树的劲头更加高涨。

春季干旱，果树需要浇水；树上长满了果子，水果开始成长，这时如果干旱，也需要浇水；给果树喷药，更需要水。可是，山坡地高，山坡上又没有井，不得不到山下去担水。侍弄果树大量用水，这使许力明遇到了不可回避的困难。

在这个山坡上，有一道长长的山沟，每逢下雨，山坡上的雨水就流到沟里，沟里的水汇集多了，就成了河，淌到山下，这些水白白浪费掉。不下雨了，这道山沟滴水不见，沟底的沙粒和鹅卵石清晰可数。许力明决定要在这山沟里修建一个蓄水池，就是用石头、沙子、水泥，在这山沟里修建一道拦水大坝，让雨水流到蓄水池里储存起来，不再淌到山下，这样一来用水时就会很方便。

为了修建蓄水池，许力明想了许多：村委会是否能允许？是否会侵害别人利益？这是不是违章建筑？后来他认为：这一片山坡他有使用权，这个蓄水池是建在他使用的这片山坡上，不会影响别人。为了浇果树而修建蓄水池，村委会不会不让。在山沟里修建一道拦水坝，把这道坝修建得十分坚固，不至于垮塌而淹了山下。他在这个大坝上留出一道排水口，当蓄水池里的水蓄满，超量的水可以从这个排水口流出，确保大坝不会崩塌，不至于淹了山下村庄。他想得十分周全，然后开工筑坝，建造蓄水池。

果然这个方法很好，每逢下雨，山坡上的水都储存到这个蓄水池里，等到他用水时，就从这个蓄水池里提水，不用再到山下去，方便多了。由于山沟长，沟谷深，大坝高，蓄水池里的水很多，成了山坡上的一个人工湖，最深的地方可达十多米，这些水足够他用了。山坡的土质好，用水有了保障，许力明看到了展现在眼前一幅诱人的画卷。

要记住：有一利就会有一弊。许多人在得意时突然遇到了意外，往往是因为没看见弊端而忽视防范。许力明遇到了意外事件，就是因为他对可能出现的弊端没想到。

他们村的中年妇女赵华领着一个4岁的儿子到山上挖野菜。这两个人来到蓄水池边，欣赏着这里的自然风光：山花、野草、水面，蜻蜓在飞，山鸟在唱，大自然真是太美了。这里的野菜特别多，赵华拿着铲子拎个筐，低头挖野菜。她4岁的儿子在蓄水池旁玩耍。蓄水池旁有许多蜻蜓在飞，总是往那些草尖上落，引诱着年幼的孩子。她的小儿子在捉蜻蜓时不小心滑进了蓄水池。

山沟的两旁坡陡，蓄水池里的水深，这孩子一滑进去两脚就踩不到地，在水里乱扑打。在旁边挖野菜的赵华看见了，奋不顾身地跳进水里救孩子。她不会游泳，下到水里扑打了一阵子以后，自身难保，好不容易爬到岸边，只好拼命喊人。许力明等众人赶来，把这孩子从蓄水池里救出时，孩子已经停止了呼吸。

出现这种情况双方互相指责。各方都从自己的利益出发，在指责对方的同时都说自己无过错。赵华说："孩子是在许力明的蓄水池里淹死的，如果没有这个蓄水池，这个山沟里不会有这么多水，孩子就不可能掉进水里淹死。许力明必须承担赔偿责任。"

许力明说："我修建的蓄水池是在我使用的这片山坡上修建的，不是到你们家的房前屋后修建的。赵华领个不懂事的4岁孩子到蓄水池边来玩，应该知道这里危险，应该精心看护，自己没尽到看护责任出现了这种情况，赵华本人应该承担全部责任。"

村民有了纠纷，村委会当然得插手处理。村委会的意见是：赵华和许力明都有责任，"各打五十大板"。

这么处理，赵华和许力明都不同意，这两个人都说村委会有责任。赵华说："许力明在山上擅自修建蓄水池，村委会听之任之，不做任何检查、管理，村委会有责任。"

三方都在推脱责任，争论不休，问题解决不了，只好诉至法院。法院经过审理认为，三方讲的都有道理，又都不全面。把三方的意见综合起来就可以看出三方各有各的责任。

首先，赵华作为死者的母亲，带领年幼的孩子到蓄水池边疏于看管，对孩子的死亡负主要责任。其次，蓄水池的建造者许力明，对这个蓄水池没有增设防护措施，对孩子的死亡也存在过错。杨树屯的村委会对村民许力明筑坝修池，视而不见，疏于管理，负有管理不力的责任。

法院根据《中华人民共和国民法通则》第126条和《最高人民法院关于审理人身损害赔偿案件适用法律若干问题的解释》第16条的规定，判令：许力明和村委会各承担20%的责任；死者的父母作为监护人，承担60%的责任。

由于法院的判决字字在理，又有法律根据，三方都成了"蔫茄子"，均无话可说。

 人生感悟

　　凡事有利即有弊，如果疏于管理，防范不到位，出现事故造成危害，就要依法担责。

本书作者张世琦在开庭审案

048　报警电话

公安机关的110报警台接到一个报警电话，对方说："我叫朱一民，是个退休老工人。我得到一个可靠信息，一个犯罪分子已经把多枚TNT炸弹放到了西江街派出所楼内，将在晚上九点半引爆。他想报复你们，因为由于你们的协助侦查，他叔叔被抓捕归案，并且被判刑了。希望你们立即采取行动，排除炸弹，防止人员伤亡和财产受损。"

公安机关接到这个电话不可能无动于衷，立即启动了严重暴力案件处置预案，成立了专案组，开展紧急调查，并且向市公安局刑侦支队请求排爆。市公安局的刑警支队立即赶赴现场进行搜索，并于当晚8时10分结束搜爆。公安机关的许多人都参加了这次搜查排爆工作，上上下下紧张地忙碌了几个小时，没发现任何可疑爆炸物。

这项工作开展完了就展开了另一项工作，那就是调查打报警电话的人，决心查到这个人。没多久，打这个报警电话的青年金卫在一家大酒店里被抓获，他被带到西江街派出所。这时所里有的民警认出了他，说："这不是前些日子到咱所里来的那个人吗！"

金卫坐在凳子上，低着头，一言不发。公安人员问他："你向110打报警电话，说有人往这个派出所投放了炸弹，你的这个信息是怎么得来的？"他默不作声，不做回答。公安人员又问："这个报警电话是你打的不？"金卫想否认，犹豫了一会儿张了张嘴，欲言又止，因为他知道，别说这个报警电话是用手机打的，就是用其他电话报告虚假情报，公安机关一插手调查，很快就会查出来。在茫茫的人海里，公安机关能单单把他找到,一定是有确凿的证据,抵赖是没有用的。

他考虑了一会儿说:我今天坐到这里,不说你们也会知道。前些日子,我跟我家楼上邻居发生了纠纷,是因为那天晚上十一点多钟,我们都已经入睡,可是楼上仍然有砸东西或者是往墙上钉钉子的"哐哐哐"巨响,这声音把我吵醒。我穿上衣服,到楼上敲开门告诉他们,夜已经很深了,如果需要往墙上钉钉子,或者是需要砸什么东西,等明天再处理。没想到这家人很不讲理。男主人说:"我往我们家的墙上钉钉子,与你有什么关系!全楼的人没有一个来管的,就你一个人跑来管闲事,你想在这楼里称棍儿啊!"

我看他不讲理,就跟他吵起来。男主人说:"我不能受你的气,不能让你欺负,我给公安局去个电话,立刻就会把你抓走。"我说:"你半夜扰民,你让公安局来公安局就能来吗?公安局是你们家的啊?"

我们一边争吵,这个男主人一边拨通了110报警电话。不一会儿公安局的110警车就拉响警笛,真的开到楼下。我一看这家男主人神通广大,怕公安人员来了把我抓走,没敢再跟他讲理就想退出来。这时两个公安人员进了屋,问我是这么回事。我把这个情况跟他们说了,我不知道这家男主人跟公安人员是什么关系,没敢久留就赶紧回家了。

回家后觉得好像是被楼上的邻居欺负了,也好像是被公安人员欺负了。我就觉得,我和楼上邻居吵嘴明显是楼上不对,现在的刑事案件频发,公安机关的110警车应该很忙,为什么要参与这件事呢?而且是在深夜,警笛一响,在这附近给我造成了很不好的影响。我越想越气,第二天才知道,楼上这家男主人有个亲属在西江街派出所工作,我就更加来气。我认为派出所是维护社会治安的,不是帮助打架的，我立刻找到西江街派出所，问所长："公安机关的110警车是帮助居民吵嘴打架的吗？"

所长不理我，停了好长一段时间才冒出一句冷若冰霜的话："只要有人报警，我们就会立即出警，耽误不得。出警之前，我们判断不了你们是吵嘴还是发生了刑事案件。"

我说："我们楼上这家邻居有个亲属在你们派出所工作，我跟他发生口角，他就挂110电话，调警车来为他助威。你们这样使用警车不对。"派出所的所长说："只要有人报警，我们就会立即出警，不能因为报警的人是公安人员的亲属而不出警。"我看所长说的这些话全是官话，不想解决问题，我也没法跟他讲理，只好默默地生气。

就为这儿事我也想报一次警，但没什么事由，就编造一个有人往派出所投放炸弹的信息。一是想出口气，二是想报复一下这个派出所。

金卫跟楼上邻居吵嘴那天晚上，公安机关派警车到现场，金卫很不理解，曾经找到西江街派出所去论理。据说，派出所的教导员还专门找到金卫楼上的邻居，询问那天夜间为什么要报警。回答说："当时已是夜深人静，金卫突然闯到我家，他气势汹汹，两眼溜圆，极有行凶的危险，我们被他吓坏了。在这个时候报警，实为迫不得已，就怕他到这里行凶杀人。尽管报警时他还没动刀，但如果等他拿出刀再报警就晚了。"听了报警人一席话，公安人员也无话可说。

金卫被逮捕，随后被起诉。法院在开庭审理这起案件时，金卫装疯卖傻，想以此逃避法律制裁。在法庭上，公诉人当庭播放了他拨打110电话的录音，证明他在报警时说话层次清楚，逻辑性强，不像在法庭上这样疯疯癫癫。

为了慎重起见，法院委托了有关精神病鉴定委员会对金卫的精神状况进行鉴定,结论是:金卫胡言乱语,答非所问具有表演色彩,并非精神病。其在作案时及目前均没有精神病,具有完全的刑事责任能力。最后,法院根据《中华人民共和国刑法》第 291 条第 2 款的规定,以编造虚假恐怖信息罪追究了金卫的刑事责任。

人生感悟

　　蠢人发怒,无法无天;只图泄愤,不怕被判;锒铛入狱,成了罪犯;事后懊悔,为时已晚。

049 雇个佣人

辽宁省大连市甘井子区沿海村民宋元和妻子张云养海虹,规模越来越大,挣钱越来越多。他们已经雇了一个帮手,还是忙不过来,是不是需要再雇一个,夫妻俩意见不统一。

宋元说:"咱养海虹,规模大,确实很累,但要想挣钱怎能怕累!另外,再雇一个人得花不少钱。"

张云说:"你怎能算不开这笔账呢!雇人虽然需要费用,但雇来的人是来干活的,不是来当大爷的。他干活儿就有创收,如果创收少了,咱可以随时辞退,创收多了,扣除他的工资和其他费用以外还有很多剩余,在这种情况下雇人还是应该的,是划算的。那些干大业,挣大钱的,主要是靠雇人干,哪能事事都由自己去处理,自己有精力应当用到谋求发展上来。"

丈夫又说:"不能光算明账,暗账也得算。假如雇的人来了,在干活儿中有伤残或者生病了,你不管吗?你没看见邻居雇的保姆竟偷主人东西吗!"

"偷什么了?邻居都没发现你怎知道?"

"不少人都知道。保姆扔垃圾,把垃圾袋拎到垃圾桶跟前,不直接扔到垃圾桶里,先把垃圾袋放在地上,从袋里掏出个小袋儿揣兜里,然后再把垃圾扔了。估计是偷主人的味素什么的。在人家屋里直接往兜里揣不方便,就这么干。"

"咱家没什么可偷的。养的海虹在海里,他还能自己捞点儿拿走啊！咱家里除了冰箱、彩电、洗衣机，再就是被褥、衣服，有什么可偷的？钱存在银行，几个零钱有数，怕什么！"

关于雇人的事儿，他俩一有空闲就探讨其利弊，始终意见不能统一，因此就把这事儿撂下了，没雇成。至于雇人应该注意哪些问题他们一直没探讨、没研究。

其实，根据生产的发展和需要，该雇人时应当雇人，否则会影响事业的发展，只是要注意科学管理和适当防范。

春节过后，到了三月初，有一天，他们村的村民杜玉堂来到宋元家，在闲聊时杜玉堂说："我养鸡盈利不多，准备不干了。我雇的那个大李子真能干，让他走了真可惜，很难找到这样的。"

"你雇的这个大李子是哪儿的人？"

"外地河南省的，他吃在这里、住在这里，里里外外的活儿全由他一人管，这小子一米八的大个子，身大力不亏，真能干。"

"你不养鸡了，他上哪儿？"

"他愿上哪儿就上哪儿，我管那事儿干什么。"

"他要愿意，就让他到我这儿来先干几天。如果能适应，可以长期在我这儿干下去。"

过了几天，杜玉堂真的把大李子领来了。大李子姓李，身材高大，人们都叫他"大李子"。由于是熟人领来的，宋元夫妻也就没再细心了解这个人的真实姓名、住址和身份证号码等应当了解的基本情况，更没跟他签订劳动合同，只是口头议定了工钱等内容。宋元夫妻知道大李子是河南省人，以前雇的那个是本村的，人家在自己家住，早饭和晚饭也在自己家吃，只是中午供顿饭。大李子跟他不同，对大李子只能包吃、包住。让大李子住在什么地方呢？住在养殖场吧，那里的几间房屋是仓库,吃住条件都很差,宋元夫妻就让他和自己住在一起。宋元夫妻虽然有儿子,但儿子已经结婚另安家,不经常回来。宋元和老伴儿张云一起生活,大李子住在身边,既是保镖,让他干活儿也方便。

宋元住在沿海农村,家里有五间房。其中一间是厨房,厨房的东西两侧各有两间。宋元与老伴儿住东边两间,西边的两间闲着,就让大李子住西屋。他们待大李子如同亲儿子。对于一个不了解的陌生人,让他与自己同住一处,是一个大疏忽、大失误。

大李子在杜玉堂家是帮助养鸡,主要的活儿是喂鸡、捡鸡蛋、起鸡粪,都是陆地上的活儿。到了宋家工作变了,大部分是在海上干活儿,他一时还不适应,由于宋元夫妻待他热情,亲如一家,他就没好意思说要离去,勉强在这里干下去。

干了一个来月,大李子坚持不住了,不想干。再加上到了五月份,家乡收麦子,家里既缺劳力又缺钱,他想离开这里回家。

在宋元家干了一个来月,大李子对宋家很了解,知道他家富裕。而宋元夫妻呢,只知道干活儿挣钱,根本不问大李子的家庭住址,甚至连个具体的名字也不知道,只跟他叫大李子。由此大李子产生了这样的想法:夜里把宋元夫妻杀了,抢了他家的财物,跑回河南老家,不会有人查到那里。他一连犹豫了三四天,最后下了毒手。

他和宋元夫妻住在一起,只是东西屋之分,中间隔了一间厨房,夜里睡觉,东西屋都不插门,夜里起夜也都经过厨房才能走到院子里去上厕所。

一天夜里,大李子从厨房拿一把劈柴斧子,来到东屋很快就把熟睡中的宋元夫妇砍成了一堆肉泥。沿海的渔村深夜没有车辆通行,没有人员走动。大李子非常从容地翻出两千多元,又拿了宋元的一套西服、一双皮鞋，还有其他一些零碎东西，天亮之前离开这里，乘火车踏上了回家之路。

大李子一到家，妻子就问："你是不是收到了我的信？怎能这么快！我前天才给你邮出去，今天你就到家了！"

"你给我写信干什么？"

"想告诉你一下，家里一切都挺好，麦子有人帮我们收了，让你安心在那边打工。"

"你在信封上写上咱家的住址了吗？"

"写了，万一你收不到这信也能退回来。"

"完了。我在大连那边跟老板打起来了，把人打得挺重，看来我得赶紧离开家，公安的很快就能找来。"

大李子在家没呆下，转身又乘火车去广东深圳，潜逃到那里打工去了。三年半以后，公安机关掌握了大李子的下落，大连市公安局甘井子区分局派人到深圳，在当地公安机关的配合下，将大李子抓获并押回大连。

大李子连杀二人，没有从轻处罚的理由。大连市中级人民法院经过公开审理，认定他犯抢劫罪，将他判处死刑。

人生感悟

　　对陌生人如果亲切而有礼貌，那他一定是个真诚而富有同情心的好人；对陌生人如果完全的信任而不加防范，那么，悲剧和厄运将会降临他头上。

050　王吉放火

沈阳市铁西区人民法院审判的王吉放火、抢劫案是这样的：

王吉是沈阳第三钢窗厂的青年工人，在工作中与本车间一个外号叫"大美丽"的姑娘建立了恋爱关系。"大美丽"并不美，红嘴唇、红脸蛋、红指甲、黄色披肩发，爱打扮，不是长得美而是"臭美"。他们恋爱时间长了，这种关系也逐渐公开，全厂人都知道他俩在恋爱。王吉常到"大美丽"家，"大美丽"的父母、亲友也都知道他俩的恋爱关系。

恋爱初期，王吉去"大美丽"家，事先都打个招呼，或者是接受"大美丽"的邀请，过了一年多彼此熟悉了，礼节也少了，王吉偶尔也会成为"大美丽"家的不速之客。

有一次，他去了正赶上人家有客人。这个人也是个年轻小伙子，与他的年龄相仿，西装革履，文质彬彬，坐在沙发上吸烟、喝茶，看样像个读书人，或者是从事脑力劳动的。"大美丽"给他俩一一作了介绍。"大美丽"对他说："这是我表哥。"然后又把他介绍给那个小伙子，说："这是咱车间的工友，我的好朋友。"两个小伙子握握手，也就相识了。互不熟悉，也没什么更多的话可唠，王吉在那坐了一会儿也就离开了。

过了三四个月，王吉在"大美丽"家又一次遇上了这位"表哥"。以后，在"大美丽"家，偶尔也会遇上这个年轻人。王吉也想到了："大美丽"会不会欺骗我，她是不是也在与这个人恋爱？又一想,不可能。一是表哥表妹是近亲,不能恋爱;二是即使不是表哥,我王吉与"大美丽"的恋爱关系是公开的,"大美丽"的父母都知道,也不会在"大美丽"家再冒出一个与我身份相同的人。王吉没再多心,他辞退了数不清的媒人和主动求婚者,一心一意与"大美丽"相处,并且一直认为,长时间的相处,已经奠定了牢固的婚姻基础,俩人结婚只是早晚的事。

在恋爱中,王吉常常谈到结婚应该购置什么样的家具,屋内如何摆设,"大美丽"也积极插言,认为什么家具的颜色好、款式新。美好的家庭、幸福的婚后生活,离他们越来越近了。

有一次,王吉还提到结婚登记的事,"大美丽"说:"咱登记得选个好日子,最好是阳历、阴历都是双日。"

有一天,王吉在"大美丽"家跟她说:"8月26日这天就是好日子,阳历、阴历都是双日,而且在这个日子中还带个'8',这天咱去登记,婚后的生活准能发。""大美丽"说:"我不能再登记了,再登记就重婚了。"

王吉听得十分清晰,但不解其意,也就没理她。事后王吉回想起来,"大美丽"当时的表情不像是开玩笑。再说,开玩笑也不能用这个话题。王吉主动约"大美丽",专门商量结婚登记的事。"大美丽"毫不掩饰地告诉他:"我上个月跟小刘登记了,准备最近结婚,结婚时欢迎你去吃喜糖。"说完,两眼盯着王吉,看他有什么反应。

"大美丽"挺严肃,王吉看得出她不是开玩笑,但他还是说:"我跟你说真格的,挺大的姑娘怎么没正经呢?"

"真的,谁说谎谁是小狗。我已经跟我表哥登记了,以后我再给你介绍一个好的,保证比我强。"

王吉还是有点儿不信：认为我们恋爱这么长时间了，恋爱关系是明确的，感情一直很好，从来没发生矛盾和争执，怎么会出现这种事？再说，表哥表妹不能结婚，法律有规定。他还是不相信这个现实。

"大美丽"心里十分坦然，说："信不信由你，反正我告诉你了，我不能欺骗你，做事得讲良心，事情是咋回事就是咋回事。咱俩处这么长时间，你对我好我知道，你的婚姻问题我承包了，保证给你介绍一个好的，一定对得起你，你看够意思不？"

王吉听了，觉得"大美丽"就像贪官讲廉政、娼妓谈贞操。她说的那些"良心"、"不能欺骗你"、"够意思"等美好动听的字眼使王吉发怒了。

原来，"大美丽"的表哥，并非真的是表哥。这位被称为"表哥"的人，与王吉的地位、身份完全一样，也是"大美丽"的男朋友、恋爱对象。"大美丽"选对象，就像在商店里买东西，一起拿来两个，挑一挑，比一比，最后选中了"表哥"，王吉成了等外品、残次货，被淘汰了。"大美丽"确实在上个月与那位"表哥"登记了，但她有她的小算盘，就是这个底细不能过早地让王吉知道，让他知道的时间应该是把自己的替身——另一位姑娘介绍给他的日子。因为王吉过早知道了，容易干扰她的"战略部署"，坏了她的大事。

王吉被骗了，被耽误了宝贵青春时光。面对这样的现实怎么办？不同的人，有不同的处理方法，当然后果也不相同。

王吉认为，"大美丽"不会无情地一脚把他踢开，出现这种情况一定另有原因，或者是误解。由于有这样的判断，他采取了"跟不讲理的人去讲道理"的愚蠢办法。他决定约"大美丽"好好谈一谈，指出她的错误，让她改正，争取挽救败局。

他跟"大美丽"说:"恋爱,本来可以成功,也可以失败。我不是说不允许你和我断绝恋爱关系,我是说咱俩这边正恋着,你怎么就和别人登记了呢?"

"大美丽"跟他讲理,说:"咱是讲道理的,我跟你说,咱都是年轻人,都懂婚姻自由,大道理咱就不说了。我跟小刘登记,别说你阻拦不了,就是我的父母也不得阻拦。咱俩相处这段时间,没产生矛盾,也没有隔阂,所以我说要对得起你,我已经答应,你的婚姻由我包下来,一定给你介绍一个好的,你看我够意思不!"

"我的婚姻是不是要由你包下来,这是另一回事,我也不是再找不到对象了。"

跟不讲理的人讲理,其结果只能是吵架。王吉没有例外。他俩继续争辩这件事的对与错。

"大美丽"说:"你既然能找到对象,还来纠缠我干啥!我要给你介绍对象,也不是认为你再找不到了。我总感到我们相处一直不错,我不能只顾自己跟别人结婚、度蜜月,看着你光棍一个人。我不能做对不起你的事。"

"这事儿你能对得起我吗?我和你恋爱好几年,辞退了多少个媒人来提亲你知道吗?又有多少人知道咱俩在恋爱而不再来做媒?你既然不想和我处下去,已经和别人恋上了,为什么不及早告诉我?你拿我当猴耍,耽误了我这么长时间,欺骗了我的感情,怎能说不做对不起我的事呢?"

"不管怎么说,咱俩仅仅是在恋爱。恋爱,应该允许对方提出中断恋爱关系的意见。再说,我和小刘已经登记了。结婚登记,这是大事儿。事已如此不能改变了。为人处事,我不能出尔反尔。做人得有起码的信誉吧!"

王吉这才知道，跟这么个人讲理，是讲不清楚的。对牛弹琴，说明自己愚蠢。就此拉倒吧，王吉又觉得忍不下这口气，犹豫了两天，他决定，去找"大美丽"的父母再谈一次。

一天，王吉趁"大美丽"在工厂工作就溜了出来，闯进"大美丽"家。二位老人都在家，王吉说明来意，他还没等把话说完，"大美丽"的父亲就说："既然你知道咱女儿跟别人登记了还来纠缠啥？"说完，不再理他，转身干自己的活儿去了，往日的热情没有了。他又跟"大美丽"的母亲谈。她母亲说："咱女儿已经跟别人登记了，以后你就别再来了，以免给咱带来不好影响。一家女，百家求。姑娘大了，要嫁给谁，完全由她自己作主，她愿和谁登记就和谁登记，只要不重婚，谁也管不了。现在都是婚姻自主了，咱当爹妈的怎好包办婚姻。"

王吉说："我不是让你们包办婚姻，事已如此了，我是说，你们这么做不对。"

"大美丽"的母亲说："结婚以后还有离婚的，婚姻自由了，谈不上对不对。你没事儿走吧，别干扰我们正常生活。"

王吉没想到"大美丽"的父母会这样对待他，当场就跟他们吵了一架。他指着"大美丽"的母亲说："有其母必有其女。就你这个混样，能教育出明白姑娘吗！你们一家全是些混球！"

"大美丽"的父亲见他骂上了，拽他胳膊说"你给我滚开"，一把就把他推出门外，随后把门插上。"大美丽"家是楼旁的平房，王吉在门外踹了几下门，门没坏，屋里的人不理他，他这才骂骂咧咧地走开了。

骗人的事在各个领域都能遇到，没想到这种风气还会向婚姻爱情这块净土上蔓延。一般的骗子，骗人之后都会编造一些理由，用好言好语哄劝被骗者，使他老老实实接受现实。"大美丽"虽然也有要把王吉的婚姻"包"下来的表示，但从总体上来说，还是认为骗得有理。世间万事就是这样，从不同的角度看，有不同的结论。对事情，人们都从自己的利益出发，谈理由，做事情。"大美丽"就是这样，她不认为自己这样做有什么过错。

王吉跟他们讲理讲不通，他被骗了，感到很窝囊，怎么办？他想到了找单位领导、找街道居民委员会、找公安派出所、甚至是找法院，都不行，他们能管这种事吗！即使管，也就是批评"大美丽"几句，也改变不了"大美丽"已与别人登记的事实。他想来想去，最后作出决定：你们不讲理，我也来混的，咱谁也别想好。即使我死了，临死前也要咬你们一口，出出气。

错误的决定把他引向歧途，使他在被骗之后又遇到了更大不幸。

他想报复"大美丽"，杀人、伤害，都想过了，但他不想放过"大美丽"的父母。一天深夜，人们都在熟睡中，王吉用自行车驮来两桶油，泼到"大美丽"家的门上、窗上，然后用打火机点燃。

"大美丽"家的房子是楼旁的平方，一面靠楼房，另外三面分别是一扇门和两扇窗。门窗同时起火，三面火苗立即包围了这座房子，王吉一看目的达到了，拔腿就跑，忘记骑回自己放在现场的自行车。跑了一段之后这才想起自行车，但听到火海处一片嘈杂声，没敢回去。他想搭出租车，又一时没遇上，这时，一位下夜班的工人骑自行车从他身边路过。他一下子薅住人家自行车的货架，把车子拽倒，对那人高声恫吓："把车子给我！"那人死死抓住自行车不放，王吉踹他一脚，说："你要车子还是要命，还得我动刀吗！"那人松手了，王吉登上自行车飞快地向火车站方向骑去。

王吉来到火车站，乘上一列去大连的列车，逃离沈阳。几个小时后他到了大连，出站时，几个警察好像早就等在那里，对他进行盘查。王吉做贼心虚，撒腿就跑，迎面来的警察迅速给他戴上手铐。

原来，"大美丽"家的门窗起火后，全家人立刻起来扑救。邻居怕殃及自己，也都赶来了，大家一起动手，很快就把大火扑灭。别说现场留下了王吉的自行车，就是没有这辆车子，"大美丽"家也知道这是王吉干的。他们立即报案。

王吉放火后又抢自行车，按我国《刑法》的规定，他犯了两种罪，每种罪最轻是在三年以上判刑。按照数罪并罚原则，他被沈阳市铁西区人民法院判处有期徒刑六年。

一场大火之后，"大美丽"家换上了新门窗。新门窗为"大美丽"的出嫁增添了新气氛。就在"大美丽"吃喜糖、度蜜月的时候，她过去的恋人——王吉，开始了高墙内的囚徒生活。

被人欺骗别发火，认真考虑想对策；处理方法对与错，会有不同的结果。

051 色情陷阱

阎斌,男,39岁,是东胜区水产局的一名普通职员。夏季一个星期天的早晨,他到劳动公园去晨练、散步,在公园里溜达了大半天,就在他准备要回家的时候,从身后走来一个漂亮的女郎。这女郎三十多岁,走到阎斌跟前,主动跟他搭话。

女郎说:"大哥早晨到这里来是晨练的吧?"

阎斌回头看了看,见她穿戴打扮虽然不很华丽,但朴实、大方、干净,笑吟吟的,对她说:"早晨没事儿,来溜达溜达。"

女郎说:"我也是,这里空气好,人多,还热闹,我差不多天天都到这里来。今天是星期天,这里的人比往常多。现在公园里的人都是晨练的,等这伙人回去了,还会陆续再来一些,再来的都是来溜达、游逛的。"

她跟在阎斌身旁,一边说一边走。阎斌说:"是。"

"看大哥像是一位干部,在哪儿上班?"

"水产局。"

女郎很感兴趣,就问:"水产局?水产局是干什么的?管自来水的吧?"

"不是,主要是管理与水产品生产有关的一些业务。"

"在你们那里上班,都得是大学毕业的吧?"

两个人说着说着,女郎就指着路旁一个长条小凳,拽着他,跟他说:"我对你们的工作挺感兴趣,大哥,在这儿坐一会儿。"

不少男人都有这么一个弱点,见到女人黏糊糊的就迈不开步。阎斌不傻,在公园里突然遇到了陌生人,还拉他到路旁凳子上坐一会儿,他竟然跟她坐到了一起。他可能还认为,不用花钱就有女人陪聊,是个便宜事。有便宜而不警惕,不躲避,上当受骗往往就从这时开始,人生悲剧就会上演。

女郎跟他聊呀聊,全捡阎斌愿意听的说。什么大学毕业的,什么工资高啊,待遇好啊等等。女郎问:"你们一个月能挣两三千吧?"

"我挣三千三。"

"哎呀!大哥是当官的吧?"

"不是,我是普通公务员,公务员的工资比较高。"

女郎说:"我现在的工资才刚过一千,你一个人挣的有我三个人挣得多,像你这样应该潇洒地生活,该吃则吃,该喝则喝,该玩则玩。"

"也没什么可吃的,现在都是大米、白面、鱼、肉、蛋,肉和蛋又不能吃得太多。"

"那就玩,到哪儿去旅游。"女郎见他不说话,又继续说:"现在有人卖淫,都是收入高低不均、生活贫富差距太大造成的。像你们这样有钱,花个三十、五十的潇洒一把,这不算点什么花销。"

女郎又跟他说:"这附近的春华旅馆就开设钟点服务项目,到那里潇洒一把,两个小时,还能洗一次澡,才花40元,再找个女人陪一下,一共花个六七十元,像你们这么有钱,这太容易了,不算负担。"

阎斌听她说这些话,瞅了她一眼,觉得她精神很正常,与正常人没什么两样，就只是微笑，没再插言。女郎说："今天是星期天，咱们都没有事，我领你到那儿去开开眼界，潇洒一把，也不花多少钱，房费40元，洗个澡，找个女人陪一下，如果找不着，我陪你，你给个二十、三十元就行。"说完就站起来，拉着阎斌往那走。阎斌虽然站起来但没挪步，心里在犹豫。女郎说："什么事也没有，出了事我负责。"阎斌也就慢慢吞吞地跟她去了。

这女郎好像来过，对这里的一切都很熟悉。她登记完了，对阎斌说："你先交40元。"

阎斌看了登记簿上签的字，在住宿人姓名的栏目里，两个人的姓名，一个姓王，一个姓张，根本没有自己的名字，而且接待人员也不看居民身份证。阎斌拿出40元交完，像个俘虏一样，跟在这个女郎身后，走进一个房间。进屋后，女郎插上门，对阎斌说："这比自己家都安全。在家里，有时会有亲戚朋友、老婆孩子回来，在这里，由旅店老板给看门放哨，什么事儿也没有。咱先洗个澡，你先洗还是我先洗？"

阎斌说："你洗吧。"

女郎说："我快。"说完，很快把身上所有的衣服都脱净，袜子也脱了，浑身上下一丝不挂地站在阎斌面前，没话找话跟他说，好像有意让他看看自己的裸身，说："那我先进去了，一会儿就洗完。"阎斌哪看过这种场面，心怦怦直跳。

女郎洗完了，光着身子，站在阎斌面前说："你去吧，水挺好。"

因为有女郎做榜样，阎斌也脱光了身子，到卫生间去洗澡。洗完，出了卫生间，看见女郎赤条条地躺在床上。女郎说："上床休息一会儿。"

阎斌也光着身子上了床。这时女郎说:"我来电话了。"随后就拿出手机,用手摁了几下,就跟对方说了话。说话的内容大致是:我知道了,过一会儿我再过去。

女郎把手机揣到裤兜里,转过身,靠近了阎斌,两个人正在摸摸索索的时候,门开了,一齐冲进三个男的,这三个进屋立刻就把门锁上。其中一个拿着照相机,进屋就照相,"啪!""啪!""啪!"什么话也不说,一连拍下许多张。

其中一个大个子指着女郎对阎斌说:"她是我老婆,我知道她不走正道了,今天让我抓到了,我的朋友给拍下了照片,有证据,算你倒霉,怎么办吧!"

阎斌惊慌失措,手脚哆嗦,有如筛糠,说不出话。这三个人根本不顾床上这俩人的丑态,直奔阎斌的衣服裤子,每个兜都翻遍了,把手机摘下来,一共翻出一千多元钱。大个子说:"这几个钱不行,你得拿一万元,要不,这件事就不能了结。"

旁边一个小个子说:"这个事也不能全怪大哥,你要没有一万元,给五千吧,现在这里已经有一千多,你回家再取三千五,我们在这里等你。你把钱拿来,我们再把你的手机、证件全还给你,然后当着你的面,把照相机里的全部影像删掉,这件事就一笔勾销,全当没发生。"

那个大个子说:"你如果不给我们送钱,我们就把这些照片洗一大堆,送到你家、送到你单位、送到派出所,让公安派出所罚你个三千五千的。"

这几个男人说完,就等阎斌说话。阎斌虽然害怕,但并没吓死,也没吓糊涂,他看看身边那个女郎,女郎并不怎么慌张,他明白了,自己中了圈套,进了陷阱。他犹豫了一会儿说:"你们在这里等我,我回家取钱,我没有那么多,给你们送来三千吧。"

大个子说:"我们不怕你不给送钱,我们照相机里有你的照片,你送钱这是便宜你,否则后果会怎样你自己知道。"

阎斌灰溜溜地从旅馆里出来,回家取钱。这时他才彻底明白:自己上了圈套,被人当猴耍了。自己洗完澡,上床时,女郎打了电话,实际上是在向外边通风报信,让外边的人进屋要钱。

阎斌在考虑,是往这里送钱呢,还是到公安机关告发。他思前想后,觉得应该往这里送钱,全当花了这些钱买个教训,否则,这帮人把照片到处乱送,将会耽误自己的许多大事。

阎斌回家取了钱,往这送的时候,还没走到旅馆,与旅馆大约还有100米,就看见这三个男子已经在那里等候。大个子对阎斌说:"把钱给我们吧,这件事也不能全怪你,我回家再教训我老婆。"

阎斌看只有这三个男人,那个女郎已经无影无踪,也许又去欺骗他人。

阎斌交了钱,感到窝囊,总觉得这口气咽不下去,就到公安机关报案。他明白,报案及时,有利于破案,有利于司法机关依法惩罚这些犯罪分子。他提供了女郎和三个男子的体貌特征,公安机关又调取了春华旅馆提供的监控录像资料,很快把这三男一女抓获。

案件起诉到法院,法院认定这四个人合伙作案,共同犯罪,其行为均构成敲诈勒索罪,分别判处了他们不同的刑罚。

遇便宜,需警惕;不警惕,就会遇悲剧。

052　失恋之后

恋爱的结果有两种：一种是成功，结为夫妻。当然结婚以后也有离婚的。另一种是失败，俩人恋了一阵子之后分道扬镳，各自另找新人。不管成功与否，都很正常。而青年杨殿武不是这么认为的，他要求恋爱一定得成功，一定要跟对方结婚，否则就不想活了。

杨殿武是大连市金州区的青年工人。27岁那年跟本厂20岁的青年女工陆梅确定了恋爱关系。

杨殿武的婚姻自己做主，父母不管他，也管不了他。陆梅不行，别说婚姻问题，就连上"夜大"她父母也要管，说什么也不让去。理由是：晚上去上课，万一在路上遇到不测，那不是因小失大吗？她父母都认为：一个女孩子，老老实实当个普通工人就行了，用不着念大专。女人干得好不如嫁得好，将来找个好丈夫，比什么都强。就凭这个，硬是把上"夜大"的事儿给搅黄了。陆梅料到，对她的婚姻问题父母肯定要管。她跟杨殿武恋爱初期没跟父母讲，后来觉得有些把握了，这才先跟母亲简单说了说。

她母亲立刻就说杨殿武年龄大，陆梅的父亲知道后，也说男方年龄大。陆梅解释说："比我大7岁，也不算太大，仍属同龄人。我和他恋爱有个好处，就是他和我在一个厂，彼此互相了解。他这个人不与更多的异性接触，社会交往清楚。他也不参加赌博，就连扑克也很少玩，我喜欢这样的人。这样的年轻人不太好找。"父母听她这么一说，也就没阻拦。

陆梅一看，觉得与杨殿武恋爱有成功的可能，就把杨殿武领到家，让父母再看一看。杨殿武的外表还可以，身材高大，像个男子汉。陆梅的父母看后，没再提出反对意见，只是在年龄问题上仍然喋喋不休，感到不能称心如意。

陆梅父亲说："找这么大的年龄怎么跟亲戚邻居说？"

陆梅说："这也没什么，如果感到让亲戚邻居知道不好，随便瞒个三岁五岁的也没关系，他们又不会去查户口。"

陆梅母亲说："他这么大年龄，是不是已经处过好几个姑娘了，怎么都没处成？是不是人家嫌他有什么毛病？"

陆梅说："他和我在一个厂，我知道他。他家没房子，别人不愿跟他处，如果我和他能处成，他同意倒插门到咱家，那时咱们一起生活，我和他养活你俩，省得哥哥为了照顾你们还得跟嫂嫂吵架。"陆梅的父母还是感到美中不足，但都不再言语。

陆梅的父母开了绿灯，陆梅就放开胆子公开与杨殿武相处。杨殿武知道陆梅的父母不阻拦，也就放心与陆梅往来，不再处处小心谨慎。随着时光的推移，杨殿武的性格、作风、爱好，也越来越明显地暴露在陆梅父母面前。经过一段时间相处，陆梅父亲给他总结出三个致命缺点：

第一，懒惰。他到陆梅家从来没帮助干过活儿。有一次他来，正赶上陆梅父亲买回一袋面，往屋里搬怕弄一身白，就喊陆梅帮他抬。陆梅和父亲把面粉抬到屋里，俩人都累得气喘吁吁，而杨殿武呢，坐在沙发上嗑瓜子，一动也没动，就像没看见一样。只这一件事，陆梅的父亲就把他一碗凉水看到底了。

第二，烟酒无度。有一次，他在陆家喝酒喝多了，吐了满地不说，像头猪似的在人家睡了一夜没走，丑态百出，不必细说。另外，他一天一盒烟，烟灰乱弹，烟头乱扔，陆梅的父亲烦坏了。

第三，胸无大志。正经事儿他从来不谈。对于学技术、搞经营、赚大钱这些男人都很关心的事，好像与他无关。陆梅的父母没看见过他读书看报，也没看见过他拿笔写字。看电视时，连新闻联播这样的节目也不爱看。她父母认为，跟这样一个人生活还不如自己独身一辈子，于是他俩就告诉陆梅：趁早跟他告吹。俗话说，"嫁给当官的当娘子，嫁给杀猪的翻肠子"。嫁给杨殿武这种胸无大志、十分懒惰的人，日后指定会一贫如洗。

陆梅也知道杨殿武这些毛病，但她认为：金无足赤，人无完人。杨殿武缺点突出，优点明显。他不跟其他女性过于亲近，甚至很烦那些放荡的女人，据此可以断定他将来不会喜新厌旧。对于一个女人选丈夫，这一点很重要。况且杨殿武对自己的缺点认账，表示以后可以改。所以陆梅仍然跟他恋爱。

杨殿武不是傻子，他知道陆梅的父母曾经反对他们恋爱，态度不很坚决，到后来才发生了变化，态度比较坚决。对这个变化他没予理睬，不予重视。

有一天，杨殿武跟陆梅一起去逛街。杨殿武想买盒烟，没带钱，就跟陆梅要。陆梅半开玩笑地说："不给！"杨殿武说："真是一分钱难倒英雄汉。你借给我五元还不行吗？"

陆梅说："别说五元，一元也不行。"其实，他俩的经济账已经分不清了，别说几元钱，就是几十元、几百元，他们也不分彼此，只是陆梅想控制他吸烟。杨殿武没招了，就动手抢陆梅手里装钱的那个小提包。一拽，提包带断了，陆梅不高兴，照杨殿武后背就打了一拳。杨殿武本来也不高兴，挨了一拳之后立即还手，给陆梅一个耳光。俩人有点半疯半闹，都不是真的动武，但杨殿武打的部位不对。谁都懂：打人不打脸，打脸就急眼。陆梅挨了个耳光疼倒不觉怎么疼，就是感到有点委屈，当即流了泪，没再理他，一个人回家了。

父母见她不高兴，脸上又有泪痕，就问她怎么了。陆梅没想到后果会怎么严重，顺口说出是被杨殿武打了。这一下子可坏了，她父母原来就不同意他们恋爱，这回坚决反对，杨殿武一来，陆梅的父母就哄他，甚至骂他，不让进屋。

陆梅的父亲对他说："我告诉你，我的女儿不会嫁给你的。她长这么大，我没碰过她一指头，你凭什么打她嘴巴子！好狗不咬鸡，好汉不打妻。你算个什么东西！没结婚就开始打，她若嫁给你，以后挨打的日子不就长了吗？"

陆梅背后告诉杨殿武说："这几天我父母心情不愉快，过些日子他们消了气你再来。"

陆梅与杨殿武的恋爱关系没有断，因为他俩知道，那天两人相打是闹着玩。陆梅把那天发生的事，不只一次地详详细细对父母讲，但由于他们原先就没看中杨殿武，一直找不到恰当理由才没硬性阻拦，这件事成了导火线，两位老人说什么也不同意陆梅与杨殿武继续相处。无奈，事情只好先"挂起来"。恋爱由公开转入"地下"，背地里，陆梅仍与杨殿武不断约会、逛街、看电影。

半年后的一天，杨殿武又来到陆梅家，陆梅父亲见面就斥责他："你来干啥？你要敢打，就来打我。你敢碰我一下，我就要你的命！我告诉你，你就死了这条心吧，只要我活着，陆梅就不会嫁给你！她要嫁给你，我就跟你叫爹，跟你叫老丈人。"

俗话说：过头的话少说，过头的事少做。这一回陆梅的父亲把话说绝了，一点儿回旋余地没留，这最容易激出灾祸。

杨殿武尝到了厉害，感到绝望了。他认为与陆梅恋爱的前景渺茫，希望不大，而自己的年龄越来越大，眼看快到30岁了。万一陆梅向她父母一"投降"，这不是让她耽误终身大事了吗？杨殿武急躁起来，不想再这样拖下去，他约陆梅想好好谈谈。首先，他指责陆梅的父母不该干涉子女婚姻。陆梅说："这不能叫干涉。谁家父母不关心子女的婚姻？"

"这不叫干涉还有啥叫干涉？关心没有这么个关心法。他关心可以，谈谈个人意见就行了呗，但不能硬是把咱俩给拆散。你听你爸说的那叫什么话，他说你要嫁给我，他就跟我叫爹，跟我叫老丈人。这哪叫关心！"

"我爸就这脾气，过一阵子消气就好了。"

"拉倒吧，别过一阵子两阵子啦。现在问题已经很清楚，摆在我们面前只有两出路：一条是你跟父母决裂，咱俩登记到别的地方租房结婚；另一条是你的婚姻由父母包办，咱俩拉倒。你选哪一条？"

陆梅认为，这两条路都不能走。父母想不通，一是可以慢慢劝说，不能牛不饮水强摁头；二是可以用杨殿武痛改前非的行动来感化父母，使两位老人转变态度，不能破罐子破摔，鲁莽从事。她毫不掩饰地说："我不赞成你指出的这两条路。在咱俩面前只有另外一条路，这就是等，等待时间。在较长时间里，你要用自己的行动改变在我父母心中的印象。我父母经过一段时间，态度也会转变。"

"转变个屁！"杨殿武不谈了，转身要走。

陆梅说："不怕问题复杂，就怕头脑简单，此路走不通就得换条路，不能硬往死胡同里钻。咱俩等一等，在适当的时候登记结婚。如果你实在不想等，那只好各自另选他人"。

"各自另选他人"这话陆梅第一次提出来，杨殿武预感失恋已不可避免。在困境中，他恨透了陆梅的父母。他想：恋爱不成活着还有什么意思，不如死了。但不能这么简简单单地死，就是死也得给这两个老东西点厉害尝尝。

在困境中挣扎的杨殿武想了许多许多。一天深夜,他趁陆梅上夜班不在家,就带上一把剔骨刀和一根一米长的铁棒,窜进陆梅家,进屋就粗野地对陆梅父母威胁说:"我和陆梅结为夫妻,这是改变不了的事。今天你们说个准话,到底是同意还是不同意?"

这哪里是解决问题的方法。杨殿武的粗野鲁莽,不可能把这个复杂问题处理好。这话一出口,没等陆梅父母说话,陆梅哥哥从门旁站过来,说:"你想干什么?"

陆梅的哥哥早已结婚,不跟父母一起生活,没想到今天让他遇上了。杨殿武进屋时也没细心看一看是否还有别人在屋,这一来事情就更复杂了。他举起铁棒,不由分说地先往陆梅哥哥头上砸。随后,向屋内的三个人:陆梅的父亲、母亲、哥哥,胡乱地连扎带打,把他们都打倒了。杨殿武看着他们都倒在血泊中不知死活,自知把事情闹大了,就去陆梅所在的车间,想跟她同归于尽。

当时陆梅上夜班,正在看守机床。她见杨殿武向她走来,点头示意后问:"找我有啥事?"

杨殿武没回答,走近她身旁,突然用左胳膊搂住她脖子,右手从裤兜里掏出那把剔骨尖刀,朝她腹部一连扎了两下。陆梅只觉得肚子凉冰冰的,有些麻木,用手一捂,鲜血立即从指缝间涌出,滴落在机器旁。她觉得一阵眼花,就在快要摔倒的时候,看见杨殿武又用这把刀朝他自己的腹部猛刺。

爱情的力量使她清醒了。她顾不得自己腹部在流血,立即上前夺刀,并慌忙大喊:"你疯啦!"夺刀时,三个手指都被划出很深的口子,但没觉疼。杨殿武见她没死,又第二次向她扑来。陆梅一时弄不清怎么回事,捂着肚子拔腿就跑,但没跑多远就一头栽倒在地。

车间里的人发现及时。陆梅和杨殿武都被抬上同一辆车,立即送往医院。

医院里，大夫们正忙着为另外两个人缝合伤口。这两人一个是陆梅的母亲，另一个是陆梅的哥哥。陆梅的父亲虽然也被送来，但心脏已经停止了跳动。

大连市中级人民法院审理此案时，在法庭上，审判长问过杨殿武，为什么要杀害陆梅。杨殿武说："我太爱她了。我想死，我得不到她，别人也别想得到。我和她活着不能结为夫妻，死了在阴间也要成为伴侣。"

大连市中级人民法院以故意杀人罪，判处杨殿武死刑，剥夺政治权利终身。宣判后他上诉，其理由是：他杀人犯罪，是陆梅父母干涉他们的婚姻造成的，要求从轻处罚。

辽宁省高级人民法院审理此案时，认为陆梅父母对子女婚姻问题虽然有些做法不妥，但是，杨殿武连杀四人，致一人死亡，三人重伤，罪行特别严重，裁定维持了一审判决。

在对杨殿武执行死刑时，按照法律规定，都得问一问是否有遗言、信札。杨殿武说："我希望世间的年轻人，在恋爱中，如果遇到我所遇到的这种情况，失恋了，不要走我所走过的罪恶之路，失恋不等于失去一切……"

　　失恋不等于失去一切。失恋之后面对十字路口，选择不同的路，有不同的前途。

053　拐卖妇女

大连辖区内有个瓦房店市。一天傍晚，在瓦房店火车站候车室的凳子上，坐着一个十八九岁的姑娘，她在哭泣，不时地用手擦去眼角的泪水。她像个农村姑娘，但她身边没有包裹，不像是外地打工的。从穿戴打扮上看，也不像乘车出远门的。哭的时间长了，也就引起一些人的注意。

有个五十多岁的男人走过来问她："姑娘，咋的了？"姑娘没理他，用手继续擦着泪，哭出了声。又有两个三十多岁的男人围过来，表示关心。这三个男人是一伙的，他们是山东省的农民，在这里打工。工程告一段落，在这里等火车去大连，然后从大连乘船去烟台回家。年纪大的是个工头，叫王修业，另两个人，一个叫张宝福，另一个叫冯立信，他俩是王修业的徒弟，是跟他到这里打工的。

这三个人在这里等火车，没事，就围在这姑娘跟前，黏黏糊糊，问一句，姑娘不理他们，他们就又问。后来从这姑娘断断续续的回答中才知道：姑娘叫周芳，18岁，是这附近农村的农民，在家从井里提水时，不小心把水桶掉井里了，没捞上来，父亲一气之下踢她两脚。她觉得委屈，就离家准备去鞍山，到她的姨娘家去住两天。到了火车站这才知道，兜里带的钱不多，不够买火车票的。去也去不成，就这么回家吧又不好见爸爸，她进退两难。大概是因为女人泪多的缘故，她坐在候车室的凳子上就哭起来。

王修业说："这算点儿啥事儿！你是年轻人，工作也好找，不到你姨家，到哪儿还不能找份工作干！到哪儿都可以靠劳动吃饭，就是混生活呗！"

姑娘遇到了这么大的困难，但在别人眼里不算个事儿。这三个男人轮番地劝，不断地安慰。王修业说："咱仨是山东的，咱们回山东，你要不想回家，跟我们去。车票、船票，一切花销我们三人包了，给你找份工作，安排好生活，住几天再给家里来个电话，或者写封信。跟我们到山东打工去吧！"

周芳没主意，在进退两难的时候，经他们这么一说，也就同意了。他们四人先到大连，然后乘船去山东烟台，离开烟台又到了一个县城，这三个人快到家了，王修业告诉张宝福和冯立信，一切听他安排。到了县城，天色已晚，他们就在一家旅社包了一个四张床的单间。他们对周芳说："这地方不安全，让你一个人住一个房间，我们不放心，既然大家有缘分走到一起了，就是一家人，住一个屋吧，还能省点儿钱。"一路上，周芳花了人家的钱，也就无法说不同意。谁知这三个人得寸进尺，夜里，首先由王修业，随后又是张宝福、冯立信，他们三人把周芳轮奸了。

天亮以后，王修业对周芳说："咱村有个姓徐的人家挺有钱，家里人口也少，除了徐林这小伙子之外，还有他的父母。你先到那儿住几天，给人家当个保姆，帮助做做家务，混口饭吃，挣点儿零花钱。你若觉得不满意，我再给你找别的工作。反正你的事儿我包了，不能让你没饭吃。"周芳到了这一步也只好听他的了。

王修业这边稳住了周芳，然后让张宝福和冯立信看住周芳，自己找个借口溜了，一人来到徐家，对徐林和他的父母说："我看徐林这小伙子憨厚、能干，从辽宁给领个姑娘来，给徐林当媳妇。我看他俩挺般配。我明天把这姑娘领来，让她在这儿住些日子，适应适应环境,过两三个月之后,选个日子,把婚事一办,也就万事大吉了。"徐林和他的父母被他这么一忽悠也就同意了。

王修业跟周芳并没说是给她介绍对象,根本就没谈婚姻的事儿。周芳一直认为是让她到徐林家当保姆。所以到了之后,周芳以一个保姆的身份,把一切家务全包了。对这样一个农村姑娘,身体好,能干活儿,长相也还说得过去,徐林一家当然满意。他们对周芳的生活等各个方面也照顾得无微不至。

过了一个月,没出过家门的周芳想家了,就跟徐林一家人说:"我在这儿干了这么多天,咱算算账,把工钱给我,我想家,要回去了。"

回家怎么能行呢!原来,周芳在这儿住了十多天的时候,王修业来了一次,看周芳在这儿生活、劳动都挺好,也挺安心,就背地里跟徐林一家要去5000元"婚姻介绍费"。这些钱包括周芳从辽宁来到这里的路费、食宿费和王修业他们三人的辛苦费。王修业拿了这5000元,自己留3000元,余下的给张宝福、冯立信每人发1000元。

周芳要回家,徐家便热情"挽留";周芳坚决要回去,徐家便对她严加看守,锁上大门,不许她出院子。后来周芳哭着、闹着要回家,徐家没办法,就向她说了实话:是徐家花5000元把她从王修业手中买下的。钱已经花出去了,就想让周芳在这儿适应一下环境,然后选个日子为她和徐林完婚。周芳如梦初醒,大哭一场,大骂王修业是披着人皮的狼,她更想要回家,不同意与徐林结婚。徐家则好言相劝,热情"挽留"。周芳无奈,就答应住几天再说。

一天,周芳趁徐家没注意,翻墙头跑出了徐家院子,一口气儿跑到派出所报案。公安机关经过调查,情况属实,派人将周芳送回家,又把王修业、张宝福、冯立信三人抓获归案。

人民法院根据《中华人民共和国刑法》第240条的规定，认定王修业他们三人犯了拐卖妇女罪，判处了刑罚。这三个人都上诉，说他们不是拐卖，而是为周芳介绍婚姻。经查，周芳说："他们三人从来就没跟我提到介绍婚姻的事。"于是，二审人民法院驳回了这三人的上诉，维持了一审法院的判决。王修业他们三人被送进监狱，接受劳动改造去了。

发财之路歧途多，一时不慎进漩涡。

054　多疑丈夫

29岁的岳正奎把妻子打死了，当然要受到法律制裁。他上诉后对犯罪事实是这样供述的，他说：

我是辽宁省抚顺市纸制品三厂的质检员。在学校读书时，我的学习成绩一直很好。参加工作后看到那些学习成绩远远不如我的，有的升官了，有的发财了，有人住上了大房子，还有人买了小轿车，我心里不平衡，随之就悲观厌世，不愿见人。每逢与同学闲聊，我常说："活着没意思，要不是娶了个好媳妇，有了个好儿子，我早就到千山寺庙里当和尚去了。"

妻子很贤惠，不要说家里家外一切繁杂琐事全包下来，待公婆也很好。儿子3岁了，孩子的吃、穿等生活琐事，也根本不用我操心，这一切，都使我更爱妻子。

爱得越深，就越怕别人从我身边把她夺走。妻子对我忠贞不二，我是体会到的。强烈的自卑感使我总觉得配不上妻子。我的工资少得可怜；住的房子是单间，总感到对不起妻子和孩子。我相信，"有酒有肉是朋友，无柴无米不夫妻"。比钱财、比地位，我感到那些发了大财的个体户，那些经济效益好的工厂厂长、公司经理，还有那些手握印把子的头头们，个个都是我的情敌。这些人如果在我妻子身上打主意，稍有施舍，说不定会把妻子给勾走。因为我看到，在生活中，确实有这样的女人，她们遇到坏心眼儿、有钱的、有权的，扔下丈夫和孩子就跟人跑了。

由于我总认为妻子会被人勾走,抛弃我是迟早的事,我就天天关注她。有一天,我下班回家不见妻子,一直等了很长时间也不见她回来,我就开始不往好地方想:是不是跟别人跑了?是不是去挣别人的钱去了?我是了解妻子的,明知不会,却好像跟妻子赌气,硬是往这方面想。晚上10点钟,妻子才拖着疲倦的身子回来了,情绪也不好,不仅没有欢声笑语,还满面忧愁。我看妻子一反常态,便认为是在外面干了不光彩的事,第一句就劈头盖脸地问:"陪谁去了?挣多少钱?你怎么还有脸回来!"

妻子本来不高兴,累得支撑不住,让我这一问,如受奇耻大辱,回我一句:"我的事,用不着你管,我有我的自由。"

"你今天非得给我讲明白,你上哪儿去了?"

"我到我妈家了,谁还没有点儿事?!"

"不对!上你妈家去凭什么到现在才回来?"

后来她又说:"我上同学家去了,办点儿事,不关你事!"

她一会儿说到她妈家,一会儿又说到同学家。我更来气,不跟她论理,一巴掌打出去,就扇到她脸上。

女人在心烦意燥的时候,忍受不了这种带有侮辱性的质问和殴打,就跟我对打,以此发泄内心的委屈。我说:"你个没良心的,什么时候变得这么凶!今天不教训教训你,你就翻天了。"说着,我拿起窗台上放的一把钳子,避开头、胸等要害部位,往妻子的手、腿、背部、颈部打了几下。就是颈部这几下打坏了。当时深更半夜,有一点儿声音就显得响动特别大。邻居闻声赶来,给拉开了,劝说一通,"战争"停止了。邻居一走,我先是嘟嘟囔囔,随后又打了几下。妻子躺在床上,任我殴打,不躲不闪,也不反抗。这一来,我不忍心再打,就问:"装死呢!"

"死倒不能死,我四肢怎么麻木,没知觉了呢?"

我开始心疼了。我知道她不会说谎,也许是真的,是不是把哪儿打坏了,不至于啊!妻子一动不动地躺着。我害怕了,便更衣换鞋,出门叫来一辆出租车,把她送到医院检查。由于检查没见异常,就把妻子拉回来。第二天,妻子伤势加重。当我再次把她送到医院检查诊治时,妻子因伤势过重,抢救无效死在医院里了。法医鉴定结论是:"因颈部受到外力作用,造成颈椎骨骨折,脊椎挫伤出血,导致呼吸功能衰竭,并发脑水肿、脑循环障碍而死亡。"

妻子死了,出了这么大的事,妻子的弟弟却不到场。后来我才知道,他被关在拘留所里了,不能来送葬。经过进一步了解,我才知道那天妻子回来晚的原因。

原来,是因为我小舅子那天跟别人打架,被公安派出所抓起来,我妻子去找人疏通关系,这才回来晚了。我这个小舅子,22岁,在家待业,这人有个毛病,不会说话,经常口出怒言恶语,不断惹起纠纷。一有纠纷,他又好动手,因为打架被公安机关拘留过两次。我妻子为此觉得不光彩,遇人总抬不起头。对弟弟的这些不法行为,她也经常向我隐瞒,总认为这不是个好事。她不止一次地劝弟弟,教育弟弟,但不见效果。

那天中午,她弟弟到一家冷面店吃冷面,要了一盘拌土豆丝。吃着吃着,发现同一盘中的土豆丝有蔫软的,也有水灵的,就喊服务员:"喂!喂!你来!你看看你们这土豆丝怎么回事!怎么有新的也有陈的,是不是在别人吃剩的盘底上又加点儿新拌的就给我端上来了!"

饭店里的人多,他这么一嚷,饭店老板当然不能默不作声,过来跟他论理。他越吵声越大，最后骂人家的冷面店是"黑店"，"竟挣没良心钱"。老板和他争来辩去，讲不出个理，就让店里服务员到派出所把民警找来。民警对他说："别在公共场所吵了，有话，咱到派出所讲。"

"你让我上哪儿我就上哪儿啊！饭店归工商局管，你算老几！我知道你们是冷面店豢养的走狗！"他不去，民警拽他。他说："怎么？民警还打人吗？"说着，就对民警连推带打动起手脚。打民警还了得，他再一次被抓起来，派出所所长说："看来得报教养了，要不，就管不了他了。"

我妻子知道这事以后，下班没及时回家，直接跑到她妈家，问明情况。她有个同学在区公安分局。她怕万一派出所真的把这事报给区公安分局，第二天局里一研究，决定送劳动教养，这不完了吗！为了抢时间，她连晚饭也没顾得吃就去找她的同学，打听有关劳动教养的呈报、审批程序，并央求她的同学带她到分局有关人家里去说说情。这一弄，直到晚上10点钟才回家。

我知道了妻子回来晚的原因，是我冤枉了她，使她感到委屈，这还不说，又因为这个，我错打了她，我深感内疚而痛不欲生。

使无辜的人受到委屈，以至挨打，我的良心受到自责，我泪流满面。我处理完妻子的丧事后就到公安机关去投案自首。

我们的家庭破碎了。可怜我们那个3岁的儿子，母亲死亡，父亲将被判刑，他只能去跟爷爷、奶奶度过一个没有母爱和父爱的童年。而这一切，都是我造成的。

我把妻子打死了，抚顺市中级人民法院一审认定我犯了故意伤害罪，因为我自首了，从轻判处有期徒刑15年。我不服，上诉到辽宁省高级人民法院。我上诉的理由是：我不是故意打死妻子的，妻子的死亡，是我由于猜疑、过失造成的，应当认定我犯了过失致人死亡罪。犯罪后我自首了，一审法院说是从轻处罚，但我认为从轻的幅度不够，几乎看不出从轻，因此希望二审法院从轻处罚我，以便我早日出监，照料那个已经失去母亲的孩子。

人生感悟

　　生性多疑，众叛亲离。多疑者内心恐惧，即使不把亲人、朋友视为仇敌，也不可能与这些人亲密无间、终生相依。

055　一次嫖娼

张本年是沈阳市沈河区的下岗工人，46岁，没什么特长，在家没工作干，就花钱买辆三轮车，在沈阳五爱市场给他人送货、取货，挣点辛苦钱。没人雇用的时候就在市场附近守着三轮车等活儿，这个时候就跟那些蹬三轮车的车夫们聚在一起，或者玩扑克，或者闲聊。

一帮男子汉聊什么，常常是拿女人开心。他们说："男子无能蹬板的（指蹬三轮车），女子无能磨肚皮（指卖淫挣钱）。"在闲聊中，他知道了沈阳有妇女卖淫的现象，而且知道了价钱，嫖一次50元。由于沈阳市公安机关对这事儿查得紧，所以，嫖客与娼妓都用暗语联系。他还知道了在什么地方可以找到卖淫小姐。知道也就知道了，按理说，他是个靠出苦力挣钱的，挣的钱有数，没有经济力量去嫖娼。然而，心有邪念的人一有机会就溜入邪道上了。

有一天他爱人外出不在家，晚上不回来，这天他又挣了180元，喜出望外。钱财这东西常常伴随灾祸来。傍晚，没活儿了，他骑三轮车回家。由于这天活儿多，很累，再加上男人不愿做饭，兜里有了钱就想到饭店享受一顿。在找饭店时，他突然又产生另一种想法：简单吃点儿，省下钱去找个女人，妻子不在家，男人解放了。有的男人被"解放"了也就无法无天，他就是这种人。

张本年说，他有这个念头的时候也曾觉得对不起妻子，但又一想，妻子也有对不起自己的地方。她常常拿拒绝过性生活来管束自己。我找女人，在很大程度上是被逼的。家里能"吃饱"，没人愿意到外边"舔盘子"。男人在外边寻花问柳，妻子往往是有责任的。他这样认识，也就不觉得有什么对不起妻子的地方。

他来到沈阳鲁园劳务市场，通过察言观色、暗语探访，终于找到一个二十多岁的女青年。首先讲好价，是50元，然后就选地点。女青年说去旅店，她在那里有包间。张本年觉得那里不安全，说："万一被公安的抓住，罚个几千元倒不在乎，要是再教养两年，可丢不起那个人。"他让女青年到他家，说，"我家里没人。"女青年同意了。

有钱的人爱说自己没钱，穷光蛋总想显示自己腰缠万贯。在去张本年家的路上，张本年说，他的"板的"比"的士"挣得多，不仅税少、省油，遇上好运气，一天挣300元、500元没问题。

张本年是个有力气而没有智慧的人，别看他靠力气蹬三轮能挣不少钱，可是玩脑筋、耍心眼，他斗不过手无缚鸡之力的弱女子。无智人容易遇上倒霉事。在简短的接触中，张本年在这个女青年面前暴露出这样的形象：有钱，即使被罚几千元也没问题，但怕嫖娼的事情败露丢人。女青年开始算计，怎样利用这一点从他身上弄出更多的钱。

很多人的灾祸都是自找的。两人来到张本年家，张本年又进一步暴露"机密"，他说："你看，我家里多安全！我爱人和孩子去广州了，不仅今天回不来，明天、后天也回不来。我家没人来，最安全。"

女青年知道她是来干什么的，所以对张本年百依百顺，俩人办完了要办的事，张本年拿出50元给女青年。女青年说："50元不行，得给5000元。"张本年以为她在开玩笑，看她态度挺严肃，就说："咱不是讲好了50元吗？"女青年说："对，是50元。但这50元不包括治安费、身体检查费和我的生活费。你知道我一天能消费多少？这些钱不由你拿由谁拿！"

张本年惊恐万分，问："这治安费、身体检查费……"

女青年瞎编说:"这你还不明白吗!干我们这行,必须跟公安搞好关系。跟人搞好关系,没钱行吗!我若不经常检查身体,有性病传染给你怎么办!……"这个女青年了解到张本年干这事怕人的心理,就越说声儿越大。最后又说:"你不给5000元,这事儿就不能完!"

张本年说:"你这也不讲理了。"女青年立刻反驳说:"你以为干我们这行的都是讲理、守法的吗!告诉你吧,这就够讲理的了。我要是到公安机关告你一状,说你把我骗家来强奸了,你还不得去蹲几年监狱啊!再说,这不是你家吗?你要是不给我钱,我天天来跟你要!等你爱人回来我跟你爱人要!"

这女青年满脸露怒气,两眼射凶光,直盯着张本年。老实憨厚的张本年吓坏了,赶紧把兜里的钱往外掏,把家里的钱往外拿。家里的钱由妻子保管,放在什么地方不知道,所以总计才凑到1200元。张本年知道这与人家要的数字差远了,他把这些钱递过去,立刻就给人跪下,说:"求求你,你饶了我吧,我再没钱了。"女青年把钱揣好,说:"天黑了,你做点儿饭,我在这儿吃晚饭。"

张本年一看,她不再要了,做点儿饭没问题。女青年见他像只绵羊似的,吃完饭又说:"外面天黑了,今晚你家要没人,我就在这儿住一夜,明天早晨走。"张本年哪敢说不行,只好答应。

夜里,女青年能睡着,你说,张本年能睡着吗?女青年只知道老实人好欺负,哪里知道老实人被欺负急了能杀人!

张本年思前想后,觉得这个女人太可恨:明明讲好的价钱是50元,竟敢跟我要5000元。虽然没要去这么多,但1200元也不是个小数字。再说,家里少了这么多钱,爱人回来怎么交代?她已经认识我家门了,以后她什么时候需要钱,随时都可以来要,如果不给,她去告我强奸她了怎么办?又是气,又是怕,搅得张本年失眠了。

睡不着，尿多，去了几次卫生间。来回走动有声响，可是这个女的也不醒，活像一头死猪。张本年寻思从这个女人的衣兜里把钱再掏出来，一考虑不行，她醒了，知道钱没了，事情不闹大了吗。突然一个念头在脑海中闪现：杀了她。想到这儿，他就想立刻动手，因为这个女人醒了就会错过机会。至于杀人的后果，他没来得及想那么多。怎么杀呢，他没有思想准备。他想起家里有一把铁锤，挺重，用这个足以砸死这个熟睡中的女人。想到这儿，他赶紧下床，取来铁锤，又怕女人醒了，迫不及待地照她头上狠狠砸下去。一下接一下，一下比一下猛，猛砸一顿，砸了多少下张本年说他记不住了。怕这个女人不死，他又找段绳子，勒她的脖子。勒了能有10分钟，张本年还怕她不死，就用菜刀割下她的头，这回确认已经死了。

这时是深夜12点左右，现场怎么收拾？他一边想，一边干。既然把头颅割下来，就肢解她的尸体，一块一块地割下来，堆成一堆。他找来三个大纸箱，用塑料袋把这堆尸块包好，装进纸箱里，捆住，随后又打扫现场，冲洗、抹擦，一直忙到天亮才收拾利索。除掉了心腹之患，他轻松多了。

他把三个纸箱搬到他的三轮车上，像往日运货一样，运到沈阳城南的浑河桥附近，扔到河里两个，扔到岸边草丛中一个，处理完了，他照样去五爱市场给人家拉货、挣钱，就像没发生这件事一样。

张本年有时也心神不定，害怕事情败露，因为公安机关太厉害了，什么样的大案都能侦破。但他又认为，这一起公安机关破不了，即使发现了装尸体的纸箱，这与我张本年联系不上。我与这个女人没有任何联系，是仇杀？奸杀？为了图财？什么都与我无关。再说，我平素没干任何违法的事，公安机关根本想不到我。想了一阵，他又踏实了，放心了。

没过多久，公安人员真的给他戴上了手烤，而且在他家里查到了血迹，经过 DNA 鉴定，认定这血迹就是这个被害女人的，与这个女人的血型完全一致。沈阳市中级人民法院经过公开审理，查明事实，以故意杀人罪，判处张本年死刑。他不服上诉到辽宁省高级人民法院。上诉理由是：这个女人卖淫，骗我钱，敲诈我，她有违法行为，杀这样的人应当得到从轻处罚。

辽宁省高级人民法院经审理认为，被害人有违法行为可以检举、告发，但把她杀了不行。如果认为有人违法就可以把他杀了，还会被从轻处罚，那么，到处都可以出现杀人案。因此裁定驳回上诉，维持原判。张本年最终被执行了死刑。

心有邪念很危险，一有机会就走偏；一时不慎走错路，违法犯罪必入监。

056　带刺婚姻

沈阳铁路运输中级法院以抢劫罪，判处被告人赵兴海死刑。宣判后他服判没上诉，被押在沈阳铁路公安处看守所，等待上级法院复核后执行死刑。为了复核这起案件，我和书记员去提审了他。他对自己走上犯罪道路的经过和犯罪事实是这样供述的：

我和正常人一样，也有父母兄弟姐妹，也是先入学读书，然后参加工作，随后娶妻生子，生活比较平静。我没想到我会杀人犯罪。我的生活开始变味、人生开始偏离正道儿，是由婚姻问题引起的。罪魁祸首有两个，一个是我的岳母李玉芬，另一个是我妻子的舅舅李玉林，这两个人把我的家给搅散了，是他们把我推进了人生的泥潭。

我岳母李玉芬好像不希望我和妻子关系好。在她看来，我要和妻子好，没有矛盾，就等于把她女儿从她身边夺走，使她失去了女儿。因此她总是吹毛求疵找我的毛病，然后鼓动我妻子跟我干仗。这种现象极少，但偏偏让我遇上了。

我们那地方有个习俗，女婿跟岳父岳母从来不叫爸爸、妈妈，只是称为大叔、大婶，或者伯父、伯母；跟自己的父亲也不叫爸爸，而是叫爹。这是自古以来留下来的习俗，只是近些年流入一些外来人员才刚刚发生变化。年轻人开始跟父母叫爸爸、妈妈，跟岳父岳母也称为爸爸、妈妈。我不习惯，只是随着潮流逐渐在改变。在跟岳父、岳母说话时，有时称他们为爸爸、妈妈，有时跟他们说话不加称呼，直接说。

这纯粹是鸡毛蒜皮的小事，岳母却不肯放过，吹毛求疵，总跟我妻子说,我没把他们家放在眼里,不尊重他们。有一次因家务琐事,我跟妻子吵嘴,妻子说我:"我父母在你眼里是什么位置,即使是邻居,跟他们说话不是也得打个招呼吗!"我岳母竟明火执仗地跟我干:"你的爹妈是爹妈,我们是你的佣人吗!"他们越是跟我干、跟我吵,我就更难跟岳父、岳母叫爸爸、妈妈。在我心中,我的爹妈从来不会找我毛病跟我干仗。被称为爹妈的,跟子女的感情是纯正的,哪有那么多我是你非!

就为这点事,从结婚后的三个月起,我们夫妻之间开始产生矛盾,第六个月,我妻子在我岳母的鼓动下,提出跟我离婚,并由岳母领着,第一次到法院起诉,拉开了离婚的序幕。

法官给调解,没离成,但夫妻之间的矛盾加深了。这事儿使我认识到:妻子,不同于同胞姐妹,说不定什么时候便离我而去,夫妻会成为陌路人,甚至是仇人、敌人。我和妻子在我岳母的不断搅和下,同床异梦,貌合神离,在不断争争吵吵中生活了10年,并生有一子。

夫妻之间的感情有了裂痕,双方都在勉强维持,此时最怕有人从中给挑拨,给火上加油,可是这种事也是偏偏让我遇上了。妻子的舅舅李玉林就是这种人。本来应该各过各日子,七家不管八家事,他却经常参与我与妻子之间的打斗。

事情是这样的:有一年夏天,我跟朋友孙奇合伙卖西瓜,本来与李玉林毫无关系,他便参与其中给乱搅和。孙奇这小子不是人,本来是俩人合伙做买卖,赢亏俩人分担,可是他竟贪了我们俩人的卖西瓜钱,我粗略算一下,被他贪1000来元。我问他,他不承认,他把我当傻子耍,我不能没有气。

有一天我去他家,他家没人,我就把他家停在院子里的一辆破四轮手扶拖拉机开出来给卖了,卖1000元。我这样做虽然不对,但由于他贪了卖西瓜钱,这也是对我损失的补偿,对他也是惩罚。

孙奇发现车丢了，就说是我偷的，上我家来要、来闹。我不承认。他总来闹，我被他搅得没办法，就躲出去打工。就为这事，李玉林公开让我妻子跟我离婚。经法院判决，我与妻子李玉芬离婚，7岁的孩子归她抚养。我彻底妻离子散了。

老婆没了，孩子也不在我身边，我成了"光棍汉"，就开始在外漂流，打工挣钱。逢年过节，别人挣了钱有家可归，我没家，就连春节也在外边干活儿。有好心人给调解，想让我和妻子复婚，可是，李玉林就急三火四地给李玉芬介绍对象，在李玉林的帮助下，李玉芬还真的跟别人结婚了。我闲暇时细心一琢磨：是李玉林使我无家可归、妻离子散的，我决定报复他。

8月中旬，我一时找不到活儿，闲得寂寞，就想回去报复李玉林。我在海城市的一个综合日杂商店买把锤子，然后买了火车票，踏上要报复李玉林的道路。

我知道，杀了李玉林，我也活不成，就想先把挣的钱吃光花净。我中途在沈阳下车，想到沈阳的故宫、北陵玩一玩儿。下车后，我先在沈阳站前一个旅店住下了。这个房间两张床，我住一张，另一张住的是广州来的旅客。我在这里住两天，临走算完宿费到房间拿东西准备离开这里时，看见房间里广州的那位旅客正坐在床上数钱，一大把，足有四五千。他没理我，我也没理他，我拿了东西退宿后就到了火车站，准备买票继续赶路。这时我又想，我去报复李玉林，将来是个杀人犯，活不了几天，杀一个也是杀，杀10个也是杀，何不把旅店里数钱的那个旅客杀了，抢了钱，再玩两天呢！

对，就这么干，我又返回去。因为我要杀人、要抢钱，就用以前拣的一个身份证登记，又住到了这个旅店，准备伺机抢钱。

这一回，不是跟广州那个人住在一起，我去找他，他退房了。我被安排在别的房间,也是跟一个南方人住在一块儿,他有三十来岁。这回他没有数钱,他兜里究竟有多少我不知道,是否值得一抢,我也弄不准,但我认为,他出门在外,兜里即使没有太多,最少也会有几百元。算这小子倒霉了,我决定抢他的。我知道我这样做有罪,等我杀了李玉林之后,我再自杀。

第二天早晨,天亮了,快到吃早饭的时候,跟我同住一室的这个旅客也醒了,但他没马上起床,而是面朝墙壁躺在床上。我觉得应该下手,否则他起床后下手就不方便了。我摸出提兜里的铁锤,朝他头上狠砸一下。他"啊"了一声,我把锤把砸劈了,还好,锤头没掉下来,我抓起断把的锤子,又继续朝他头上砸,砸多少下记不住了。他被打得不动了我才住手。我翻了他的钱包,只有六百多元。我把这钱揣进衣兜里,又拿了他的手机,用床上的被把他身体盖上,我迅速离开这里。

我没想到,我还没来得及报复李玉林就被逮捕了,实在太遗憾,让李玉林这小子还能活下去,真是苍天无眼,让好人不得好死,坏人长活人间。

他一口气讲完,然后就两眼发直,不再说什么,等我说话。

我对他说:"像你这种人,社会危害性太大,要不是被公安机关及时抓获,不知你还要祸害多少人呢!"

他说:"这也对。既然走到了这一步,我也没什么可说的,只求早点一死。我这一生,是婚姻问题把我毁了。有人说婚姻是带刺的花朵,我就是被婚姻扎着了,尝到了婚姻的苦头。"

夫妻多忍让,避免第一仗。夫妻争吵开了头,战事连绵令人愁。

057　婚姻自由

李学锋因为盗窃被法院判处八年有期徒刑，他妻子因此跟他离婚了。他在监狱服刑八年后被释放，一个人来到社会上，没有职业，没有工作，以倒卖日常小百货维持生活。他的生活孤独、单调、贫穷。他自己洗衣、做饭、料理家务。他很想有一个女人跟他组成一个家，共同生活。

胡凤华跟杜本洪结婚六年，生有一个男孩儿，本来生活应该幸福，可是这两个人常常因为家务琐事争吵不休，互不相让，感觉在一起生活实在没有乐趣，经常惹气，于是分居。他们没离婚，但各立门户，各自生活。五岁的儿子跟他爸爸杜本洪在一起，主要靠他爷爷奶奶照顾。胡凤华到集市上倒腾小百货，挣点零花钱维持生活。

李学峰跟胡凤华都是做小买卖的，都是倒腾小百货，俩人在集市上相遇、相识。可能是因为同病相怜，或者是因为异性互相吸引，这两个很想组成新家的人一见钟情，相见恨晚，很快就成了好朋友。随后，胡凤华就搬到李学峰家，跟他没登记结婚，也没举行结婚仪式，便以夫妻相称，共同做买卖，共同生活。

他俩都是单身生活，尝到了单身生活的孤独、寂寞、贫苦，这回走到一起，互相关照，互相帮助，互相容纳。白天共同到市场上卖东西，晚上在一个家庭里共同生活，形影不离，享受到了生活的乐趣。

再说杜本洪，一个人在家既得洗衣做饭、料理家务，还得干些农田里的活儿。虽然儿子由父母帮助照料，但也牵涉他不少精力。跟妻子这样长期分居也不是长久之计,于是他就到集市上去找胡凤华,想让她回家跟他一起过日子。到了集市上,他看见胡凤华跟李学峰在一起卖小百货,就凑到跟前,向胡凤华承认错误,说小话儿,劝她回家跟自己和孩子一起过日子。胡凤华说:"我不想和你在一起生活,我们俩离婚是早晚的事,我不能跟你回去。"

由于杜本洪总在纠缠胡凤华,李学峰就对他说:"她既然不想跟你生活,你就另娶一个多好,何必赖皮赖脸地来纠缠她。你这一来,还影响她卖货,给她造成经济损失。"

杜本洪说:"这是我们夫妻间的事,与你无关。"

李学峰说:"现在人家已经不可能跟你再一起生活了,人家的态度非常明确,也非常坚决。你说她是你的妻子,可是人家不承认,你不是一厢情愿、自讨没趣吗?"

胡凤华不跟他回去,杜本洪没达到目的,不甘心,就经常到市场上去找。后来听人说胡凤华已经跟李学峰结婚了,人家已经组成了新家。有人知道李学峰的住址,还把这个住址告诉他,杜本洪又找到了李学峰家,跟李学峰争夺胡凤华。

李学峰见杜本洪找到他家,很不高兴,就对他说:"你怎么还找到我家里来干扰我的生活呢?"

杜本洪说:"不是我主动找到你家里来干扰你的生活,而是你把我的老婆勾引来,你干扰我的生活。今天,我是来让我老婆回去。我老婆要是跟我回去了,你就是请我来我也不来。"

由于胡凤华已经跟李学峰在一起过日子了,李学峰就对杜本洪说:"她现在已经是我的老婆了。国家法律规定,婚姻自由,她愿意嫁给我,我也愿意娶她,我们是夫妻。你娶不到老婆就到这里来干扰我们，跟我争老婆，你这样做不对，纯粹是耍无赖。"

杜本洪说："你说她是你老婆，你们有结婚证吗？"

"有！当然有。即使没有，马上就可以办一个。因为婚姻自由，我们都愿意结成夫妻，办一个结婚证非常容易。胡凤华不愿意当你的老婆，说跟你离婚就离婚。"

"说离婚不是还没离婚吗！"

"我们两个争论这个问题没有意义。你可以问一问胡凤华，她是你的老婆还是我的老婆，你让胡凤华本人说。"

站在一旁的胡凤华说："我是李学峰的老婆，你回去吧，我不可能回去跟你过日子。"胡凤华一句话，把杜本洪气坏了，他没什么可说的，转身就回来了。

杜本洪不甘心，明明是自己的老婆，怎么会这么容易就被人赖去了呢！过了些日子，他把5岁的儿子领去，想让儿子说话，让他妈回来，也想让胡凤华看在儿子的面上，跟他一起回来。

李学峰见杜本洪领孩子来了，根本就没让进屋，不让母子见面。杜本洪跟李学峰吵起来。一个说，你拐走了我老婆；另一个说你干扰了我的生活。一个说，我有结婚证；另一个说婚姻自由。两个男人争起来、吵起来、打起来，胡凤华躲在屋里坐山观虎斗。孩子吓得直哭，当妈妈的不肯跟儿子见面。

围观的人多了，有人制止说："吵吵什么！有问题解决不了找法院。"

一句有用的话，胜过一万句无用的争吵。杜本洪受到启发，如梦初醒，真是的！胡凤华到底是谁的老婆，让法院给判。

杜本洪把此案起诉到辽宁省普兰店市（县级市）人民法院，法院依法作出如下判决：胡凤华有配偶，李学峰明知他人有配偶，在这种情况下二人竟以夫妻名义长期同居生活，均构成重婚罪，判处被告人李学峰有期徒刑一年，判处被告人胡凤华有期徒刑6个月；解除他们的非法婚姻关系。就这样，一对不受法律保护的"野鸳鸯"被打散。

婚姻自由，不是不受法律约束的绝对自由、乱自由。

058　路边买货

在路途中如果你口渴，可能到路边的大超市甚至是小食杂店去花一元钱买一瓶水喝。这时如果有人拿一瓶水，两角钱就卖给你，你敢买吗？如果你想买一件衣服，在商店里可能要花1000元，这时路边有人卖同样的衣服200元就卖给你，你敢买吗？许多人不喝陌生人的水，不要陌生人的便宜，但宋老汉就敢，他敢占陌生人的便宜。

宋老汉58岁，是辽宁省普兰店市郊区的农民。12月6日这天的天气很好，他在家闲着无事，就想到市里的农贸市场上去转悠，想买一把旱烟。在离农贸市场不远的路边，有个二十多岁的小伙子拽他胳膊一下，说："老同志，我有一件羊皮袄你买不买？"

"不买。"

"你看一看这皮袄质量很好，指定要比商店里卖得便宜很多。"

宋老汉还是说："我不买。"说完就想去市场买旱烟。小伙子紧跟在宋老汉身后，说："我看你这个人挺老实的，我就实话跟你说了吧，这皮袄是我从我们厂里偷出来的，商店里卖上千元，你给500元我就卖给你。"

宋老汉说："我是到市场上去买旱烟的，兜里总计只有200元。"

也许是宋老汉说话不坚决，或者是话说多了，如果是干脆不理他也许能好一些。小伙子对宋老汉软缠硬磨，说："这样吧，这件皮袄的来历你也知道了，我也不想再告诉别人，反正这件皮袄我也没有本钱，是白来的，200元就卖给你。你可以到商店里看一看，这件皮袄没有 1000 元根本下不来。"

宋老汉还是不想买，这小伙子把皮袄在宋老汉面前展开，让他看一看这皮袄的质量。这皮袄确实很好，不光是外面的布料美观好看，典雅厚实，里面的白羊毛也是雪白雪白的。小伙子说，"200 元就卖给你，你买了这件皮袄，算是你走运，你偷着乐去吧。"

宋老汉说："你说这皮袄来路不好，要是有人认去了怎么办？"小伙子说："我们厂里的皮袄都是成批生产，同样的皮袄成千上万件，你把这件皮袄穿在身上，谁能问你皮袄是在哪买的，是怎么来的？同样的皮袄不是很多吗！"

宋老汉觉得也在理，就在犹豫。这时有两个过路人问这小伙子："你还有没有了？"

宋老汉怕他把这件皮袄卖给别人，使自己失去了占便宜的机会，就把小伙子拉到一旁，说："不瞒你说，像我们这么大年纪的人，也想买一件皮袄，就是因为太贵，买不起。今天我们俩既然遇到一起，算是有缘，我兜里才 200 元，你得给我留下 20 来元，我给你 180 元怎么样？"

小伙子说："这件皮袄就这么便宜你还跟我讲价！"

"不是跟你讨价还价，而是说我身上得留一点儿吃饭和乘车的钱。你要肯卖，我就给你 180 元，你要不卖，你走你的，我走我的。"

小伙子说："今天算我倒霉，我认了。"说完把这件皮袄往宋老汉怀里一塞，接过宋老汉手里的 180 元便离开这里。宋老汉买到便宜货，心里美滋滋的。他把这件皮袄抖落开详细查看，真是一件好皮袄，今天可捡了个大便宜，买到便宜货啦！

宋老汉往前没走多远，从远处又来了两个男青年，一高一矮，都是二十多岁。矮个子走到宋老汉身边，一把抢过这件皮袄，夹在自己腋下，说："就是这件！"

宋老汉没注意，手中的皮袄突然被抢，马上往回拽。这时那个高个子男青年说话了："这件皮袄是我们买的，你怎么给偷去了呢？"

宋老汉说："这是我的皮袄，你们根据什么说是你们的？"

高个子说："我们买的，花了1288元。你说这皮袄是你的，你哪来的？"

宋老汉说："我买的。"

"你花多少钱？有发票吗？"

"花了180元。"

大个子和小个子俩人齐说："你这位老同志也太能说谎了，就这样的皮袄180元就能买来吗？这是我们花1288元买的。"

宋老汉跟他俩争执不下，围观的群众越来越多。大个子对宋老汉说："这件皮袄明明是我花1288元从商店里买的，我们有发票。你说你花180元买的，你在哪儿买的？有发票吗？我看你是偷我的。"

宋老汉不服气，说："你说你们花1288元买的，有发票，那么发票在哪？"这时那个矮个子问大个子："你把发票拿出来，让这个老同志看看！"

大个子说："买皮袄的发票让我放在这件皮袄的兜里了。"小个子从这件皮袄的兜里，当众掏出一张发票，这张发票跟真的一样，谁也没提出需要鉴定这张发票的真伪。发票上面不仅有红印章，还清清楚楚地写明售价是1288元，跟这两个年轻人说的价钱一样。小个子把这张发票拿在手里，对宋老汉说："你看看，这是我们买这件皮袄的发票，你说皮袄是你花180元买的，你把发票拿出来我们看看？"

宋老汉说:"我从一个小伙子手里买的。"

"你把那小伙子找来。"

卖给宋老汉这件皮袄的那个小伙子早就无影无踪了,上哪儿找呢?这两个男青年对宋老汉说:"你就别说谎了,这样的皮袄不可能180元就卖给你。我看这件皮袄即使不是你偷的,也是你跟别人合伙偷的。"

大个子对小伙子说:"别跟他废话了,找到了这件皮袄就行啦。"说完就拉着小个子要走。宋老汉不甘心,说:"这件皮袄明明是我的,你们怎么就给拿走了呢?"

大个子说:"你这位老同志怎那么不懂道理呢!我们把皮袄拿走了,这是便宜你了。你走你的,我们走我们的,这件事情就算拉倒。要不,我们双方到派出所去,让公安人员来说一说,这件皮袄应该值1288元还是值180元!"小个子就拽宋老汉的胳膊,说:"走!我们到派出所去,我看你这位老同志真不知好坏。卖给你皮袄的那个人是偷我们的,你买了赃物必须受法律制裁!你要再硬,今天不能饶你!"

这时宋老汉仿佛明白了,卖皮袄的那个小伙子明明告诉他说这件皮袄是偷来的,而这小个子又说买了赃物会受到法律制裁,宋老汉开始软下来,说:"你们把这件皮袄拿走也行,但是得退给我180元。"

大个子说:"谁拿你180元你就跟谁去要,这件皮袄是我们买的,被人偷去了,我们现在找到了,你实在要和我们纠缠,我们就到派出所去,到那里去讲一讲理,是你买赃物有理,还是我们找回自己的皮袄有理;是买赃物应该受到法律制裁,还是皮袄被偷了应该受到法律制裁。"

这两个年轻人咄咄逼人,非要让宋老汉跟他们到派出所去把这件事说清楚不可。而宋老汉呢，总觉得自己腰板不硬，不敢说硬话，也不敢跟他们去。这时围观的群众越来越多，有聪明人看明白了其中的奥秘，告诉宋老汉说："跟他们到派出所！"

宋老汉总觉得自己买了赃物，心里有鬼，不敢去。最后眼睁睁地看着这两个人把皮袄拿走了，自己却无可奈何。

这时有人对宋老汉说："你真糊涂，在路边买一棵白菜、一个萝卜可以，像皮袄这样贵重的东西，怎能在路边上买呢？买贵重的东西怎能不要发票呢？路边上可不是买贵重商品的地方。"后来有人告诉宋老汉："你怎么看不明白呢，我们都提醒你了，你就应该跟这两个人到派出所去，这俩人根本不敢去。他俩跟前面卖给你皮袄的那个小伙子都是一伙的。他们合伙骗你钱。"

宋老汉恍然大悟，想要去派出所，可是，这两个年轻人早已踪迹全无。宋老汉被白白骗走了180元，不甘心，又对这三个年轻人很气愤，就自己来到派出所，讲清情况，要求公安机关缉拿这三个诈骗犯，请求给追回被骗走的180元钱。

宋老汉详细介绍了这三个人的体貌特征，说话口音，向公安机关提供了侦破线索。原来，这三个年轻人是闲散无业人员，他们经常在一起合伙盗窃、诈骗，像宋老汉这样被骗之后到派出所来报案的已经有好几个人了。在很短时间内，这三个年轻人被缉拿归案，被追究了刑事责任。

不图便宜不上当，不离正道不遭殃。

059　望风捕影

捕捞公司的浴池对外开放，公司的职工及其家属还有附近居民都可以到这里洗澡。由于顾客多，每天晚上营业到 11 点钟左右。顾客走后，浴池管理人员阎振山开始打扫浴池卫生。

在深夜 11 点半左右，他看见男职工安兆奎与女职工高敏仍然坐在浴池的休息房间的床铺上，俩人都穿好了衣服相对而坐，正在说话。由于都认识，阎振山没撵他们离开，但他认为，深更半夜，一男一女，夜不归宿，双双坐在这无人之地，一定是为了发生不正当的性关系。这种猜测也许就是望风捕影。

到了夜里 12 点钟，阎振山下班了，他对前来接班打更的冯德说："咱公司的安兆奎与高敏还没走，在浴池休息房间的床铺上，很可能是搞破鞋。"阎振山下班走后半小时，安兆奎与高敏才离开浴池，临走时还对打更的冯德点了点头，算是打个招呼。

第二天晚饭后，冯德在广场上散步，遇见本公司的胡成文，俩人闲唠。冯德说："真没法看，安兆奎与高敏都是四十多岁的人了，表面上文质彬彬，道貌岸然，背地里夜不归宿，男盗女娼。"胡成文问："他们怎么了？"

冯德环顾四周，附近无人，便压低声音，神秘耳语："昨天半夜我到浴室去接班，看见他俩在浴池休息室床铺上，靠得老近了。已经是半夜 12 点钟了他俩还不走，你说，他俩还能干什么好事啊！"

"发生性行为了吗？"

"这还用问啊?"

胡成文说:"这可不是乱说的事,你看见了吗?"

冯德煞有介事地说:"我也不是小孩子,我要是没看见,能跟你说吗。不但我看见了,浴池的阎振山也看见了。再说,我这是跟你说,也不是满街广播。咱说的是这件事,说明人品看不透,表面上的文明人,背后里竟干偷鸡摸狗的缺德事儿。"

胡成文惊讶不已,说:"我跟高敏是邻居,两家相距不远。她有丈夫、孩子,还有公公婆婆,一家人都挺和气的。她表面上是个好媳妇,没想到夜里能出来偷情,真是知人知面不知心,太可怕了。"

冯德跟其他泄密的人一样,把"秘密"传出去然后就叮嘱。他叮嘱胡成文说:"这事儿虽然千真万确,我和阎振山都亲眼所见,但这话到此为止,可不要向别人传。"胡成文连连点头,说:"你放心,我守口如瓶。你对我说,证明咱俩关系好,我不能往外讲,更不能说是你说的。"

人们常说,耳听为虚,眼见为实。况且,许多亲眼所见的事也不一定都真实。这件事儿,对胡成文来说是道听途说,但胡成文却坚信:那天晚上安兆奎与高敏在浴池的休息室里一定是发生了性行为,由于这两个人各自有家,他俩一定是在卖淫嫖娼。

事情过去了半年,高敏女儿的自行车放在院子里夜间丢了,怎么找也没找到。高敏说:"别找了,肯定是胡成文儿子领一帮同学给偷走了。"

这话传到胡成文那里。胡成文因为掌握了高敏的丑事,敢于跟她叫板。为了洗清儿子的名誉,他找高敏"算账",跟她对骂。他对高敏说:"你家丢了自行车,你诬赖我儿子给偷去了,你有证据吗?你凭什么这样诬赖好人！就你干的那些缺德事，地球上的人都知道，我还没给你说呢！我说出来怕你活不起，你怎好意思诬赖别人！"

高敏问："我干什么缺德事了？你今天给我说明白！你这么胡说八道，难道国家没有王法了吗？"

他们吵起来，围观的群众也越来越多。胡成文说："你说我儿子偷你家自行车，你没有证据。没有证据地胡说，就是诬赖好人；我说你卖淫挣钱，我有证据。"

胡成文当众说高敏卖淫挣钱，而且还说有证据，你说高敏能默认吗，当然要让他拿出证据。说："今天你既然这样辱骂我，非得拿出证据不可，你平白无故地诽谤我，我不能饶你！"

在争吵中，打人没好手，骂人没好口。俩人在气头上，都找那些最有劲的话来攻击对方。胡成文说："不用你嘴硬。我在6月17日晚上11点钟，在咱公司浴室里看见你向安兆奎卖淫，你挣了一把钱揣兜里了，这是我亲眼所见。你告到哪里我都敢跟你干。你卖淫挣钱违反国家法律，必须受法律制裁！"

围观群众一片哗然。胡成文说高敏卖淫，既有时间、地点，还说出了嫖客姓名，都认为这件事八九不离十，也许是真的。高敏被气得嗷嗷直叫，一下子扑向胡成文，对他连打带挠，说："你等着，我明天就去法院。你诽谤我，我非让你蹲监狱不可！"

俩人越吵越烈，动起拳脚。围观的群众给拉开。高敏说："这件事非得查个水落石出不可，明天我们法院见。"

"见就见，我有证据、有证人，我能怕你吗！"

第二天高敏写了起诉状，将胡成文告到法院。法院的民事庭开庭审理了此案。在法庭上，证人阎振山证实说："那天夜里11点半左右，我看见安兆奎和高敏两个人都穿着衣服，在浴池休息室的床铺上坐着说话，没看见他俩发生性行为，也没看见高敏收取安兆奎的钱。"

证人冯德说："我是听阎振山说的，安兆奎与高敏在浴池休息房间很可能是搞破鞋。至于是不是搞破鞋，我不知道，我也没告诉胡成文说是我亲眼所见他俩搞破鞋。"

经法庭调查，所谓高敏卖淫，没有任何人亲眼所见，所有的只是猜测、怀疑和望风捕影及道听途说。

法院根据《中华人民共和国民法通则》第101条和第120条的规定，作出判决：（1）被告胡成文立即停止侵害行为，消除影响，向高敏赔礼道歉；（2）赔偿原告高敏的精神损失并承担诉讼费。

胡成文败诉了，而且败得很惨。他因为无中生有，诽谤他人，其形象和威信在人们的心目中一落千丈。

话无根据，最好不说；事无益处，最好不做。

060　缺少鉴定

7月6日下午，吴志刚跟同学们在学校操场上踢足球，不慎将球踢到操场东边的姚家院子里。姚家与学校的操场之间有一道矮墙相隔，吴志刚跳墙进入姚家院内，把球捡出来，扔给同学，然后想跳墙再回到操场。这时，老姚头儿从屋里出来，指责吴志刚说："我们家也不是没有大门，你怎么不走正门呢，墙头是随便跳的吗！"

吴志刚说："对不起！走正门太远了，同学们在操场上正等着玩儿球呢！"说完又要跳墙。老姚头儿说："你跳墙进入人家院内，是不是想来偷东西。看见屋里有人，就假装过来捡球。"吴志刚不高兴，说："你怎能这么说话呢，墙头外边的操场上有很多同学在看着我，我跳墙头不对，已经对你说'对不起'了，你怎能不饶人呢！你老年人也得讲点道理，不能倚老卖老。"

这话说得有点重了，老姚头儿接受不了，就说："你进我家院子不走正门而跳墙头，我说你几句不对吗？我不能倚老卖老，但你也不能以自己年纪小就不守规矩，胡作非为。"

俩人你有来言，我有去语，各讲各的道理，争吵起来。事情就怕互不让步。由于双方都认为自己有理，争吵逐步升级，随后就动起了手脚，厮打起来。别看老姚头儿年纪大，六十来岁，可是身强体壮，很有力气，一下子就把吴志刚扑倒在地。吴志刚爬起来，用头朝老姚头儿的胸部撞一下，把老姚头儿撞得倒退两三步，然后坐在地上，两眼发直，神志恍惚，慢慢地躺倒了，呼吸也越来越急促。吴志刚见状,心里害怕,立即叫来操场上的同学们,大家把老姚头儿扶起来,用车送到附近医院抢救。

到了医院,老姚头儿呼吸微弱,心跳变慢,血压下降,不一会儿心脏竟停止了跳动。这一下子可把吴志刚吓坏了,无意中惹了大祸,怎么办呢?老姚头儿突然死去,他老伴儿和子女当然不能饶了吴志刚。他打死了人,不光是让他赔偿一切经济损失,还非让他偿命不可。

吴志刚被公安机关抓走了,过了一段时间,检察机关以吴志刚犯故意伤害罪向法院提起公诉。法院开庭审理此案时,在法庭上,吴志刚辩解说:"我跟老姚头儿发生口角,是他先把我打倒的,我为了自卫,才用头撞他一下,撞的目的只是便于我逃跑。我没有伤害他的故意,我不构成故意伤害罪。"

公诉人则说:"被害人是由于你用头撞他才倒地死亡的,这个事实,证据确实充分,无可辩驳。你对此必须承担刑事责任。"被告人吴志刚尽管不服气,但由于不懂法,不知道怎样从法理上讲明自己无罪,倒是觉得,自己虽然没有伤害老姚头儿的故意,但老姚头儿毕竟死了,出现了这样的严重后果,自己能没有责任吗?想到这儿便一时无语。

法院经过审理认为,被害人已经死亡,虽然不是吴志刚杀死的,但确实是他用头撞了人家才出现这种结果,遂认定被告人吴志刚犯故意伤害罪,鉴于其年龄未满18周岁,主观恶意又不是很深,从轻判处其有期徒刑15年。

宣判后,吴志刚对上诉还是不上诉的问题犹豫了好几天,他完全理解姚家对他的愤恨,但对法院判自己15年有期徒刑也感到很冤枉。最后,在上诉期内,他决定以"自己没有故意伤害被害人,应当宣告无罪"为理由，提出上诉。他知道自己打官司不行，是"茶壶里煮饺子，肚子里有，嘴倒不出来"。他请了律师在二审为他辩护。

这个律师没白请，人家知道怎样从法律规定方面找理由辩护。律师说，吴志刚无罪，应该将其释放。理由是：

构成故意伤害罪，必须有法医的鉴定结论。这正像认定医疗事故罪必须有医疗事故的鉴定；认定交通肇事罪必须有交通管理部门的鉴定一样。人民法院只是一个审判机关，不能代替其他业务部门对事故的专门鉴定。没有专门业务鉴定，法院自己确定构成故意伤害罪没有法律依据。认定吴志刚的行为构成故意伤害罪，必须要有法医对被害人进行的法医学鉴定，而且鉴定的结果必须写明是构成伤害。然而，在本案中，连一份被害人轻微伤的鉴定都没有，哪来的故意伤害罪？

二审法院采纳了辩护人的辩护意见，认为本案事实不清，裁定撤销原判，将本案发回原审人民法院重新审判。

本案在重审期间，当然要对被害人的尸体进行伤情鉴定。由于老姚头儿家属要求被告人吴志刚和学校赔偿经济损失30万元没有得到满足，便将尸体由殡仪馆冷冻保存，这为解剖检验和伤情鉴定创造了条件。经解剖检验发现，老姚头儿生前患有动脉硬化心脏病，曾经有心肌梗死情况，后患有心肌硬化性心功能不全。因为在纠纷中，情绪激动，使心脏负荷加重。加之轻度外力作用，致使心肌急性缺氧，导致心肌梗塞而死亡。由于被害人身上没有任何伤痕，不要说重伤或者是轻伤，就连轻微伤都不够，本案不存在轻伤、重伤的鉴定问题。在这种情况下，认定被告人吴志刚犯故意伤害罪没有法医鉴定作根据，是不符合法律规定的。

法院经过重新审理后认为：被告人吴志刚没有伤害被害人的故意，只是在与被害人厮打中，被扑倒后进行了防卫。在防卫中，也没使用任何凶器。经对被害人猝死的医学检查表明，没发现对人体有任何损伤及暴力痕迹。基于这种情况，人民法院经过重新审理，作出了宣告被告人吴志刚无罪的判决，随后将吴志刚无罪释放。

人民法院作为审判机关，不能代替其他业务部门对专门问题进行鉴定。缺少专门鉴定，法院不能正确下判。

我的第一堂课

（后记）

1979年，改革开放之初，祖国大地一片春意盎然。辽宁省委作出决定，要为在"文化大革命"中被摧毁的公、检、法三机关充实力量。我就是在这一年，在"要做革命砖，哪里需要哪里搬"的动员中，被辽宁省委从辽宁省海洋水产厅调到了辽宁省高级人民法院。

我到法院报到那天，人事处付振平处长将我带到了三楼刑一庭办公室，这里就是我法官生涯的第一站。

庭里正在开庭务会，屋里坐了七八个人。庭长王健见人事处给送来一个新同志，笑呵呵地站起身说："太及时了！我们这正缺人手呢！"笑着对我说："欢迎，欢迎！你一来，我们庭又增加了力量。我们先开庭务会，下午安排你的工作。刚好上午沈阳市召开公判大会，邀请我们去，你和咱庭老刘去，一会儿车就走。先去见见公判大会的场面，下午咱再谈工作。"初来乍到的我，在半迷茫中跟老刘上了一辆警车，直奔公判大会现场。

一路警笛长鸣。第一次坐警车，说不清心里什么滋味。老刘是个老审判员，和他不熟，一路无话可唠，不一会儿就到了辽宁体育馆。这是全省最大的体育馆，容纳数万人，公判大会正在这里召开。

我们去晚了，里边正开会。为了不打扰里面，我们把车停在院子里，谁也没下车，都坐在车里等散会。

我问身边的老刘:"不到会场里参加会,咱不是白来了吗?"

老刘说:"咱不是来参加会的。会后要枪毙一个犯人。咱主要是到刑场,如果这个罪犯临场喊冤,或者还有别的特殊情况,便于直接跟省高级法院联系。"

我问:"凡是枪毙犯人,省高级法院都派人到刑场吗?"

"不。这次要毙的这个不认罪。"老刘的话少,我也只能从他的话语中得出零星的几点信息。不认罪的死刑犯,就是我们今天来看的主角。

我们正在说话,馆内散会了。出口在二楼,人流顺着长长的楼梯往下移动,像瀑布,从馆内滔滔涌出。很快,院内响起了哨声、手提喇叭声,各个车辆很快坐满了人。我们的车是省高级人民法院的,打头的两辆一出门,指挥的警察就朝我们摆旗,让我们先走。在我们车后,一辆接一辆的警车、轿车、面包车、押犯人的大货车,排成一溜长蛇阵,好不威风!

一路上,所有车辆都靠边停下来,包括公交车。我们这支车队不是右侧通行,而是独占马路中央。我问身边的老刘,为什么不让别的车辆走。老刘说,怕有人用撞车的方式劫这个死刑犯。

我半信半疑,面对这样的车队和阵势,在这样的场面谁能劫得了!

刑场在沈阳市西北郊。那里有个大土岗。岗上岗下,早已人山人海,黑压压的一大片,那里的人不知等了多长时间。数不清的警察在维持秩序。

死刑犯名叫高平昌,高个子,长瓜脸。他被从一辆大货车上押下来,双臂反绑的,两只裤腿也用麻绳扎紧。老刘告诉我,给死刑犯扎裤腿，是因为有些犯人在被枪毙时，吓得大小便失禁，淌得满车都是屎尿，臭味四溢。扎上裤腿就会减少许多麻烦。

我们的车在排头，开进了刑场里，罪犯一被押下车，就带到了我们眼前。

一个法官问他："现在要执行死刑，你有什么话要说？"

旁边有个年轻法官拿个本子在记录。可是，这个罪犯只是低头，一句话也不说，根本不像原来预料的那样会大喊大叫、鸣冤叫屈。他老实得像生病的绵羊。

法官又问："你有什么遗言，有什么话要向家属和亲人转告？"

……

不管法官怎么问，他都一字不答。我看了看旁边记录的法官，在每个问题的下面都写上"不语"二字。这个罪犯，面露愁苦、眼带悔恨，那张凄惨、惆怅的瓜子脸和惨白的面容至今在我脑海里印迹清晰。我想，或许只有这个时候，人才会感到生命的分分秒秒都万分宝贵。

当时我琢磨：他怎么不说话？这属于不属于"特殊情况"？那位法官问完，刑场上的哨声响起，这个罪犯被推到土岗下，跪在那里，两只胳膊仍然反绑着。又一声哨响，一个拿着小红旗的人把旗一摆，"啪"的一声，枪响了，罪犯应声倒地，脸部一下子扣到黄土地上，四肢一动不动。有警员上来照相。照完后身，把尸体翻过来，又照前身。前脸惨状不便细说。我想我当时应该是面如土色。这种场面，我第一次见到，而且离得很近，低头可见。多少年过去了，想起来就像昨天的事。

这次的刑场经历，几十年来，我都记忆犹新。后来我才知道，这是王健庭长给我的第一堂课。身为法官，以判案为职业，法槌落下的瞬间，决定的是一个生命的存亡。错案和冤案的存在，是比凶案更加血淋淋的罪过。所以，"知错能改"四个字，在法官身上，就是不能犯错！那天的场面，我一生不会忘记。我当法官 29 年，主审了多少案件实在记不清，但每审一案，我都会想起那天的场面。每次想起那个案件的细节和成因，都禁不住会为那个青年叹息。